LA

DE LA COCINA

PARA LAS
MUJERES QUE TRABAJAN

CHOLY BERRETEAGA

UTILÍSIMA EDITORES

Dirección Editorial
Utilísima

División Libros
Marina Calvo

Producción
Marisa Corgatelli

Diseño Gráfico
Gabriela Feldman

Producción fotográfica
Natalia Bertolesi
Luciana Bertolesi
Alicia Rovegno

Fotografía
Osvaldo Salandría

Ilustraciones
María Licciardo

Corrección
Marisa Corgatelli

Preimpresión
Digigraf S.A.

Esta 3ª reimpresión corresponde
a la 1ª edición y se terminó de imprimir
en el mes de Diciembre de 2004 en
Verlap S.A. Producciones Gráficas
Comandante Spurr 653, Avellaneda
Provincia de Buenos Aires.
Tirada: 5000 ejemplares

ISBN: 987-1028-72-5

Choly Berreteaga
La Biblia de la cocina: para las mujeres que trabajan fuera de casa.
1° ed. 3° reimp.- Buenos Aires: Sandler Publicidad, 2004.
336 pp.; 23 x 15 cm.
ISBN 987-1028-72-5
1. Cocina. I. Título
CDD 641.5

PALABRAS DE LA AUTORA

Rubias, morochas, pelirrojas. Altas y bajas. Gordas y flacas. Como no hay un solo tipo de mujer, entonces tampoco puede haber una comida única que sirva para todas. Por eso en esta *Biblia de cocina para la mujer que trabaja* las recetas están clasificadas en función de cinco mujeres con necesidades y gustos diferentes: la fanática de la vida sana, la *gourmet* que disfruta de los platos más sofisticados, la que tiene cinco minutos para preparar la comida, la primeriza que debuta en la cocina y la que tiene que alimentar a un "familión".

Pero tan cierto como es el hecho de que no hay un único estilo de mujer, también es una realidad que las mujeres tenemos la capacidad de ser varias en una. Así la madre de familia, por ejemplo, puede encontrar dentro de las recetas dedicadas a la mujer sin tiempo, el plato clave que estaba buscando.

Antes de que me acusen de feminista, quiero aclararles que esta *Biblia de cocina* es unisex y no descarta la posibilidad de que algún hombre *gourmet* o un fanático de las dietas que recorra sus páginas encuentre aquí la receta que buscaba.

Espero haber logrado mi cometido. Como siempre agradezco el afecto que me brindan desde hace tantos años y la posibilidad que me da Ernesto Sandler de acercarme una vez más a ustedes.

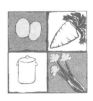

*La vida entera de una
mujer es la historia de sus afectos.*

WASHINGTON IRVING

A QUIÉNES ESTÁ DIRIGIDO ESTE LIBRO

MUJER MADRE DE FAMILIA

Que las comidas sean económicas, fáciles, nutritivas y que les gusten a los grandes y a los más chicos. Ésos son algunos de los desafíos con los que se enfrentan cotidianamente las mujeres que deben cocinar para su familia.

Pensando en ellas escribí estas recetas que las ayudarán a romper con la monotonía y les permitirán disfrutar de un verdadero acto de amor como es el de cocinar para los seres queridos.

MUJER EJECUTIVA

Para el desayuno elige té de jazmín y tostadas con dulce de grosellas, almuerza *bruschettas* con jamón de Parma y cena langostinos al champaña. La mujer ejecutiva es aquella que sabe disfrutar de un buen vino y puede darse el lujo de elegir productos sofisticados. En este capítulo, una selección de las más refinadas recetas saladas y dulces, explicadas de la manera más fácil y práctica.

MUJER INEXPERTA

Este capítulo está pensado para aquellas mujeres que no saben ni cuánto tiempo hace falta para hervir un huevo, ni cómo armar empanadas sin que se salga el relleno. Un abecé de la cocina con todos los detalles y secretos para que ninguna se sienta frustrada porque un plato no le salió bien. Recetas básicas y simples, pensadas para que estas mujeres "primerizas" se animen a entrar en ese territorio desconocido llamado cocina.

MUJER FANÁTICA DE LAS DIETAS

Cuando va a hacer las compras al supermercado elige repollitos de Bruselas en lugar de papas fritas envasadas, milanesas de soja en vez de un bife de costilla. Así es la mujer fanática de las dietas, la que se preocupa por su cuerpo y elige cuidarse comiendo pocas grasas y haciendo una dieta equilibrada.

Las recetas saludables, nutritivas y, sobre todo ricas, de este capítulo pretenden demostrar que hay opciones diferentes para escapar del tradicional puré de calabaza.

MUJER SIN TIEMPO

De algo estoy convencida: se tarda el mismo tiempo en preparar un bife a la plancha que en cocinar una carne con salsa. Éste es uno de los dogmas culinarios que he defendido a lo largo de mi carrera. Aunque para muchas esto parezca imposible, sólo es cuestión de usar la imaginación y tener herramientas que nos ayuden a aprovechar todos los productos que nos da la industria moderna. En este capítulo, las mujeres sin tiempo encontrarán desde soluciones mágicas para sorprender a sus invitados con delicias *express* hasta distintas viandas para llevar al trabajo.

¿CON CUÁL DE LOS PERFILES PRESENTADOS SE IDENTIFICA USTED?

Si bien todas tenemos un perfil que nos caracteriza, también –según el momento–, otro pasa a ser preponderante.

Una madre de familia puede ser una mujer sin tiempo. Una mujer ejecutiva puede no tener experiencia en la cocina. Y todas pueden ser madres de familia o desear ponerse a dieta.

A lo largo del libro, en el índice de apertura de cada capítulo y en cada receta, aparecen las viñetas identificatorias de los diferentes perfiles para facilitar la búsqueda.

TABLA DE EQUIVALENCIAS

1 cucharada al ras de harina	10 g
1 cucharada colmada de harina	20 g
1 cucharada al ras de azúcar	15 g
1 cucharada colmada de azúcar	30 g
1 cucharadita de polvo de hornear	4 g
1 cucharadita de sal	5 g
1 cucharadita de café	5 g
1 taza al ras de azúcar	220 g
1 taza al ras de harina	130 g
1 taza al ras de arroz	220 g
1 taza de líquido	250 cc
1 taza de almidón de maíz	115 g
1 taza bien prensada de azúcar morena	200 g
1 taza de cacao	150 g

OTRAS MEDIDAS ÚTILES
(APROXIMADAS)

1 huevo	60 g
1 taza de harina de maíz	200 g
1 taza de avena	150 g
1 taza de manteca	200 g
1 taza de leche	225 g

VIANDAS PARA LLEVAR
AL TRABAJO

I

índice
del capítulo

**viandas para llevar
al trabajo**

MUJER EJECUTIVA

12 Apios rellenos gratinados
12 Endibias *finger food*
13 Manzanas con
    pollo y rúcula
14 Medallones con *mousse*
    de hígado
15 Pastelitos de
    banana y queso
16 Sándwiches de centeno

MADRE DE FAMILIA

16 Budincitos de zanahoria
17 Emparedados
    de espinaca
18 Ensalada de arroz
    y lentejas
19 Esferas de carne
    nutritivas
20 *Muffins* de jamón
    y queso
19 Raviolones de salame
    al horno
21 Tartinas de
    puerros y papa

MUJER INEXPERTA	**MUJER FANÁTICA DE LAS DIETAS**	**MUJER SIN TIEMPO**
22 Flancitos de *gruyère*	29 *Crudités* con mayonesa	34 Delicias de queso azul
23 Palmeras de jamón y queso	30 Milhojas de tomate	35 Emparedados de manzana
24 Pañuelitos fritos de *crêpes*	30 Moldeado de arroz con manzanas	35 Ensalada de pollo y salsa de nuez
25 Salchichas a la *Villeroi*	31 Pechuga y remolachas asadas	36 Esferitas de carne y arvejas
26 Sándwiches agridulces de ananá	32 Rollos de berenjenas	37 Medallones de calabaza gratinados
27 Sándwiches de batata	32 Rollos de jamón y palmitos	37 Pañuelos de salmón
28 Sándwiches de espárragos	33 Sándwiches de *ratatouille*	38 Sándwich de lomito sin pan

APIOS RELLENOS GRATINADOS

blanco de apio, 4 troncos	yema, 1
jamón cocido, 2 rodajas	fondo de caldo, 1 taza
queso parmesano, 50 g	salsa de soja, 1 cucharada

PREPARACIÓN

• Cortar los troncos de apio en trozos de 8 a 10 cm. Picar el jamón cocido y mezclarlo con la mitad del queso rallado y la yema, distribuir dentro de los tallos de apio.

• Acomodarlos en un recipiente con el caldo y la salsa de soja, espolvorearlos con el resto del queso y gratinarlos en horno caliente 8 minutos, luego escurrirlos. Para transportarlos acomodarlos en un recipiente rígido.

PARA EL FONDO DE CALDO COLOCAR SOBRE FUEGO 2 TAZAS DE AGUA CON 2 CUBOS DE CALDO DE CARNE O VERDURA Y DEJARLO HERVIR HASTA QUE REDUZCA A LA MITAD DEL LÍQUIDO.

ENDIBIAS FINGER FOOD

endibia, 1 planta	sal, pimienta rosa y aceite de
jamón crudo, 2 rodajas	oliva, a gusto
queso blanco, 100 g	jugo de limón, 1 cucharada
queso de cabra, 50 g	pasas rubias, 2 cucharadas
almendras, 2 cucharadas	jerez, 2 cucharadas

PREPARACIÓN

- Cortar el tronco de la endibia y separar las hojas, lavarlas y escurrirlas.
- Arrollar el jamón y cortar en finas tiras.
- Mezclar el queso blanco con el queso de cabra pisado, agregar las almendras picadas, poca sal, pimienta, un hilo de aceite y el jugo de limón. Por último, incorporar las pasas remojadas en el vino y escurridas.
- Distribuir dentro de las hojas de endibia, cubrir con el jamón. Acomodar en un recipiente.

PREPARAR LA NOCHE ANTERIOR Y ENVOLVER CADA ENDIBIA EN PAPEL FILM

Y GUARDAR EN UN RECIPIENTE.

MANZANAS CON POLLO Y RÚCULA

manzanas Granny Smith, 2	crema de leche, 2 cucharadas
limón, 1/2	avellanas molidas, 2 cucharadas
pechuga chica de pollo, 1	mostaza, 1 cucharadita
sal, 1 cucharadita	aceto balsámico, 1 cucharadita
puerro, 1	hojas de rúcula, 1/2 pocillo
apio, 1 ramita	medallones de lomito ahumado, 4
aceitunas negras, 3	

PREPARACIÓN

- Cortar las manzanas por la mitad, ahuecarlas con ayuda de la cucharita de papas *noisette*, rociar el interior con el jugo de limón.
- Desgrasar bien la pechuga. Hervir agua con la sal y el puerro cortado, agregar la pechuga y cocinarla 12 minutos, dejarla enfriar y procesarla con el puerro, el apio, las acei-

tunas descarozadas, la crema, las avellanas, la mostaza y el aceto, cortar las hojas de rúcula y mezclar con la preparación.

- Rellenar las mitades de manzana, cubrir el relleno con las tajadas de lomito. Para transportarlas envolverlas en papel film o metalizado. Mantener en la heladera.

REEMPLAZAR EL POLLO POR JAMÓN COCIDO O ATÚN AL NATURAL Y PALMITOS CORTADOS.

MEDALLONES CON MOUSSE DE HÍGADO

medallones de pan integral, 6	oporto, 2 cucharadas
cebolla picada, 3 cucharadas	crema, 3 cucharadas
manteca, 20 g	mostaza de Dijon, 1 cucharadita
hígado de ternera, 150 g	almendras tostadas y molidas,
hígados de pollo, 2	3 cucharadas
sal y pimienta, a gusto	

PREPARACIÓN

- Tostar ligeramente los medallones de pan integral.
- Rehogar la cebolla en la manteca, agregar los hígados cortados en cubos pequeños, condimentar con sal y pimienta de molinillo, rociar con el oporto, cocinar 3 a 4 minutos.
- Procesar el hígado con la crema y la mostaza hasta obtener una crema, mezclar con las almendras.
- Distribuir sobre los medallones de pan y unirlos de a dos. Envolverlos en forma individual en papel film.

PREPARAR LOS MEDALLONES INTEGRALES MEZCLANDO EL CONTENIDO DE
UNA LATA DE PATÉ DE FOIE CON 2 CUCHARADAS DE OPORTO Y 3 CUCHARADAS DE
ALMENDRAS TOSTADAS Y MOLIDAS.

PASTELITOS DE BANANA Y QUESO

discos de empanadas para copetín, 12

mostaza de Dijon en grano, 1/2 cucharada

bananas, 2

limón, 1

queso cuartirolo, 100 g

huevo, 1

queso parmesano rallado, 3 cucharadas

pimienta verde en grano, a gusto

PREPARACIÓN

- Separar los discos de empanadas, distribuir en el centro de 6 discos la mostaza en grano.
- Pelar y cortar las bananas en rodajas, rociarlas con el jugo de limón, acomodarlas sobre la masa, encima de la mostaza, agregar un cubo de queso cuartirolo.
- Mezclar el huevo con el queso rallado, pincelar el relleno con esta mezcla y condimentar con un toque de pimienta verde de molinillo.
- Cubrir con el otro disco de masa, ajustar bien el reborde con un tenedor, acomodarlos en una placa enmantecada, pincelar la superficie con la mezcla de queso y huevo y cocinar en horno bien caliente 15 a 18 minutos. Transportarlos en recipiente rígido.

UTILIZAR 3 DISCOS DE EMPANADAS COMUNES, RELLENARLOS COMO SE INDICA
EN LOS PASTELES, CERRAR LAS EMPANADAS CON UN REPULGO, PINCELARLAS CON
LA MEZCLA DE HUEVO Y QUESO Y COCINARLAS EN HORNO CALIENTE.

SÁNDWICHES DE CENTENO

pan de centeno, 4 rodajas	hojas de berro, 1 pocillo
nueces, 2 cucharadas	queso *gruyère*, 4 rodajas
sal, aceite y aceto balsámico,	champiñones, 6
a gusto	jugo de limón, 2 cucharadas
tomate, 1	mayonesa fluida, 2 cucharadas

PREPARACIÓN

• Descortezar el pan.

• Procesar las nueces con sal, hilos de aceite y 1 cucharada de aceto. Condimentar con esta salsa el tomate cortado en rodajas finas y el berro, pincelar también las rodajas de pan.

• Armar los sándwiches rellenándolos con el tomate, el queso *gruyère* y los champiñones fileteados finos y condimentados con sal y jugo de limón.

• Salsear con mayonesa y cerrar los sándwiches, envolverlos bien ajustados en papel film.

PREPARARLOS LA NOCHE ANTERIOR Y ENVOLVERLOS BIEN AJUSTADOS EN PAPEL FILM.

BUDINCITOS DE ZANAHORIA

cebolla, 1	sal, pimienta y nuez moscada,
manteca, 35 g	a gusto
zanahoria rallada, 1 taza colmada	mostaza, 1 cucharadita
queso blanco, 150 g	queso rallado, 4 cucharadas
huevos, 2	harina leudante, 3 cucharadas

PREPARACIÓN

● Picar la cebolla y rehogarla en la manteca, agregar la zanahoria y saltearla hasta que se ablande. Retirar del fuego y mezclar con el queso blanco y los huevos, condimentar con sal, pimienta, nuez moscada, la mostaza y el queso.

● Agregar la harina cernida, unir todo muy bien y distribuir en pirotines de 8 a 10 cm de diámetro. Cocinar en horno de temperatura moderada a caliente 12 minutos.

EN VEZ DE PELAR Y RALLAR LAS ZANAHORIAS UTILIZAR LAS BANDEJAS CON ZANAHORIA RALLADA QUE SE VENDEN EN VERDULERÍAS.

EMPAREDADOS DE ESPINACA

rodajas de pan lácteo, 2	aceite, 1 cucharada
leche, 1/2 taza	queso fresco, 2 tajadas
espinaca cocida, 1/2 taza	harina, 1 cucharada
jamón cocido, 2 rodajas	huevo, 1

PREPARACIÓN

● Descortezar el pan y pasarlo ligeramente por la leche.

● Exprimir bien la espinaca y saltearla en el aceite junto con el jamón picado.

● Distribuir sobre el pan, cubrir con el queso fresco y cerrar como un sándwich. Pasar los rebordes por la harina y luego sumergir en el huevo batido con sal.

● Escurrir y freír en aceite caliente hasta dorar de ambos lados o cocinar sobre una placa enmantecada en horno muy caliente o en grill hasta dorar. Envolver cada emparedado en papel film.

SE PUEDE UTILIZAR ESPINACA CONGELADA.

ENSALADA DE ARROZ Y LENTEJAS

arroz cocido, 1 taza tamaño desayuno	sal, salsa de soja, aceite de maíz, a gusto
lentejas, 1 lata chica	cebolla rallada, 1 cucharada
queso parmesano cortado en cubos, 150 g	mostaza, 1 cucharadita
	huevo duro, 1
tomate cubeteado, 1	perejil, a gusto

PREPARACIÓN

• Mezclar el arroz con las lentejas escurridas, el queso en cubos y el tomate.

• Colocar en un bol sal, salsa de soja y aceite mientras se bate para emulsionar bien, agregar la cebolla y la mostaza, verter sobre la preparación, agregar el huevo duro picado, mezclar y colocar en un recipiente rígido y espolvorear con perejil.

GUARDAR EN EL FREEZER, HASTA 30 DÍAS, PORCIONES DE ARROZ COCIDO.
DESCONGELAR EN MICROONDAS O AL VAPOR.

carne picada bien desgrasada, 100 g	avena arrollada de cocimiento rápido, 3 cucharadas
sal y pimienta, a gusto	aceto balsámico, 1 cucharada
mostaza, 1/2 cucharada	huevo, 1
cebolla rallada, 2 cucharadas	harina y aceite, cantidad necesaria

PREPARACIÓN

• Colocar en un bol la carne con sal, pimienta, la mostaza, la cebolla, la avena, el aceto y el huevo, amasar bien con la mano hasta conseguir una masa homogénea, dejar reposar 10 minutos para que la avena se esponje.

• Tomar porciones y formar esferas, pasarlas por harina, ajustarlas y freírlas en aceite hasta dorar. Escurrirlas sobre papel y para transportarlas colocar en un recipiente rígido.

SIEMPRE QUE TENGA QUE REALIZAR UNA MEZCLA CON CARNE PICADA RESULTA MUY PRÁCTICO Y RÁPIDO HACERLO EN BATIDORA O PROCESADORA.

RAVIOLONES DE SALAME AL HORNO

masa de pascualina rectangular, 1 paquete	queso rallado, 6 cucharadas colmadas
salame, 100 g	perejil picado, 2 cucharadas
huevo, 1	

PREPARACIÓN

- Separar las tapas de pascualina. Mezclar el salame bien picado con el huevo, la mitad del queso y el perejil.
- Extender el relleno sobre una de las masas, cubrir el relleno con otra masa de pascualina, espolvorear con harina y marcar con el marcador de ravioles o marcar cuadrados con una regla. Separarlos con la ruedita de ravioles, pincelar con una yema o leche y espolvorear con el resto de queso.
- Acomodarlos en una placa enmantecada y cocinar en horno caliente 12 minutos hasta dorarlos.

PARA NO TENER QUE PICAR EL SALAME, MEZCLAR 200 GRAMOS
DE RICOTA CON SAL, PIMIENTA, 4 CUCHARADAS DE QUESO RALLADO Y 1 YEMA.
EXTENDER SOBRE UNA DE LAS MASAS, CUBRIR CON LA OTRA MASA Y MARCAR LOS
RAVIOLONES, COCINARLOS EN HORNO CALIENTE.

MUFFINS DE JAMÓN Y QUESO

huevos, 5	bicarbonato, 1/4 de cucharadita
azúcar, 1 cucharada	aceite de oliva, 4 cucharadas
sal, pimienta y tomillo, a gusto	aceitunas negras y verdes, 150 g
harina leudante, 300 g	queso tipo Mar del Plata, 150 g
polvo para hornear,	salsa de soja, 1 cucharada
1 cucharadita colmada	

PREPARACIÓN

- Separar las yemas de las claras. Batir las yemas con el azúcar hasta que doblen su volumen.

• Cernir la harina con la sal, pimienta, 1 cucharadita de tomillo, el polvo para hornear y el bicarbonato.

• Agregar a las yemas por cucharadas alternando con el aceite y las claras batidas a nieve. Incorporar las aceitunas fileteadas, el jamón cortado en cubitos y el queso cortado también en cubitos pequeños, perfumar con la salsa de soja.

• Distribuir en pirotines de papel de 6 a 5 cm de diámetro llenándolos sólo hasta las 3/4 partes, apoyarlos en una placa y cocinarlos en horno de temperatura moderada de 25 a 30 minutos.

LLEVAR 2 MANTECADOS AL TRABAJO Y DEJAR 6 MANTECADOS COCIDOS, PARA LA CENA O ALMUERZO, DE LA SIGUIENTE MANERA: CALENTAR EN EL HORNO LOS MANTECADOS Y SALSEARLOS CON EL CONTENIDO DE 1 LATA DE SALSA *POMAROLA* MEZCLADA CON 1 LATA DE ARVEJAS Y 150 GRAMOS DE MOZZARELLA CORTADA EN CUBOS, TODO BIEN CALIENTE.

TARTINAS DE PUERROS Y PAPA

discos de empanadas, 3	leche, 100 cc
puerros, 3	sal, pimienta y nuez moscada,
fiambre de paleta, 50 g	a gusto
papas, 2	queso parmesano rallado,
huevos, 2	3 cucharadas

PREPARACIÓN

• Tapizar tres moldes de tarteletas enmantecados con los discos de empanadas.

• Cortar los puerros en rodajas y cocinarlos en agua con sal.

• Pelar las papas y cortarlas en rodajas finas, precocinarlas en agua con sal.

- Para armar las tartinas, colocar en la base los puerros, distribuir la paleta y acomodar las rodajas de papa.

- Batir los huevos con la leche, condimentar con sal, pimienta y nuez moscada, verter sobre los rellenos de las tartas, espolvorear con el queso y cocinar en horno de temperatura moderada durante 35 minutos. Dejarlas enfriar y desmoldarlas. Para transportarlas envolverlas en papel metalizado.

EN VEZ DE COCINAR LAS PAPAS UTILIZAR PAPINES O DEJAR LAS TARTINAS PREPARADAS PARA TODA LA FAMILIA; EN ESE CASO UTILIZAR LOS 12 DISCOS DE EMPANADAS DEL PAQUETE Y TRIPLICAR LOS INGREDIENTES DEL RELLENO.

FLANCITOS DE GRUYÈRE

leche, 400 cc	yema, 1
queso *gruyère* fundido, 100 g	sal, pimienta blanca de molinillo
puerro, 1	y nuez moscada, a gusto
manteca, 1 cucharadita	nueces picadas, 1 cucharada
huevo, 1	

PREPARACIÓN

- Colocar sobre fuego la leche y el queso cortado en trocitos, cocinar revolviendo hasta que el queso se funda. Aparte limpiar el puerro y cortarlo en rodajitas, rehogarlo en la manteca y agregarlo a la leche.

- Batir ligeramente el huevo y la yema, mezclar con la preparación y condimentar con una pizca de sal, otra de pimienta blanca de molinillo, nuez moscada y las nueces.

- Enmantecar o rociar con *spray* vegetal uno o dos moldes individuales. Cubrir la base del molde con papel manteca o metalizado, verter la preparación y cocinar a baño de

María en horno de temperatura moderada de 25 a 30 minutos. Dejar enfriar y desmoldar en un recipiente rígido o transportar el flan en su mismo molde.

Secretos para inexpertas

Cuando se preparan flanes, *omelettes* o tortillas no hay que batir demasiado los huevos pues al romperse el coágulo pierden el ligue y es necesario agregar más huevos.

REHOGAR EL PUERRO CORTADO EN RODAJAS EN LA MANTECA, LUEGO LICUARLO JUNTO CON LA LECHE Y EL QUESO CORTADO EN TROCITOS. BATIR LIGERAMENTE EL HUEVO Y LA YEMA, MEZCLAR CON LA PREPARACIÓN Y CONDIMENTAR. COCINAR COMO SE INDICA EN LA RECETA.

PALMERAS DE JAMÓN Y QUESO

pascualina rectangular, 1 paquete

huevo, 1

jamón cocido, 100 g

queso reggianito o similar rallado, 100 g

PREPARACIÓN

● Separar las tapas de masa, pincelar una de ellas con el huevo batido con 1 cucharada de agua, distribuir el jamón y espolvorear con el queso, tapar con la otra masa y estirar ligeramente con palote.

● Volver a pincelar con el resto de huevo y comenzar a doblar los extremos en dobleces de 3 centímetros hasta que se encuentren en el centro de la masa, apoyar un doblez sobre el otro y con cuchillo filoso cortar las palmeras de 2 centímetros de ancho. Acomodarlas en placa enmantecada y pincelarlas con el resto de huevo; si le agrada, espolvorear con azúcar.

- Cocinar en horno de temperatura moderada 15 minutos. Transportarlas en recipiente rígido.

Secretos para inexpertas

En la misma forma que se preparan palmeras saladas se pueden preparar dulces, para esto sólo pincelar una de las masas con 20 gramos de manteca derretida, espolvorear con 4 cucharadas de azúcar y realizar los dobleces. Cortar las palmeras y cocinarlas sobre placa enmantecada en horno de temperatura moderada de 12 a 15 minutos.

SI DESEA CONSEGUIR MAYOR CANTIDAD DE PALMERAS EN MENOR TIEMPO, PINCELAR POR SEPARADO LAS DOS MASAS, CUBRIRLAS CON JAMÓN Y EL QUESO RALLADO Y REALIZAR LOS DOBLECES POR SEPARADO CON CADA RECTÁNGULO DE MASA, CORTAR LAS PALMERAS Y COCINARLAS EN HORNO CALIENTE 10 MINUTOS YA QUE LA MASA RESULTA MÁS FINA.

PAÑUELITOS FRITOS DE CRÊPES

crêpes, 4	mayonesa, 1 cucharada
espinaca cocida, 1/2 taza	huevo, 1
queso roquefort, 150 g	aceite para freír
queso blanco, 3 cucharadas	

PREPARACIÓN

- Separar las *crêpes*, picar bien la espinaca y mezclarla con el roquefort pisado, el queso blanco y la mayonesa.
- Distribuir sobre las cuatro *crêpes* y doblarlas por la mitad, colocar un poco de relleno y volver a doblar para formar el pañuelo.
- Batir el huevo y condimentarlo con poca sal, sumergir las *crêpes* en el huevo y freírlas

en aceite caliente; para transportarlas utilizar un recipiente rígido o bolsitas individuales.

Secretos para inexpertas

Para cocinar espinaca lavar bien las hojas y sin estrujarlas colocarlas en una cacerola con 1 cucharadita de sal, agregar sólo 1/2 taza de agua y cuando rompa el hervor cocinar 1 minuto moviendo las hojas para que se cocinen parejas.

UTILIZAR LA ESPINACA QUE SE VENDE CONGELADA EN BOLSAS, RETIRAR LA PARTE QUE SE NECESITA Y SUMERGIRLA EN AGUA HIRVIENDO O DESCONGELARLA EN MICROONDAS.

SALCHICHAS A LA VILLEROI

papas, 200 g	pan rallado, 1 taza
queso rallado, 2 cucharadas	salchichas, 4
sal, pimienta y nuez moscada,	huevo, 1
a gusto	aceite para freír

PREPARACIÓN

• Lavar bien las papas y cocinarlas en agua con sal hasta que estén tiernas al pincharlas, escurrirlas, dejar que pase el calor fuerte y quitarles la piel; pisarlas, mezclarlas con el queso y condimentar con sal, pimienta y nuez moscada.

• Espolvorear una bandeja con pan rallado, distribuir cuatro porciones de puré y apoyar una salchicha sobre cada porción, cubrirlas con puré y con las manos humedecidas ajustar el puré a la salchicha.

• Dejarlas enfriar, pasarlas por el pan rallado, luego por el huevo batido y nuevamente por pan rallado, ajustar y freír en abundante aceite caliente.

Secretos para inexpertas

Para freír croquetas de papa o una preparación con puré, se debe utilizar abundante aceite caliente; los elementos deben quedar cubiertos hasta las tres cuartas partes y la temperatura debe ser alta para que no se abran durante la cocción.

EN LUGAR DE COCINAR LAS PAPAS USAR PURÉ EN COPOS, PREPARARLO
SEGÚN LAS INDICACIONES DEL ENVASE PERO CON LA MITAD DEL LÍQUIDO QUE
INDIQUE, PARA OBTENER UN PURÉ BIEN FIRME.

SÁNDWICHES AGRIDULCES DE ANANÁ

ananá, 4 rodajas	zanahoria chica, 1
queso blanco, 100 g	jamón crudo, 1 rodaja
sal, pimienta y mostaza, a gusto	espárragos, 6

PREPARACIÓN

- Cortar las rodajas de ananá de 1 a 2 cm de espesor, quitarles el centro duro. Condimentar el queso con sal, pimienta y 1 cucharadita de mostaza, agregar la zanahoria rallada, el jamón picado y las puntas de espárragos cocidas. Distribuir sobre 2 de las tajadas de ananá y tapar con las otras 2. Envolver cada sándwich en papel film.

Secretos para inexpertas

Escurrir bien las tajadas de ananá y secarlas con papel de cocina antes de armar los sándwiches.

UTILIZAR ANANÁ EN LATA, ESPÁRRAGOS ENVASADOS Y ZANAHORIAS RALLADAS
QUE SE VENDEN EN BANDEJAS EN LOS SUPERMERCADOS.

SÁNDWICHES DE BATATA

batatas, 2	queso blanco, 2 cucharadas
jamón cocido, 75 g	sal y pimienta de molinillo,
queso rallado, 4 cucharadas	a gusto
almendras tostadas y molidas, 3 cucharadas	

PREPARACIÓN

• Elegir batatas de tamaño importante para obtener rodajas de un diámetro de 6 a 7 centímetros. Lavarlas bien y cocinarlas en agua con sal o envolverlas en papel metalizado y cocinarlas en horno de temperatura moderada. Cuando estén cocidas, pelarlas y cortarlas en rodajas de 2 centímetros de ancho.

• Picar el jamón, mezclarlo con el queso rallado, las almendras y el queso blanco, condimentar con sal y pimienta. Unir las rodajas de batata de a dos colocando en el centro la pasta de jamón. Envolver los sándwiches con papel film individualmente.

Secretos para inexpertas

Las almendras se deben pelar antes de tostarlas; sumergirlas en agua hirviendo 1 ó 2 minutos y escurrirlas. Para retirarles la piel con facilidad colocarlas en un lienzo y frotarlas con él. Tostarlas en una placa, en el horno, moviéndolas de vez en cuando hasta que estén doradas. Se pueden conservar varios meses guardadas en un frasco cerrado.

PROCESAR EL QUESO RALLADO Y LAS ALMENDRAS JUNTO CON EL JAMÓN.

SÁNDWICHES DE ESPÁRRAGOS

pan de sándwiches, 3 rodajas	jamón cocido, 6 rodajas
mayonesa, 2 cucharadas	espárragos cocidos, 9
queso de máquina, 6 rodajas	queso rallado, 3 cucharadas

PREPARACIÓN

• Cortar el borde de las rodajas de pan, untarlas ligeramente con la mayonesa, distribuir sobre ellas el queso de máquina y el jamón, acomodar en el borde de cada rodaja de pan 3 espárragos, espolvorear con el queso y arrollar bastante ajustado, cortarlos por la mitad para obtener 6 sándwiches arrollados. Envolverlos individualmente en papel film.

Secretos para inexpertas

Para no tener problemas al arrollar el pan y evitar que se rompa, acomodar el pan sobre un lienzo o repasador; luego untarlo con la mayonesa, rellenarlo y arrollarlo con ayuda del lienzo.

EN VEZ DE COCINAR ESPÁRRAGOS, UTILIZAR ESPÁRRAGOS COCIDOS DE LATA. SE PUEDEN SUPLANTAR LOS ESPÁRRAGOS POR UNA LÍNEA DE ACEITUNAS NEGRAS DESCAROZADAS O BASTONES DE KANIKAMA.

CRUDITÉS CON MAYONESA

blanco de apio en juliana, 1/2 taza	manzana Granny Smith, 1
	jugo de limón, a gusto
zanahoria rallada, 3 cucharadas	hojas verdes (berros, rúcula,
champiñones fileteados, 4	lechuga), 1/2 taza
tomates *cherry*, 4	mayonesa sin colesterol, a gusto

PREPARACIÓN

• Colocar en un recipiente rígido el apio, la zanahoria, los champiñones fileteados, los tomates, la manzana cortada en cubos rociada con el jugo de limón y las hojas verdes. Napar con mayonesa sin colesterol.

Mayonesa sin colesterol

Mezclar 1 cucharada de almidón de maíz con 350 cc de agua, cocinar revolviendo hasta que rompa el hervor y espese, colocar en la licuadora y agregar 1 cucharada de mostaza de Dijon, el jugo de 1 limón, sal, pimienta y 1 zanahoria hervida. Licuar y añadir lentamente aceite de maíz o glicerina hasta conseguir la consistencia deseada.

PREPARAR LA MAYONESA HASTA UNA SEMANA ANTES DE UTILIZAR.
MANTENERLA TAPADA EN LA HELADERA.

MILHOJAS DE TOMATE

tomates redondos, 2

mozzarella, 1 porción

hojas de albahaca, 8 a 10

ricota descremada, 150 g

sal y pimienta negra de

molinillo, cantidad necesaria

aceite, 1 cucharada

PREPARACIÓN

• Cortar los tomates y la mozzarella en rodajas y con tijera las hojas de albahaca.

• Condimentar la ricota y los tomates con sal y pimienta recién molida. Armar las milhojas alternando cada rodaja de tomate con mozzarella untada con la ricota espolvoreada con albahaca, pincelar apenas con aceite.

SE PUEDE PREPARAR EL DÍA ANTERIOR A UTILIZARLA.

MOLDEADO DE ARROZ CON MANZANAS

sal gruesa,1 cucharadita

cebolla colorada picada,

2 cucharadas

manzana Granny Smith, 1

arroz integral,1 pocillo de café

yogur natural, 2 cucharadas

pepino, 1/2

nueces picadas gruesas,

2 cucharadas

PREPARACIÓN

• Colocar en una cacerola 2 tazas de agua con la sal, la cebolla, la manzana pelada y cortada en cubos y el arroz; cocinar a fuego lento hasta que el arroz esté tierno. Escurrirlo y mezclar con el yogur, el pepino pelado y cortado en cubitos y las nueces.

• Rectificar el sabor con sal y colocar en un recipiente rígido; dejar enfriar y tapar.

MANTENER EN EL FREEZER DURANTE 2 MESES, EN LAS BOLSAS ADECUADAS, PORCIONES DE ARROZ INTEGRAL COCIDO.

PECHUGA Y REMOLACHAS ASADAS

suprema de pollo, 1	remolachas, 2
sal gruesa y pimienta verde	tomillo, 2 cucharadas
molidas, a gusto	aceite, 2 cucharadas

PREPARACIÓN

• Desgrasar bien la suprema, frotarla con la sal gruesa molida junto con 4 ó 5 granos de pimienta verde, acomodarla en una fuente pequeña pincelada con aceite.

• Lavar muy bien las remolachas y cortarlas en octavos, mezclarlas con sal, el tomillo y el aceite, colocarlas al lado de la suprema con todo el jugo.

• Tapar con papel metalizado y hornear 25 minutos a temperatura moderada.

UTILIZAR REMOLACHAS ENVASADAS AL NATURAL, ACOMODARLAS ALREDEDOR DE LA SUPREMA, ESPOLVOREARLAS CON SAL, TOMILLO Y ACEITE A LOS 8 Ó 10 MINUTOS DESPUÉS DE HABER COLOCADO LA SUPREMA EN EL HORNO.

ROLLOS DE BERENJENAS

berenjena grande, 1	mozzarella o
sal, a gusto	queso port salut, 100 g
jamón cocido, 50 g	tomate, 1

PREPARACIÓN

• Pelar la berenjena y cortarla en rodajas finas a lo largo, condimentarlas con poca sal.

• Rociar con *spray* vegetal la plancha, asar las berenjenas de ambos lados y apilarlas. Cuando estén listas colocar jamón sobre cada una de ellas y sobre un extremo un cubo de queso.

• Arrollarlas y sujetarlas con un palillo pinchado con un cubo de tomate, espolvorear con tomillo seco y acomodar en un recipiente rígido.

SE PUEDEN TENER LAS BERENJENAS ASADAS, SEPARADAS CON SEPARADORES EN UNA BOLSA EN EL FREEZER DURANTE 2 MESES O EN LA HELADERA DURANTE 3 DÍAS.

ROLLOS DE JAMÓN Y PALMITOS

jamón crudo, 2 tajadas	sal marina, a gusto
palmitos, 4	limón, 1
aceite de maíz, 2 cucharadas	pomelo rosado, 1
tomillo, 1 cucharada	queso blanco, 2 cucharadas
arroz integral, 1/2 taza	

PREPARACIÓN

• Cortar cada tajada de jamón por la mitad a lo largo, arrollar cada palmito con una tajada de jamón, rociarlos con 1 cucharada de aceite y espolvorear con el tomillo.

• Cocinar el arroz en agua con sal. Pelar el limón y el pomelo a vivo, es decir sin la cáscara ni la parte blanca, separar los gajitos de la fruta y agregarlos al agua de cocción con el arroz. Cuando el arroz esté a punto escurrirlo bien, dejar los gajitos, y rociar con el aceite restante y mezclarlo con el queso. Acomodarlo en un recipiente rígido y distribuir encima los palmitos.

AGREGAR AL AGUA DE COCCIÓN DEL ARROZ SÓLO EL JUGO DEL

LIMÓN Y DEL POMELO; CUANDO ESTÉ A PUNTO ESCURRIRLO Y MEZCLARLO CON EL

ACEITE Y EL QUESO BLANCO.

 ## SÁNDWICHES DE RATATOUILLE

pan integral, 4 rodajas	sal, albahaca y pimienta, a gusto
cebolla, 1/2	aceite de maíz, 1 cucharada
zucchini, 1	berenjena, 1
tomate, 1	jamón cocido, 1 rodaja

PREPARACIÓN

• Tostar las rodajas de pan. Picar la cebolla y colocarla en un recipiente de teflon con el *zucchini* cortado en cubitos pequeños y el tomate pelado y cortado también en cubos.

• Condimentar con sal, unas hojas de albahaca, rociar con el aceite y 2 cucharadas de agua y cocinar tapado 3 ó 4 minutos. Agregar la berenjena pelada y cortada en cubos y el jamón picado, tapar y proseguir la cocción 6 ó 7 minutos más.

• Distribuir en el pan tostado realizando 2 sándwiches. Envolverlos individualmente en papel film.

TRIPLICAR LAS PORCIONES DE RATATOUILLE Y GUARDARLAS EN BOLSA O RECIPIENTE RÍGIDO EN EL FREEZER HASTA 2 MESES.

DELICIAS DE QUESO AZUL

pionono comprado, 1

queso roquefort, 100 g

queso blanco, 2 cucharadas

blanco de apio, 2 cucharadas

coñac, 1 cucharadita

avellanas o nueces picadas, 2 cucharadas

PREPARACIÓN

- Con ayuda de un cortapastas o un vaso cortar medallones de pionono de 6 a 8 centímetros de diámetro.
- Pisar el roquefort con el queso blanco, mezclarlo con el apio picado, el coñac y las avellanas o nueces.
- Distribuir sobre la mitad de los medallones y cubrir la pasta con el resto formando los alfajores. Para transportarlos, envolverlos en forma individual con papel film.

CAMBIAR EL RELLENO POR JAMÓN COCIDO, QUESO DE MÁQUINA, MAYONESA, MANÍ SALADO PICADO.

EMPAREDADOS DE MANZANA

manzana Granny Smith, 1	huevo, 1
jugo de limón, 2 cucharadas	bizcochos molidos, 1 taza
mostaza en grano, 1 cucharada	manteca y aceite para freír
jamón crudo, 2 rodajas	

PREPARACIÓN

• Pelar la manzana, cortarla en rodajas de 1 centímetro de espesor, quitarle el centro con un sacabocados, con una boquilla o un cuchillo, rociarlas con el jugo de limón. Untarlas ligeramente con la mostaza en grano o mostaza común.

• Unirlas de a dos colocando en el medio jamón crudo, luego pasarlas por el huevo batido, después por los bizcochos molidos y por último freírlas en una mezcla de manteca y aceite.

• Para transportar, acomodar los emparedados en un recipiente rígido o envolverlos individualmente en papel film y luego en una bolsita.

PARA QUITAR EL CENTRO DE LA MANZANA CON MÁS FACILIDAD, ANTES DE PELARLA QUITAR EL CENTRO CON UN SACABOCADOS O UN CUCHILLO PEQUEÑO Y FINO.

ENSALADA DE POLLO Y SALSA DE NUEZ

pollo cocido cortado en cubos, 1 taza	mayonesa, 2 cucharadas
	caldo de ave, 1/2 cubo
jamón cocido, 50 g	nueces picadas, 3 cucharadas
lechuga o berros, 1 taza	

PREPARACIÓN

- Mezclar el pollo con el jamón cortado en tiras y las hojas de lechuga o berros.
- Colocar la mayonesa en un bol, diluir el cubo de caldo en 3 cucharadas de agua caliente, agregar a la mayonesa con las nueces. Verter sobre la ensalada y mezclar. Transportar en recipiente rígido.

SUPLANTAR EL POLLO POR EL CONTENIDO DE UNA LATA DE MERLUZA O
ATÚN AL NATURAL.

 ## ESFERITAS DE CARNE Y ARVEJAS

carne picada, 200 g	harina, 1 taza
sopa crema de arvejas,	aceite para freír
1/2 paquete	

PREPARACIÓN

- Amasar con la mano o en batidora la carne picada con el polvo de la sopa crema. Cuando se haya formado una masa tomar porciones, darles forma de esferas, pasarlas por la harina, ajustarlas y freírlas en abundante aceite no muy caliente hasta dorarlas muy bien.

NOTA

Cambiar el sabor utilizando otras sopa crema, de cebolla, choclo, hongos, etcétera.

DAR A LA PREPARACIÓN FORMA DE PEQUEÑAS HAMBURGUESAS, ACOMODARLAS
EN UNA PLACA ACEITADA Y HORNEARLAS A TEMPERATURA
MODERADA 18 A 20 MINUTOS, DARLAS VUELTA EN MITAD DE LA COCCIÓN.

MEDALLONES DE CALABAZA GRATINADOS

calabaza, 1	azúcar rubia, 2 cucharadas
sal y pimienta blanca, a gusto	aceite, 2 cucharadas
jugo de naranja, 1 vaso	manteca, 20 g

PREPARACIÓN

• Pelar la calabaza y cortarla en rodajas, desechar las semillas y fibras centrales. Acomodarlas sin superponerlas en una asadera, condimentarlas con sal y pimienta blanca, rociarlas con el jugo de naranja y espolvorearlas con el azúcar, rociar con el aceite y la manteca cortada en trocitos, tapar con papel metalizado, y cocinar en horno de temperatura moderada 15 minutos.

• Retirar el papel, subir la temperatura del horno y proseguir la cocción unos minutos más para gratinar.

UTILIZAR LA CALABAZA PELADA Y CORTADA EN RODAJAS QUE SE VENDE EN BANDEJITAS.

PAÑUELOS DE SALMÓN

crêpes compradas, 6	brotes de alfalfa, 6 cucharadas
salmón en aceite, 1 lata	queso blanco, 2 cucharadas
huevo, 1	

PREPARACIÓN

• Extender las *crêpes*. Escurrir el salmón. Cocinar el huevo en agua hirviendo con sal durante 10 minutos, escurrirlo, pasarlo por agua fría y pelarlo.

- En caliente, picarlo y mezclarlo con el salmón, los brotes de alfalfa y el queso blanco. Extender sobre las *crêpes*, arrollar o doblar en cuatro como un pañuelo y apilarlas en un recipiente.

EN LUGAR DE UTILIZAR *CRÊPES*, EXTENDER EL RELLENO EN RODAJAS DE PAN INTEGRAL O PAN DE HAMBURGUESAS FORMANDO SÁNDWICHES.

 ## SÁNDWICH DE LOMITO SIN PAN

lomito ahumado, 4 rodajas cortadas de 1/2 cm de espesor	sal, pimienta y mostaza, a gusto
	lechuga manteca, unas hojas
ricota, 150 g	

PREPARACIÓN
- Quitar la piel a las rodajas de lomito.
- Mezclar ligeramente la ricota con sal, pimienta, 1 cucharadita de mostaza y 3 ó 4 hojas de lechuga cortadas en trocitos con las manos. Distribuir sobre dos de las rodajas de lomito y cubrir con las otras dos. Envolver cada sándwich en papel film.

REEMPLAZAR LA LECHUGA POR PEPINITOS EN VINAGRE PICADOS. ENVOLVER LOS SÁNDWICHES EN PAPEL FILM Y LUEGO EN BOLSA. SE PUEDEN CONSERVAR EN EL FREEZER HASTA 1 SEMANA.

COCINA PARA
EL FIN DE SEMANA

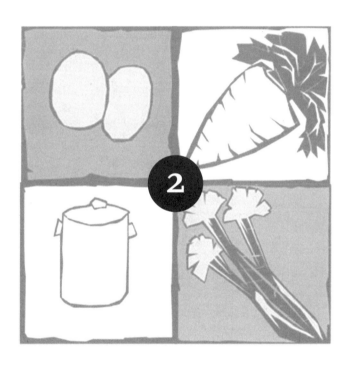

índice
del capítulo

cocina para
el fin de semana

MUJER EJECUTIVA	MADRE DE FAMILIA
42 Arroz arborio con pollo marinado	51 *Bruschettas*
43 *Crêpes* de maíz, mango y pollo	52 Cazuela de pollo y crema de choclo
44 Filetes de trucha con vegetales	53 Cazuela de *risotto* verde con pollo
45 *Goulasch* con *spaetzle*	54 Empanadas *soufflée* de pollo
46 Langostinos al champaña	55 Matambre sin ataduras
47 Lomo con vegetales grillados	56 Milanesas rellenas
48 Milanesitas de queso camembert	57 Pizza con salchichas y huevos
49 Frutas rojas en almíbar de vino	58 *Spaghetti* con salsa tapenade
50 *Mousse* de castañas	59 *Pudding* de pan chocolatado
51 *Parfait* granizado al café	60 *Tiramisù*

MUJER INEXPERTA

61 Cazuela de bacalao fresco

62 Costillas de cordero con aderezo

63 Croquetas de papa y roquefort

64 Huevos con atún y camarones

65 Lenguados a la romana con semillas

66 Medallones con huevos *poché*

67 Rollos sorpresa

68 Supremas jugosas en salsa roja

69 Tacos con rellenos diferentes

71 Torta para lucirse

MUJER FANÁTICA DE LAS DIETAS

72 *Baguettes* integrales con pollo

73 Budín de tomates y piñones

74 Cazuelas de calabaza

75 Cebiche de calabaza y berenjenas

77 Cuadril con milanesas de calabaza

76 Lenguado en *croûte* de *zucchini*

79 Ñoquis de remolacha

80 *Spaghetti* con vegetales

81 Compota de frutillas y ciruelas

82 *Mousse* helada de higos blancos

MUJER SIN TIEMPO

83 Cuadril en salsa de choclo

84 *Fettuccini* con pesto a la crema

84 Matambre a la portuguesa

85 Pastel agridulce

86 Pastel cremoso de brócoli

87 Pizzetas de pan árabe

88 Revuelto gramajo

89 Sándwiches abiertos

90 Arrollado de crema chocolatada

ARROZ ARBORIO CON POLLO MARINADO

4 porciones

arroz arborio, 400 g	cilantro, 1 cucharadita
sal y pimienta, a gusto	aceite de oliva, 2 cucharadas
supremas, 4	hongos shiitake, 50 g
vino blanco, 1 vaso	caldo o agua, 1 taza
salsa de soja, 1 cucharada	brotes de soja, 2 tazas
miel, 1 cucharada	piñones, 3 cucharadas

PREPARACIÓN

• Cocinar el arroz en agua con sal, cuando esté casi al dente, escurrirlo y enjuagarlo con agua fresca. Cortar las supremas en cubos.

• Aparte, hervir durante 1 minuto el vino con la salsa de soja, la miel, el cilantro, sal y pimienta; agregar 1 cucharada de aceite y verter sobre el pollo.

• Calentar un wok con el resto de aceite, añadir el pollo escurrido, saltearlo hasta blanquearlo, incorporar la marinada, los hongos remojados en el caldo o agua caliente y el caldo o agua de remojo. Cocinar de 7 a 8 minutos, incorporar el arroz y los brotes de soja, mezclar a fuego vivo durante 1 ó 2 minutos hasta calentar todo muy bien. Saltear los piñones en 1/2 cucharada de aceite o manteca y salpicar sobre el arroz.

ADOBAR EL POLLO Y MANTENERLO EN LA HELADERA EL DÍA ANTERIOR O
EN EL FREEZER DURANTE 1 MES.

CRÊPES DE MAÍZ, MANGO Y POLLO

4 porciones

crêpes, 1 paquete	mostaza de Dijon, 1 cucharadita
choclo entero, 2 tazas	puerros, 2
mango, 1	crema, 350 cc
pollo cocido y picado, 2 tazas	queso *gruyère* o similar,
queso mascarpone o similar, 250 g	2 cucharadas
sal, pimienta, coriandro y curry,	
a gusto	

PREPARACIÓN

• Separar las *crêpes*. Mezclar el choclo con el mango cortado en *concassé*, es decir en cubos pequeños, el pollo y el queso mascarpone. Condimentar con sal, pimienta blanca y coriandro molidos, agregar la mostaza y distribuir sobre las *crêpes*. Doblarlas en cuatro como un pañuelo y acomodarlas en una fuente para horno.

• Cortar los puerros en rodajas finas y cubrirlos apenas con agua. Cocinar tapados hasta que el agua casi se consuma, añadir la crema, sal, pimienta, 1 cucharadita de curry y cocinar durante 1 ó 2 minutos más. Luego, verter sobre las *crêpes* espolvoreadas con el queso y gratinar en horno caliente.

TENER SIEMPRE EN EL FREEZER SUPREMAS DE POLLO COCIDAS EN MICROONDAS. EL TIEMPO DE COCCIÓN DE UNA SUPREMA DE 200 GRAMOS ES DE 4 MINUTOS EN "MÁXIMO", NIVEL DE POTENCIA 100.

FILETES DE TRUCHA CON VEGETALES

2 porciones

filetes de trucha, 2	champiñones, 150 g
sal y pimienta, a gusto	vino jerez, 1 vaso
aceite de oliva, 2 cucharadas	manteca, 75 g
puerro, 1	limón sutil, 1
blanco de apio, 2 troncos	*ciboulette*, 2 cucharadas

PREPARACIÓN

• Condimentar los filetes con sal y pimienta, reservarlos en la heladera.

• Saltear en el aceite el puerro y el apio cortados muy finos, agregar los champiñones fileteados, condimentar con sal y pimienta y cocinar durante 2 minutos. Rociar con el jerez, proseguir cocinando a fuego vivo durante 2 minutos más.

• Acomodar los filetes en una fuente para horno, cubrir con los vegetales y el jugo de cocción, tapar con papel metalizado y cocinar en horno más bien caliente durante 15 minutos.

• Luego, retirar los filetes de pescado con cuidado y acomodarlos en platos calientes.

• Colocar el jugo de cocción sobre fuego, agregar de a poco la manteca fría cortada en cubos, revolviendo. Añadir el jugo de limón y 1 cucharadita de ralladura del limón. Cuando la salsa tome cuerpo, verter sobre el pescado y espolvorear con *ciboulette*.

COCINAR LOS FILETES DURANTE 10 MINUTOS. ACOMODARLOS
EN UN RECIPIENTE RÍGIDO. PROSEGUIR LA COCCIÓN DE LOS VEGETALES Y LA SALSA
Y VERTER SOBRE EL PESCADO. DEJAR ENFRIAR, TAPAR Y GUARDAR EN
FREEZER HASTA 30 DÍAS. CALENTAR EN MICROONDAS O EN HORNO MUY SUAVE.

GOULASCH CON SPAETZLE

8 porciones

paleta o bola de lomo, 2 kilos	kummel, 1 cucharadita
sal parrillera y harina, cantidad	pimienta de molinillo, un toque
necesaria	*Spaetzle*
aceite y manteca, a gusto	huevos, 3
cebollas, 1/2 kilo	sal, 1 cucharadita
páprika dulce, 2 cucharadas	aceite de maíz, 1 cucharada
vino blanco seco, 1 vaso	harina, 350 g
caldo de carne, 1 taza	agua, 250 g aproximadamente

PREPARACIÓN

• Desgrasar la carne y cortarla en rodajas de un dedo de espesor, luego en tiras y por último en cubitos. Espolvorear la carne con 2 cucharadas de sal y 2 cucharadas de harina.

• Calentar 3 cucharadas de aceite y 30 gramos de manteca, agregar la carne y saltearla a fuego vivo moviéndola con cuchara de madera.

• Aparte cortar las cebollas por la mitad y luego en rodajas finas, rehogarlas en una cazuela con 40 gramos de manteca y 2 cucharadas de aceite, agregar la carne salteada y rociar con la páprika diluida en el vino y con el caldo caliente.

• Condimentar con el kummel y la pimienta de molinillo, cocinar tapado a fuego suave hasta que la carne esté tierna, si fuera necesario agregar más caldo.

• Servirlos bien calientes en cazuelitas acompañados de los *spaetzle*.

Spaetzle

• Procesar o licuar los huevos con la sal, el aceite, la harina y el agua; debe obtenerse una masa de regular consistencia. Dejarla descansar de 25 a 30 minutos.

• Hacer hervir en una cacerola abundante agua con sal y 1 cucharada de aceite.

• Formar los ñoquis pasando la pasta directamente sobre el agua hirviendo por el colador especial o ñoquera para hacer *spaetzle*, o por una cacerola en desuso en la que se hayan realizado agujeros de más o menos 1 centímetro de diámetro.

- A medida que los ñoquis vayan subiendo a la superficie retirarlos con una espumadera o colador e ir colocándolos en una sartén con 40 gramos de manteca.

SI NO TIENE POSIBILIDAD DE CONSEGUIR LA ÑOQUERA O UNA CACEROLA CON LA BASE AGUJEREADA, CON AYUDA DE UNA CUCHARITA TOMAR PEQUEÑAS PORCIONES DE PASTA E INTRODUCIRLAS EN EL AGUA HIRVIENDO, DE MODO SIMILAR AL QUE SE REALIZAN LOS MALFATTI.

LANGOSTINOS AL CHAMPAÑA

4 porciones

langostinos crudos, 20

sal, pimienta y jugo de lima, a gusto

manteca y aceite de oliva, cantidad necesaria

hojas de rúcula, 2 paquetes

naranjas, 2

mayonesa, 2 tazas

champaña, 200 cc

aceite de maíz, 1 cucharada

almendras peladas y fileteadas, 50 g

PREPARACIÓN

- Macerar los langostinos con sal, pimienta y jugo de lima, saltearlos en 30 g de manteca y 2 cucharadas de aceite.
- Colocar en una fuente las hojas de rúcula, distribuir encima las naranjas peladas a vivo y separada en gajos y los langostinos.
- Mezclar la mayonesa con el champaña hasta obtener la consistencia de una salsa bien fluida. Verter sobre los langostinos y la rúcula.
- Saltear las almendras en el aceite y espolvorear la ensalada.

PARA EVITAR SALIR A COMPRAR A ÚLTIMO MOMENTO, LOS LANGOSTINOS SE PUEDEN MANTENER EN EL FREEZER DE 30 A 40 DÍAS.

LOMO CON VEGETALES GRILLADOS

4 porciones

lomo, 500 g	**Blini de papa**
romero, salvia y ajo, a gusto	papas, 4
aceite de oliva, 1/2 pocillo	huevos, 3
aceto balsámico, 2 cucharadas	sal, pimienta y curry, a gusto
berenjena grande, 1	queso sardo rallado, 4 cucharadas
zucchini, 2	harina leudante, 4 cucharadas
cebolla, 1	crema, 3 cucharadas
tomates perita, 4	
sal y pimienta negra, cantidad	
necesaria	

PREPARACIÓN

• Cortar o hacer cortar el lomo en láminas finas. Colocar en un bol 4 ó 5 ramitas de romero y otro tanto de salvia, agregar 3 ó 4 dientes de ajo machacados, el aceite de oliva y el aceto balsámico.

• Lavar bien los vegetales, cortar las berenjenas y los *zucchini* sin pelar en rodajas finas, pelar la cebolla y cortarla también en rodajas algo más gruesas, lo mismo que los tomates. Colocar los vegetales dentro de la marinada, macerarlos por lo menos durante 20 minutos.

• Calentar una plancha, pincelarla con aceite, escurrir los vegetales y asarlos de ambos lados. Acomodarlos en una fuente para horno y condimentarlos con sal y pimienta, mantenerlos tapados en horno suave.

- Macerar el lomo en la misma marinada de los vegetales, asar los bifecitos vuelta y vuelta y condimentarlos.
- Servirlos en platos sobre los blini de papa y acomodar alrededor los vegetales grillados. Salsear con el resto de marinada.

Blini de papa

- Pelar las papas y rallarlas con rallador de verdura. Exprimirlas dentro de un lienzo y luego mezclarlas con los huevos, sal, pimienta, 1 cucharadita de curry, el queso rallado, la harina y la crema.
- Calentar una sartén o panquequera, pincelar con manteca y verter en el centro una porción, deslizarla ligeramente y cocinar a fuego suave. Cuando esté dorado de un lado, dorar del otro lado. Repetir 3 veces más para obtener cuatro *blini*.

MACERAR LOS VEGETALES Y LAS LÁMINAS DE LOMO EN EL ADOBO EN UN RECIPIENTE TAPADO, EN LA HELADERA, UN DÍA ANTES. SE PUEDEN PREPARAR LOS *BLINI* DE PAPA EL DÍA ANTERIOR Y GUARDARLOS SUPERPUESTOS EN UNA BOLSA DENTRO DE LA HELADERA. PARA UTILIZAR, CALENTARLOS EN HORNO SUAVE.

MILANESITAS DE QUESO CAMEMBERT

4 porciones

queso camembert, 4 tajadas	nueces molidas, 6 cucharadas
harina, 2 cucharadas	miga de pan rallado, 1 taza
huevos, 2	aceite y manteca, para freír
sal y pimienta, a gusto	

PREPARACIÓN

- Cortar las tajadas de queso de 3 cm de espesor, pasarlas por la harina, luego por los huevos ligeramente batidos condimentados con sal y pimienta.

- Por último, pasar las tajadas por las nueces molidas mezcladas con el pan rallado.
- Mantener en el congelador por lo menos 30 minutos antes de freír ligeramente en mezcla de aceite y manteca caliente. Servir con tomatitos macerados y hojas verdes.

Tomatitos macerados

Cortar por la mitad 300 gramos de tomates *cherry*, condimentarlos con sal y pimienta, 1 cucharada de aceto balsámico, cilantro y 2 cucharadas de aceite de oliva.

PREPARAR LAS MILANESAS DE QUESO, ENVOLVER CADA UNA EN PAPEL FILM Y LUEGO EMBOLSARLAS. GUARDAR EN EL FREEZER HASTA 30 DÍAS. PARA UTILIZAR, PASARLAS A HELADERA EL DÍA ANTERIOR, FREÍRLAS EN MEZCLA DE ACEITE Y MANTECA NO DEMASIADO CALIENTE.

FRUTAS ROJAS EN ALMÍBAR DE VINO

4 porciones

vino tinto o blanco, 750 cc	frutas rojas (frambuesas,
canela en rama, un trozo	frutillas, moras,
clavo de olor, 1	*blueberries*), 400 g
cáscara de limón, un trozo	helado de vainilla, 500 g
azúcar, 200 g	pistachos, 4 cucharadas

PREPARACIÓN

- Colocar en un recipiente el vino elegido con la canela, el clavo de olor, la cáscara de limón y el azúcar, hacer hervir de 8 a 10 minutos. Luego, filtrar y agregar las frutas sin los cabitos. Cocinar de 4 a 5 minutos más.
- Distribuir el helado en copas flautas, salsear con el almíbar de frutas tibio, espolvorear con los pistachos.

SE PUEDE CONSERVAR EN EL FREEZER HASTA 3 MESES.
EN ESE CASO, PREPARAR EL ALMÍBAR, FILTRARLO, Y AGREGAR LAS FRUTAS
SIN LOS CABITOS. MEZCLAR Y NO COCINAR, DEJAR ENFRIAR Y GUARDAR EN UN
RECIPIENTE RÍGIDO. EN EL MOMENTO EN QUE SE VAYA A UTILIZAR,
DESCONGELAR SOBRE FUEGO HASTA CALENTAR.

MOUSSE DE CASTAÑAS

4 porciones

castañas en almíbar, 350 g	azúcar, 2 cucharadas
crema de leche, 250 g	almendras fileteadas y tostadas,
claras de huevo, 2	4 cucharadas

PREPARACIÓN

• Procesar las castañas con el almíbar.

• Batir la crema a punto chantillí. Batir las claras con batidora eléctrica hasta espumarlas, agregar el azúcar en forma de lluvia y seguir batiendo hasta obtener punto merengue.

• Mezclar el puré de castañas con la crema y por último con las claras, revolviendo en forma envolvente. Distribuir en 4 compoteras, espolvorear con las almendras. Mantener en la heladera.

SE PUEDE PREPARAR HASTA 48 HORAS ANTES. EN ESE CASO, BATIR
LAS CLARAS CON EL AZÚCAR A BAÑO DE MARÍA HASTA QUE AL TOCARLAS ESTÉN
TIBIAS, SEGUIR BATIENDO FUERA DEL BAÑO DE MARÍA HASTA QUE SE
ENFRÍEN. DE ESTA MANERA, SE CONSIGUE UN MERENGUE COCIDO. MEZCLAR
ENTONCES CON EL PURÉ DE CASTAÑAS Y LA CREMA BATIDA.

PARFAIT GRANIZADO AL CAFÉ

4 porciones

yemas, 4	crema de leche, 250 g
café concentrado, 1 pocillo	azúcar impalpable, 2 cucharadas
azúcar, 125 g	chocolate de taza, 2 barritas
agua, 75 cc	pistachos, 4 cucharadas
licor de café, 2 cucharadas	

PREPARACIÓN

• Mezclar las yemas con el café.

• Aparte, cocinar el azúcar cubierto con el agua hasta que comience a espesar. Verter lentamente sobre las yemas batiendo hasta enfriar, agregar el licor, la crema batida a medio punto con el azúcar impalpable y el chocolate y los pistachos picados.

• Mezclar en forma envolvente y distribuir en 4 copas flautas. Mantener en la heladera hasta el momento de servir.

BATIR DIRECTAMENTE LAS YEMAS CON EL CAFÉ Y EL
AZÚCAR A BAÑO DE MARÍA HASTA QUE COMIENCEN A ESPESAR. DEJAR ENFRIAR Y
MEZCLAR CON LA CREMA, EL CHOCOLATE Y LOS PISTACHOS.

BRUSCHETTAS

4 a 5 porciones

rodajas de pan, 2 por persona	sal, pimienta y albahaca, a gusto
aceite de oliva, 2 cucharadas	queso fresco o mozzarella, 150 g
ajo, 1 diente	aceitunas negras, 50 g
tomates, 2	anchoas, optativo

PREPARACIÓN

● Pincelar las rodajas de pan con el aceite y tostarlas, frotarlas en caliente con el diente de ajo.

● Cortar los tomates en rodajas finas, acomodarlas sobre el pan, condimentar con sal, pimienta y hojas de albahaca. Distribuir encima cubos de queso fresco o mozzarella, las aceitunas fileteadas y, si se desea, una tirita de anchoa; gratinar en horno caliente.

REEMPLAZAR EL PAN POR PALMERAS DE HOJALDRE Y LAS ANCHOAS POR JAMÓN COCIDO CORTADO EN JULIANA.

CAZUELA DE POLLO Y CREMA DE CHOCLO

4 a 5 porciones

pollo grande, 1	paté o jamón del diablo, 1 latita
sal, pimienta y orégano, a gusto	vino blanco, 1 vaso
aceite, para freír	choclo cremoso, 1 lata
manteca, 20 g	papas, 1 por comensal
mayonesa, 1/2 taza	

PREPARACIÓN

● Hacer cortar el pollo en presas chicas, condimentar con sal, pimienta y orégano.

● Calentar aceite y dorar ligeramente las presas de pollo. Untar una cazuela con la manteca, acomodar el pollo dorado.

● Mezclar la mayonesa con el paté o jamón del diablo, el vino y el choclo. Verter sobre el pollo y cocinar tapado a fuego suave de 25 a 30 minutos. Si fuera necesario agregar, en la mitad de la cocción, un cucharón de agua caliente, para aligerar la salsa. Acompañar con las papas.

Papas crujientes

Pelar las papas y cortarlas en la forma habitual. Colocarlas en un bol con agua, algunos cubos de hielo y bastante sal por lo menos durante 20 minutos. Luego, escurrirlas, secarlas y freírlas en abundante aceite caliente.

NOTA

Las papas fritas se deshidratan cuando se salan después de fritas.

CONDIMENTAR EL POLLO Y DORARLO EN EL ACEITE, ESCURRIRLO
Y GUARDAR EN UN RECIPIENTE TAPADO, EN LA HELADERA, DE 24 A 48 HORAS ANTES
DE USARLO. TAMBIÉN SE PUEDE CONSERVAR EN EL FREEZER.

CAZUELA DE RISOTTO VERDE CON POLLO

4 a 5 porciones

cebollas de verdeo, 2	supremas de pollo, 2
puerros, 2	limón, 1
aceite, 2 cucharadas	sal, pimienta y salvia, a gusto
agua o caldo, 1 litro	arroz, 400 g
alcauciles, 4	queso parmesano rallado,
espinaca, 400 g	4 cucharadas

PREPARACIÓN

● Cortar en rodajas finas las cebollas y los puerros, colocarlos en una cazuela con el aceite y el agua o caldo, tapar y cocinar a fuego lento, revolviendo de vez en cuando hasta que los vegetales se ablanden.

● Limpiar los alcauciles, retirando las hojas duras. Luego, cortar dejando sólo los corazones, desechar el centro plumoso y cortarlos en cuartos, limpiar también los cabitos con ayuda del pelapapas y luego trozarlos.

- Agregar a la cazuela y cocinar hasta que los alcauciles estén casi tiernos, incorporar las hojas de espinaca lavadas y trozadas, cocinar de 3 a 4 minutos.
- Aparte, condimentar las supremas con el jugo de limón, sal y pimienta y asarlas durante 20 minutos en horno más bien caliente, luego cortarlas en cubos y agregarlas a la cazuela junto con la espinaca. Condimentar todo con sal, pimienta y salvia fresca o seca, añadir el arroz y cocinar tapado de 18 a 20 minutos, apagar el fuego, espolvorear con el queso; dejar reposar durante 5 minutos y servir.

UTILIZAR CORAZONES DE ALCAUCILES ENVASADOS EN LATA O FRASCO, LAVARLOS, CORTARLOS EN MITADES Y COLOCARLOS EN LA CAZUELA AL MISMO TIEMPO QUE LAS HOJAS DE ESPINACA Y EL POLLO ASADO Y CORTADO EN CUBOS. COCINAR DE 3 A 4 MINUTOS, AÑADIR EL ARROZ Y COCINAR DE 18 A 20 MINUTOS, ESPOLVOREAR CON QUESO Y DEJAR REPOSAR 5 MINUTOS.

EMPANADAS SOUFFLÉE DE POLLO

24 empanadas

Masa *soufflée*

harina leudante, 300 g

sal, 1 cucharadita

aceite, 1 cucharada

manteca, 30 g

agua, 175 cc

Relleno

cebollas, 500 g

margarina, 100 g

ají rojo, 1

supremas cocidas, 4

sal, pimienta, perejil y tomillo, a gusto

pimentón, 1 cucharadita

Varios

huevos duros, aceitunas y aceite para freír

PREPARACIÓN

- Colocar en procesadora la harina con la sal, el aceite, la manteca y el agua, procesar y colocar el bollo de masa sobre la mesada. Tomar la masa, dejarla descansar durante 10 minutos y luego estirarla, cortar medallones del diámetro deseado.
- Picar las cebollas, cocinarlas en la margarina, agregar el ají picado, saltear y añadir las supremas cocidas en agua con sal y picadas. Condimentar con sal, pimienta, perejil, tomillo y el pimentón.
- Dejar enfriar, distribuir una porción sobre cada disco de masa y agregar a cada uno un trocito de huevo duro y de aceituna. Pincelar el reborde de la masa con agua o huevo y cerrar las empanadas formando un repulgo o marcándolo con un tenedor.
- Cocinar las empanadas en aceite no demasiado caliente y escurrir sobre papel.

PREPARAR EL RELLENO 1 Ó 2 DÍAS ANTES Y MANTENERLO EN UN RECIPIENTE TAPADO EN LA HELADERA. UTILIZAR DISCOS DE EMPANADAS COMPRADOS PARA HORNO. RELLENARLAS, CERRARLAS, COLOCARLAS SOBRE UNA PLACA, PINCELARLAS CON HUEVO Y SI LE AGRADA, ESPOLVOREAR CON AZÚCAR. COCINARLAS EN HORNO CALIENTE DURANTE 20 MINUTOS HASTA DORARLAS.

MATAMBRE SIN ATADURAS

6 a 8 porciones

matambre, 1 y 1/2 kilo	queso rallado, ajo y perejil, cantidad necesaria
sal, pimienta, ají molido y orégano, a gusto	gelatina sin sabor, 10 g
panceta ahumada, 100 g	ají morrón, 1
huevos crudos, 2	huevos duros, 2

PREPARACIÓN

• Condimentar el matambre bien desgrasado, con sal, pimienta, ají molido y orégano. Cubrir con las tajadas de panceta.

• Batir ligeramente los huevos y agregarles queso rallado, ajo y perejil hasta formar una pasta, extenderla sobre el matambre, espolvorear con la gelatina, acomodar el ají cortado en tiras finas y los huevos duros cortados en cuartos.

• Arrollar el matambre y envolverlo muy ajustado con papel film, dándole varias vueltas. Envolverlo luego en papel metalizado.

• Cocinar en abundante agua hirviendo con sal durante 1 hora. Dejarlo enfriar en la misma agua y luego prensarlo ligeramente.

SÁNDWICH DE MATAMBRE: CONDIMENTAR EL MATAMBRE Y CUBRIR SÓLO LA MITAD DE LA CARNE CON TODA LA PREPARACIÓN DADA EN LA RECETA. CUBRIR EL RELLENO CON LA OTRA PARTE DE LA CARNE. SUJETAR LOS BORDES CON PALILLOS, ENVOLVER EN PAPEL METALIZADO SIN ARROLLARLO, COLOCAR EN ASADERA CON UNA BASE DE 2 CM DE AGUA Y COCINAR EN HORNO DE TEMPERATURA MODERADA DURANTE 40 MINUTOS, VERIFICAR LA COCCIÓN Y SERVIR CALIENTE.

MILANESAS RELLENAS

5 porciones

bifes grandes de nalga o paleta cortados finos, 1/2 kilo	huevos duros, 2
sal y pimienta, a gusto	jamón cocido, 100 g
huevos crudos, 3	queso cuartirolo, 150 g
queso sardo o similar rallado, 2 cucharadas	perejil, 2 cucharadas
	pan rallado, 3 tazas
	aceite para freír

PREPARACIÓN

- Desgrasar y aplanar bien la carne, condimentarla con sal y pimienta.
- Cascar un huevo, batirlo ligeramente y mezclarlo con el queso rallado y los huevos duros picados. Distribuir este relleno sobre la mitad de cada bife, acomodar encima una feta de jamón, una rodaja de queso cuartirolo y cubrir con la otra parte de la carne, ajustar bien los rebordes. Para mayor seguridad, sujetar con algunos palillos.
- Pasar las milanesas por los 2 huevos restantes batidos y condimentados con sal y perejil. Luego, empanarlos con el pan rallado, freírlos en aceite no muy caliente. Acompañar con puré, papas fritas o ensaladas.

PREPARAR LAS MILANESAS SUPRIMIENDO LOS HUEVOS DUROS, ACOMODARLAS UNA SOBRE OTRA CON SEPARADORES DE PAPEL, LUEGO EMBOLSARLAS O ENVOLVER EN PAPEL METALIZADO Y GUARDAR EN EL FREEZER HASTA 1 MES. PARA **AHORRAR TIEMPO EN COCCIÓN**, COCINAR LAS MILANESAS EN HORNO MÁS BIEN CALIENTE DURANTE 8 MINUTOS, DARLAS VUELTA, CUBRIRLAS CON SALSA DE TOMATE Y PROSEGUIR LA COCCIÓN DURANTE 10 MINUTOS MÁS.

PIZZA CON SALCHICHAS Y HUEVOS

5 porciones

levadura de cerveza, 20 g	manteca, 20 g
azúcar, 1 pizca	agua tibia, 225 cc
harina, 400 g	salsa de tomate, 2 tazas
sal, 1 cucharadita	salchichas de Viena, 8
aceite de oliva, 2 cucharadas	huevos, 1 por comensal

PREPARACIÓN

- Procesar la levadura con el azúcar, la harina con la sal, el aceite, la manteca y el agua tibia, cuando se haya formado el bollo de masa, amasarlo ligeramente y dejarlo descansar tapado sobre la mesada durante 15 minutos.

● Estirarlo de la medida de una placa de 35 a 40 cm de largo, aceitar la placa y acomodar la masa. Cubrir con la mitad de la salsa, cocinar en horno caliente de 18 a 20 minutos.

● Distribuir encima el resto de salsa mezclada con las salchichas cortadas. Freír un huevo por persona y acomodarlos sobre la pizza. Llevar a horno caliente 2 ó 3 minutos y servir.

UTILIZAR, PARA LA SALSA DE HONGOS, 1/2 PAQUETE DE SOPA CREMA DE HONGOS PREPARADA COMO INDICA EL ENVASE.

SPAGHETTI CON SALSA TAPENADE

8 porciones

spaghetti, 1 kilo	crema, 400 cc
sal y aceite, cantidad necesaria	dientes de ajo cocidos, 6
aceitunas negras, 250 g	aceite de oliva, 4 cucharadas
alcaparras, 5 cucharadas	rodajas de pan de campo,
coñac, 1/2 copa	cantidad necesaria
anchoas, 10	queso parmesano rallado, 100 g
jugo de 1/2 limón	

PREPARACIÓN

● Cocinar los *spaghetti* en abundante agua hirviendo con sal y 1 cucharada de aceite, cuando los fideos estén cocidos pero al dente escurrirlos y sumergirlos en agua fría, volverlos a escurrir y colocarlos extendidos en una asadera.

● Colocar en la procesadora las aceitunas descarozadas, la mitad de las alcaparras, el coñac, las anchoas y el jugo de limón, procesar hasta formar una pasta y mezclar con la crema.

● Cocinar en agua con sal los dientes de ajo sin pelar, cuando estén tiernos escurrirlos y pisar la pulpa con aceite de oliva, condimentar con sal, pincelar las rodajas de pan y tostarlas.

• En el momento de servir sumergir los fideos en agua hirviendo, moverlos unos segundos para que se calienten, escurrirlos y mezclarlos con la crema caliente, espolvorear con el queso y las alcaparras reservadas, condimentar con pimienta negra de molinillo y acomodar alrededor las tostadas con ajo.

PUDDING DE PAN CHOCOLATADO

6 a 8 porciones

leche chocolatada, 1 litro	canela, 1/2 cucharada
miga de pan, 7 tazas	dulce de batata, 300 g
huevos, 5	nueces, 100 g
azúcar, 200 g	azúcar para el caramelo, 120 g

PREPARACIÓN

• Remojar la miga de pan en la leche. Batir ligeramente los huevos con el azúcar, agregar al pan, perfumar con la canela, añadir el dulce cortado en cubos y las nueces ligeramente picadas.

• Colocar el azúcar sobre fuego moderado, mover con cuchara de madera hasta formar caramelo claro, verter en la budinera y hacerlo correr.

• Verter la preparación y cocinar a baño de María en horno de temperatura moderada de 55 a 60 minutos. Verificar la cocción, dejar enfriar y desmoldar.

ENMANTECAR UNA ASADERA, ESPOLVOREAR CON AZÚCAR, VERTER LA MEZCLA (DEBE TENER UNA ALTURA DE 5 A 6 CM). ESPOLVOREAR CON AZÚCAR Y HORNEAR 40 MINUTOS A TEMPERATURA MEDIA HASTA QUE LA SUPERFICIE RESULTE DORADA Y, AL INTRODUCIR UN PALILLO, ÉSTE SALGA LIMPIO. DEJAR ENFRIAR Y CORTAR EN CUADRADOS. SERVIR CON DULCE DE LECHE, SALSA DE CHOCOLATE O FRUTAS.

TIRAMISÙ

8 porciones

yemas, 8	bizcochos vainillas, 32
azúcar, 300 g	café concentrado, 250 cc
queso mascarpone, 400 g	licor *amaretto*, 1 copita
crema de leche, 250 cc	azúcar, 3 cucharadas
esencia de vainilla, 2 cucharaditas	

PREPARACIÓN

• Batir las yemas con la mitad del azúcar a baño de María sin que hierva el agua hasta lograr una preparación espesa, retirar del fuego y seguir batiendo hasta entibiar. Mezclar con el queso mascarpone.

• Aparte batir la crema con el resto de azúcar y la esencia hasta obtener punto chantillí, añadir a la preparación de yemas revolviendo suavemente y en forma envolvente.

• Remojar ligeramente 8 vainillas en el café perfumado con el *amaretto* y endulzado con el azúcar, tapizar con ellas la base de un molde de 24 centímetros de diámetro cubierta la base con un disco de acetato o papel metalizado, distribuir encima una porción de crema, acomodar sobre ella una capa de vainillas remojadas, repetir crema y vainillas hasta finalizar los ingredientes.

• Colocar en heladera por lo menos 8 horas. Desmoldar en el momento de utilizar y, si se desea, salsear con chocolate.

PREPARAR EL TIRAMISÙ HASTA CON 2 MESES DE ANTICIPACIÓN Y CONSERVARLO EN EL FREEZER. PASARLO A LA HELADERA UN DÍA ANTES DE SERVIRLO.

CAZUELA DE BACALAO FRESCO

5 porciones

bacalao cortado en rodajas, 1,200 kilo

sal y pimienta, a gusto

limón, 1

harina, 3 cucharadas

aceite de oliva, 4 cucharadas

cebolla grande, 1

tomates, 1/2 kilo

ajo y perejil, 3 cucharadas

vermut o vino blanco, 1/2 vaso

azúcar, 1 cucharadita

aceitunas verdes y negras, 100 g

arvejas, 1 lata

cubos de pan fritos, 2 tazas

PREPARACIÓN

• Condimentar las postas de pescado con sal parrillera, pimienta y jugo de limón, dejarlo tapado en la heladera por lo menos durante 20 minutos. Luego, escurrirlo, secarlo con papel de cocina y pasarlo por la harina.

• Colocar en una cazuela 1 cucharada del aceite, acomodar el pescado tratando de que no se superponga.

• Rehogar en el resto de aceite la cebolla cortada por la mitad y luego en rodajas finas, agregar los tomates pasados por agua caliente, pelados y picados ajo y perejil, incorporar el vermut o vino blanco y condimentar con sal, pimienta y el azúcar. Cocinar durante 5 minutos y añadir las aceitunas descarozadas y las arvejas.

• Calentar y verter sobre el pescado, cocinar a fuego moderado durante 20 minutos. Servir salpicado por los cubos de pan dorados en aceite.

Secretos para inexpertas

Cuando se cocina pescado, es conveniente condimentarlo con sal gruesa o parrillera o simplemente sal fina y jugo de limón y mantenerlo en heladera de 20 a 30 minutos o el día anterior a prepararlo para endurecer su carne y que no se deshaga al cocinarlo.

REEMPLAZAR LA CEBOLLA Y TOMATES FRESCOS POR 1 Ó 2 LATAS DE SALSA POMAROLA.

COSTILLAS DE CORDERO CON ADEREZO

4 porciones

costillas de cordero, 2 por persona	mostaza, 1 cucharada
salsa de soja, 3 cucharadas	azúcar rubia, 2 cucharadas
sal y jengibre, a gusto	aceite, 2 cucharadas

PREPARACIÓN

- Quitar el exceso de grasa a las costillas y cortar parte del hueso si fuera demasiado largo, luego efectuar en la superficie ligeros cortes para que no se deformen al asarlas.
- Mezclar la salsa de soja con la sal, 1/2 cucharadita de jengibre en polvo o 1 cucharadita de jengibre fresco rallado, la mostaza, el azúcar y el aceite. Pincelar las costillas con este aderezo y dejarlas macerar en la heladera por lo menos durante 30 minutos.
- Calentar la parrilla y cocinar las costillas dorándolas de ambos lados.

Papas con aceitunas

Pelar 1/2 kilo de papas y cortarlas en cubos, cocinarlas en agua con sal y 3 cucharadas de vinagre. Cuando estén tiernas, escurrirlas y, en caliente, mezclarlas con 100 gramos de aceitunas negras fileteadas y 4 cucharadas de aceite de oliva.

Secretos para inexpertas

No dar vuelta las costillas hasta que estén bien doradas de un lado. Para darlas vuelta, utilizar una espátula o pinza, no pinchar la carne para que no se salgan los jugos.

Las papas cortadas en cubos se deben cocinar en agua y sal con el agregado de vinagre para evitar que se rompan.

MACERAR LAS COSTILLAS EL DÍA ANTERIOR Y MANTENERLAS
TAPADAS EN LA HELADERA. SE PUEDE REEMPLAZAR LA COCCIÓN DE LAS PAPAS
UTILIZANDO PAPINES DE LATA. EN ESTE CASO, CORTAR LOS PAPINES EN RODAJAS
Y SALTEARLOS CON ACEITE Y LAS ACEITUNAS NEGRAS.

CROQUETAS DE PAPA Y ROQUEFORT

5 porciones

papas, 750 g

sal gruesa, 1 cucharada

perejil, 1 cucharada

queso roquefort, 150 g

sal, pimienta, nuez moscada,

a gusto

harina, 4 cucharadas

huevos, 2

pan rallado o bizcochos molidos,

1 taza

aceite para freír

PREPARACIÓN

• Pelar las papas y cocinarlas en agua hirviendo con sal, hasta que estén tiernas pero firmes. Escurrirlas y pisarlas en caliente.

• Agregar el roquefort cortado en trocitos, el perejil y un toque de pimienta.

• En caliente, tomar porciones y pasarlas por harina, darles forma de esferas o cilindros y dejarlas enfriar.

• Pasarlas por huevo y pan rallado y freírlas en abundante aceite caliente hasta que estén doradas.

Secretos para inexpertas

• No dejar cocinar de más las papas porque si eso ocurre absorben mucha agua.

• Las croquetas de papa deben freírse siempre en abundante aceite caliente para evitar que se rompan o queden impregnadas en aceite.

REEMPLAZAR LAS PAPAS POR PURÉ DE PAPAS EN COPOS, PREPARADO CON UN POCO MENOS DEL LÍQUIDO QUE INDICA EL ENVASE.

HUEVOS CON ATÚN Y CAMARONES

4 porciones

huevos, 4

crema de leche, 200 cc

atún en aceite o al natural, 1 lata

leche, 200 cc

almidón de maíz, 1 cucharada colmada

sal, pimienta y nuez moscada, a gusto

camarones, 200 g

pan lácteo, 4 rodajas

perejil y *ciboulette*, a gusto

PREPARACIÓN

• Colocar los huevos con cuidado en agua hirviendo con sal, cuando retome el hervor, cocinarlos de 5 a 6 minutos, luego retirarlos, refrescarlos en agua fría y pelarlos con cuidado.

• Mezclar la crema con el atún escurrido, la leche y el almidón, cocinar revolviendo hasta que tome consistencia cremosa, condimentar y agregar los camarones. Tostar las rodajas de pan, acomodar encima los huevos y cubrir con la salsa caliente, espolvorear con el perejil y *ciboulette* picados.

Secretos para inexpertas

Los huevos *mollet* se cocinan de 5 a 6 minutos para obtener la clara cocida y que la yema quede blanda y jugosa.

MILHOJAS DE TOMATE | REF. PÁGINA 30

FETTUCCINI CON PESTO A LA CREMA | REF. PÁGINA 84

ESCABECHE DE POLLO AL CHARDONNAY | REF. PÁGINA 113

ESCURRIR BIEN EL ATÚN Y PROCESARLO LIGERAMENTE CON LA CREMA, AGREGAR A ESTO 3 Ó 4 CUCHARADAS DE QUESO PARMESANO O SIMILAR RALLADO Y 2 CUCHARADAS DE PEREJIL PICADO, MEZCLAR CON TENEDOR PARA ESPESAR LA SALSA, AÑADIR LOS CAMARONES. ACOMODAR LOS HUEVOS SOBRE LAS TOSTADAS, CUBRIR CON LA SALSA Y GRATINAR EN HORNO CALIENTE O EN EL GRILL.

LENGUADOS A LA ROMANA CON SEMILLAS

4 porciones

filetes de lenguado, 4	semillas de sésamo y amapola,
sal y pimienta, a gusto	3 cucharadas
limón, 1	almendras molidas,
harina, 2 cucharadas	3 cucharadas
	aceite y manteca, para freír

PREPARACIÓN

- Condimentar los filetes con sal, pimienta y jugo de limón, colocarlos tapados en heladera por lo menos durante 30 minutos. Luego, secarlos con papel de cocina.
- Mezclar la harina con las semillas de sésamo y amapola, las almendras y el queso rallado. Pasar los filetes por esta preparación, ajustándola muy bien a la carne del pescado.
- Calentar aceite con unos 30 gramos de manteca y freír los filetes hasta dorarlos de ambos lados. Escurrirlos sobre papel y servirlos con rodajas de limón.

Secretos para inexpertas

Si se desea preparar los filetes de lenguado o merluza en la forma clásica, pasarlos primero por harina, luego por huevo batido y por último por pan rallado, como una milanesa, y finalmente freírlos.

EMPANAR LOS FILETES CON LA HARINA, LAS SEMILLAS, LOS FRUTOS SECOS Y EL
QUESO RALLADO, ACOMODARLOS EN UN RECIPIENTE RÍGIDO SEPARADOS ENTRE SÍ
POR PAPEL FILM O SEPARARLOS Y GUARDARLOS EN FREEZER HASTA 1 SEMANA.

MEDALLONES CON HUEVOS POCHÉ

4 porciones

discos de empanadas, 8	tomate, 1
aceite de oliva, 2 cucharadas	hojas de lechuga o berro, 1 taza
queso rallado, 2 cucharadas	huevos bien frescos, 4
mayonesa, 4 cucharadas	vinagre, 4 cucharadas
jamón cocido, 100 g	

PREPARACIÓN

• Separar los discos de empanadas, pincelar 4 discos con el aceite y espolvorear con el queso rallado, tapar con los otros 4 discos, ajustar presionando con un palote y pinchar la superficie con un tenedor.

• Cocinar sobre una placa untada con aceite en horno caliente de 8 a 10 minutos, dándolos vuelta en la mitad de la cocción. Deben resultar dorados y crocantes.

• Dejarlos enfriar, untarlos ligeramente con mayonesa, distribuir encima el jamón, el tomate cortado en rodajas finas y las hojas de lechuga cortadas en tiras finas o las hojas de berro. Cubrir con los huevos poché (véase explicación en nota), salsear con la mayonesa aligerada con agua o jugo de limón.

Secretos para inexpertas

Para realizar cada huevo *poché*, poner en una sartén una base de 3 a 4 cm de agua con el vinagre, hacer hervir. Cascar un huevo en un plato, deslizarlo en el agua y cocinarlo 3 minutos. La clara debe resultar cocida y la yema blanda. Escurrirlo con cuidado con una espumadera. Emparejar los bordes de la clara, colocar sobre cada medallón.

REEMPLAZAR LOS DISCOS DE MASA POR 4 RODAJAS DE PAN LÁCTEO
BLANCO O INTEGRAL, PINCELARLAS CON MANTECA FUNDIDA O
ACEITE Y TOSTARLAS EN TOSTADORA, EN EL HORNO O EN EL GRILL DEL HORNO.
LUEGO, SEGUIR LAS INSTRUCCIONES DE LA RECETA.

ROLLOS SORPRESA

4 porciones

cebollas, 2	jamón cocido, 8 tajadas
ají rojo, 1	salchichas de Viena, 8
aceite, 2 cucharadas	huevos, 2
queso rallado, 4 cucharadas	pan rallado, 2 tazas

PREPARACIÓN

• Picar las cebollas y el ají, rehogarlo en el aceite, mezclar luego con el queso rallado. Distribuir sobre las tajadas de jamón, apoyar en cada extremo de la tajada una salchicha y arrollar.

• Pasar cada arrollado por los huevos batidos y luego por pan rallado, freírlos en aceite caliente. Escurrirlos sobre papel y servirlos con ensalada de hojas o puré duquesa.

Secretos para inexpertas

Para picar las cebollas con facilidad, separar cada una por la mitad, luego dividir cada mitad en tajadas dejándolas unidas por un extremo, sujetar bien y realizar uno o dos cortes en forma horizontal, por último cortarla de arriba hacia abajo; de esa forma se obtiene una cebolla picada en cubitos pequeños. El extremo que no se picó, guardarlo para otra preparación en la que se necesite cebolla picada gruesa o en rodajas.

PARA EL PURÉ DUQUESA AGREGAR A UN PURÉ EN COPOS REALIZADO CON SÓLO 750 CC DE AGUA, 2 YEMAS Y 30 G DE MANTECA.

SUPREMAS JUGOSAS EN SALSA ROJA

4 porciones

supremas, 4	cebolla, 1
sal, pimienta y *ciboulette*, a gusto	cebollas de verdeo, 3
	tomates perita, 4
harina, 1 taza	tomates secos, 14
pimentón, 2 cucharadas	vino blanco o vermut, 1 vaso
hierbas frescas, 2 cucharadas	aceitunas negras, 50 g
aceite, cantidad necesaria	

PREPARACIÓN

• Desgrasar las supremas, frotarlas con sal y pimienta.

• Mezclar la harina con el pimentón y las hierbas, pasar las supremas por esta mezcla y ajustar bien. Calentar aceite en una sartén y freírlas hasta dorar; escurrir sobre papel.

• Aparte saltear la cebolla blanca picada y las de verdeo cortadas en rodajas finas, agregar los tomates perita cortados en cubos sin las semillas y los tomates secos remojados en el vino o el vermut y cortados en tiras. Condimentar con sal, pimienta, *ciboulette* y perejil y cocinar de 5 a 6 minutos.

• Colocar las supremas en la salsa, agregar las aceitunas descarozadas y proseguir la cocción a fuego bajo con el recipiente tapado durante 15 minutos más.

Secretos para inexpertas

Al rebozar las supremas con la harina, el pimentón y las hierbas, se consigue dorarlas con mayor rapidez y la película crocante que se forma permite que se mantengan más jugosas cuando se cocinan en la salsa.

LAS SUPREMAS SE PUEDEN REBOZAR Y DORAR DIRECTAMENTE EN
EL RECIPIENTE JUNTO CON LAS CEBOLLAS, 1 LATA DE TOMATES PERITA PICADOS
GRUESOS Y LOS TOMATES SECOS REMOJADOS EN EL VINO O VERMUT Y CORTADOS
EN TIRAS. PROSEGUIR LA COCCIÓN COMO SE INDICA EN LA RECETA.

TACOS CON RELLENOS DIFERENTES

8 porciones

harina, 2 tazas	cebolla, 1
sal, 1 cucharada	ají rojo, 1/2
aceite de maíz, 2 cucharadas	aceite, 3 cucharadas
agua caliente, 1/2 de taza	paltas, 2
Quesadillas	jugo de 1/2 limón
cebollas, 2	nueces peladas, 50 g
aceite, 2 cucharadas	**De porotos, queso y panceta**
jamón cocido, 150 g	latas de porotos, 2
mozzarella, 200 g	queso roquefort, 200 g
De pollo con palta y nueces	queso gruyère o similar, 100 g
pollo, 2 supremas	panceta ahumada, 100 g

PREPARACIÓN

• Colocar la harina con la sal, el aceite de maíz y el agua, tomar la masa y dejarla descansar tapada 20 minutos, luego estirarla bien fina y cortar medallones del diámetro deseado, acomodarlos en una placa aceitada y cocinarlos en horno caliente 3 minutos.

• Retirarlos y acomodarlos uno sobre otro sobre un palote o una botella para que al enfriarse tomen la forma de los tacos o cocinarlos en sartén aceitada.

Rellenos

Quesadillas

Cortar las cebollas por la mitad y luego en tajadas, rehogarlas en el aceite, agregar el jamón picado y la mozzarella rallada, condimentar con sal y un toque de pimienta. Armar algunos tacos y acomodarlos uno junto al otro en una fuente para horno.

De pollo con palta y nueces

Cortar las supremas en tiras finas, picar la cebolla y el ají, rehogar las supremas, cebollas y ají en el aceite, condimentar con sal, tomillo fresco y pimienta, agregar las paltas peladas y cortadas en cubos, rociar con el jugo de limón, cocinar 2 minutos y agregar las nueces picadas gruesas. Armar otra cantidad de tacos y acomodarlos en la fuente.

De porotos, quesos y panceta

• Mezclar los porotos con el queso roquefort desgranado y el queso *gruyère* rallado. Acomodar sobre papel de cocina la panceta ahumada; colocarla en microondas de 2 a 3 minutos, cuando las tajadas se vayan dorando, dejarlas enfriar y triturarlas, agregar a la preparación y armar otra porción de tacos.

• En el momento de servir colocarlos unos minutos en horno de temperatura moderada para fundir los quesos. Acompañar con cerveza bien helada.

Secretos para inexpertas

Para evitar que las tortillas se ablanden si se preparan con demasiada antelación, tener preparados los rellenos y que cada comensal prepare su taco, gratinarlos a medida que se vayan necesitando.

COMPRAR LAS TORTILLAS ENVASADAS, CALCULANDO 4 POR PERSONA.

TORTA PARA LUCIRSE

6 a 8 porciones

manteca, 25 g	azúcar, 250 g
bizcochos vainillas, 10 a 12	ralladura de piel de limón,
oporto u otro vino similar, 6 a 7	2 cucharadas
cucharadas	esencia de vainilla, 1 cucharadita
ricota o queso mascarpone, 750 g	huevos, 5

PREPARACIÓN

• Untar con la manteca, en forma abundante, un molde desarmable.

• Acomodar en la base del molde las vainillas en trozos y rociarlas con el vino.

• Mezclar la ricota o queso mascarpone con la mitad del azúcar, perfumar con la ralladura y la esencia.

• Separar yemas de claras, agregar las yemas a la ricota o mascarpone y colocar en el molde.

• Batir las claras hasta que espumen, añadir el resto de azúcar en forma de lluvia, seguir batiendo hasta obtener un merengue bien firme, acomodar por cucharadas sobre la preparación de ricota y llevar a horno de temperatura moderada de 45 a 50 minutos.

• Dejar enfriar, pasar un cuchillo entre el borde del molde y la torta, abrir el aro del molde y retirarlo. Mantener en la heladera.

Secretos para inexpertas

Cuando una receta indica relleno de ricota o mascarpone, es conveniente drenar la ricota para desechar el suero y que resulte más consistente. Para drenarla, cubrir un colador con un lienzo, colocar la ricota, dejarla por lo menos durante 20 minutos y luego torcer ligeramente el lienzo haciendo torniquete.

CUBRIR LA BASE DEL MOLDE CON LAS VAINILLAS, ROCIARLAS CON EL VINO. MEZCLAR EN FORMA ENVOLVENTE LA RICOTA O MASCARPONE CON LA MITAD DEL AZÚCAR, LA RALLADURA, LA ESENCIA, 10 GRAMOS DE GELATINA SIN SABOR DILUIDA EN EL JUGO DE 1 LIMÓN Y CALENTADA A BAÑO DE MARÍA Y 4 CLARAS BATIDAS A NIEVE. COLOCAR DENTRO DEL MOLDE Y LLEVAR A LA HELADERA POR LO MENOS DURANTE 3 HORAS HASTA QUE SOLIDIFIQUE. RETIRAR EL ARO DEL MOLDE Y ESPOLVOREAR CON CACAO O DECORAR CON CREMA CHANTILLÍ.

BAGUETTES INTEGRALES CON POLLO

5 porciones

harina integral, 250 g

agua caliente, 100 cc

levadura de cerveza, 35 g

leche tibia, 150 cc

azúcar, 2 cucharadas

aceite de maíz, 2 cucharadas

harina 000, 400 g

sal, 1 cucharadita

germen de trigo, 3 cucharadas

supremas cocidas, 3

hojas de rúcula, 3 tazas

tomates, 3

aceite de oliva, a gusto

PREPARACIÓN

- Remojar la harina integral con el agua caliente, dejar enfriar.
- Diluir la levadura con la leche tibia y el azúcar, dejar espumar y mezclar con la harina integral, una cucharada de aceite y la harina 000 cernida con la sal, tomar la masa.
- Saltear el germen de trigo en la cucharada restante de aceite de maíz, añadir a la masa, amasar bien y dejar leudar tapada en lugar tibio. Cuando haya aumentado el doble de su volumen dividir en cinco partes y formar panes alargados (*baguettes*).
- Acomodarlos en placas, dejarlos puntear y luego pincelarlos con aceite y cocinarlos en horno más bien caliente 20 a 25 minutos.

● Cortar las supremas en tiras finas, mezclarlas con las hojas de rúcula y los tomates pelados y cubeteados, condimentar con sal y aceite de oliva. Abrir las *baguettes* por la mitad a lo largo y rellenarlas con la mezcla de pollo, rúcula y tomate.

UTILIZAR *BAGUETTES* U OTRO TIPO DE PAN INTEGRAL ENVASADO O DE PANADERÍA.

BUDÍN DE TOMATES Y PIÑONES

4 porciones

tomates perita, 500 g	vino blanco, 1/2 vaso
tomates secos, 10	ricota, 400 g
agua caliente, 200 cc	aceitunas negras, 50 g
cebolla, 1	albahaca, 10 hojas
aceite, 1 cucharada	**Salsa con piñones**
sal marina, a gusto	albahaca, 14 hojas
tomillo, una ramita	aceitunas verdes, 6
ajo, 3 dientes	perejil picado, 2 cucharadas
granos de pimienta verde,	aceite de oliva extra virgen,
1 cucharada	4 cucharadas
gelatina sin sabor, 15 g	piñones, 2 cucharadas

PREPARACIÓN

● Colocar en una cacerola los tomates perita trozados con los tomates secos remojados en el agua caliente, la cebolla cortada, el aceite, sal marina, tomillo, los ajos fileteados y los granos de pimienta, tapar y cocinar a fuego suave de 25 a 30 minutos por lo menos. Luego, filtrar por un colador o un chino.

● Diluir la gelatina en el vino, calentarla revolviendo hasta que rompa el hervor, incorporarla a la preparación filtrada, agregar lentamente a la ricota. Mezclar muy bien, aña-

73

dir las aceitunas fileteadas y las hojas de albahaca cortadas finas con tijera.

● Acomodar en un budinera humedecida con agua y con el fondo cubierto con papel metalizado, manteca o papel adherente, llevar a heladera hasta que solidifique. Desmoldar y cubrir con la salsa con piñones.

Salsa con piñones

Procesar la albahaca con las aceitunas verdes, el perejil picado, sal marina, el aceite, un toque de pimienta, los piñones y agua hasta conseguir la fluidez deseada.

REEMPLAZAR LOS TOMATES PERITA POR EL CONTENIDO DE 1 LATA DE PULPA DE TOMATE Y 1 LATA DE TOMATES PERITA, AGREGAR EL RESTO DE INGREDIENTES, COCINAR DE 10 A 12 MINUTOS, FILTRAR Y CONTINUAR REALIZANDO LOS PASOS QUE INDICA LA RECETA.

CAZUELAS DE CALABAZA

4 porciones

cebollas blancas, 2	limón, 1
cebolla de verdeo, 2	choclo en grano, 1 lata
calabaza cortada en cubos,	mozzarella, 200 g
8 tazas	queso *gruyère* o similar rallado,
aceite de maíz, 2 cucharadas	4 cucharadas
sal, pimienta y tomillo, a gusto	perejil picado, 4 cucharadas
supremas de pollo, 2	

PREPARACIÓN

● Cortar las cebollas blancas por la mitad y luego en rodajas, cortar también en rodajas las cebollas de verdeo, acomodar en una fuente de horno, agregar los cubos de calabaza, rociar con el aceite y condimentar con sal, pimienta y ramas de tomillo. Cocinar en horno de temperatura moderada, moviendo de vez en cuando hasta que los cubos de calabaza estén tiernos.

• Al mismo tiempo que se cocinan los vegetales, cocinar en otro recipiente, también en el horno, las supremas condimentadas con sal, pimienta, tomillo y jugo y ralladura de limón. Cortar las supremas cocidas en pequeños cubos, mezclar con las cebollas y los cubos de calabaza, agregar el choclo escurrido, la mozzarella cortada en cubos y el queso rallado. Distribuir en 4 cazuelas, espolvorear con el perejil y gratinar en horno caliente.

COCINAR LOS CUBOS DE CALABAZA Y LAS SUPREMAS BIEN DESGRASADAS EN AGUA HIRVIENDO CON SAL. CUANDO TODO ESTÉ TIERNO, ESCURRIR, CORTAR LAS SUPREMAS EN CUBOS Y MEZCLAR CON LAS CEBOLLAS REHOGADAS, LA MOZZARELLA Y EL QUESO RALLADO. COLOCAR EN UN MOLDE TÉRMICO, ESPOLVOREAR CON PEREJIL Y GRATINAR EN HORNO CALIENTE.

CEBICHE DE CALABAZA Y BERENJENAS

4 a 6 porciones

calabaza, 1 kilo	sal gruesa, 1 cucharada
berenjenas, 3	pimienta rosa en grano, 2
aceite de nuez y aceite de maíz,	cucharadas
cantidad necesaria	laurel, unas hojas
ajo, 4 dientes	romero, 2 ramitas
vinagre de manzana, 200 cc	ají molido, 1 cucharada
azúcar, 1 cucharada	alcaparras, 3 cucharadas

PREPARACIÓN

• Pelar la calabaza y cortarla en rodajas bien finas. Lavar las berenjenas y cortarlas sin pelar en rodajas de 1/2 a 1 cm de espesor. Pincelar dos asaderas con aceite, acomodar en una de ellas las rodajas de calabaza y en la otra las berenjenas, espolvorear con sal y cocinar en horno caliente hasta que al pincharlas resulten tiernas.

● Aparte, colocar sobre fuego 4 cucharadas de aceite de nuez y 4 cucharadas de aceite de maíz, agregar el vinagre, el ajo fileteado, el azúcar, la sal, pimienta en grano, laurel, romero y ají molido, cocinar de 3 a 4 minutos.

● Acomodar en una fuente en forma escalonada, alternando las rodajas de berenjenas y de calabaza, verter sobre esta preparación la cocción de aceite, vinagre y especias y salpicar con las alcaparras.

● Dejar enfriar y utilizar para acompañar pollo, pescado o carnes rojas.

NOTA

Cortar la calabaza y las berenjenas en rodajas redondas, por una cuestión de estética y de cocción.

ESTE CEBICHE DE CALABAZA Y BERENJENAS PUEDE TENERSE PREPARADO, TAPADO, EN HELADERA HASTA 15 DÍAS. SI NO SE DISPONE DE ACEITE DE NUEZ, SE PUEDE UTILIZAR SÓLO ACEITE DE MAÍZ. PARA AHORRAR MÁS TIEMPO, UTILIZAR LAS CALABAZAS QUE SE VENDEN EN BANDEJAS PELADAS Y CORTADAS EN RODAJAS.

LENGUADO EN CROÛTE DE ZUCCHINI

4 porciones

filetes de lenguado, 4 de 250 g cada uno	almendras picadas, 4 cucharadas
limón, 1	ajo, 3 dientes
sal y pimienta, a gusto	perejil, 2 cucharadas
zucchini, 4	alcaparras, 3 cucharadas
cebollas de verdeo, 3	aceite y queso rallado, a gusto

PREPARACIÓN

- Condimentar los filetes con jugo de limón, sal y pimienta, reservarlos en heladera.
- Cortar los *zucchini* en tiras finas a lo largo y las cebollas en rodajas, cocinar en agua con sal durante 5 a 6 minutos, escurrirlos.
- Pasar los filetes por las almendras y acomodarlos en una fuente para horno.
- Distribuir encima los *zucchini*, las cebollas, el ajo y perejil y las alcaparras. Rociar con un hilo de aceite y espolvorear con queso. Cocinar en horno de temperatura moderada durante 18 minutos.

EL DÍA ANTERIOR A LA PREPARACIÓN DE ESTE PLATO, CONDIMENTAR LOS FILETES CON JUGO DE LIMÓN, SAL Y PIMIENTA. PASARLOS POR LAS ALMENDRAS PICADAS Y MANTENERLOS TAPADOS EN LA HELADERA. COCINAR TAMBIÉN EL DÍA ANTERIOR LOS *ZUCCHINI* Y LAS CEBOLLAS EN AGUA CON SAL, ESCURRIRLOS Y MANTENER EN LA HELADERA DENTRO DE UN BOL TAPADO.

CUADRIL CON MILANESAS DE CALABAZA

6 a 8 porciones

colita de cuadril, 1 y 1/2 kilo	**Milanesas de calabaza**
sal y pimienta verde triturada, a gusto	rodajas de calabaza, 12
	sal, 1 cucharada
cebolla rallada, 3 cucharadas	harina, 1/2 taza
ají rojo, 1/2	claras, 3
ajo y perejil, 2 cucharadas	ajo, perejil y tomillo, a gusto
ricota descremada, 250 g	mostaza en polvo, 1 cucharadita
miga de pan integral, 2 rodajas	pan rallado, 1 taza
clara de huevo, 1	avena arrollada, 1/2 taza
aceite y caldo, cantidad necesaria	mozzarella, 150 g

PREPARACIÓN

- Con ayuda de un cuchillo fino y largo hacer un corte en la colita de cuadril ahuecándola. Frotar la carne con sal y los granos de pimienta triturados.

- Aparte mezclar la cebolla con el ají cortado en cubitos pequeños, el ajo y perejil, la ricota, la miga de pan desintegrada y la clara de huevo, condimentar con sal y pimienta.

- Con ayuda de una cuchara o una manga distribuir el relleno dentro de la carne. Cerrar la abertura de la carne con un trocito de carne y palillos o coser la abertura con aguja e hilo.

- Acomodar la colita en una fuente para horno casi del mismo tamaño de la carne, rociarla con 1 cucharada de aceite y 1/2 taza de caldo de carne. Tapar con papel metalizado y cocinar en horno de temperatura moderada 55 minutos. Dar vuelta en mitad de la cocción y agregar más caldo si fuera necesario.

- Servir cortado en rodajas con milanesas de calabaza.

Milanesas de calabaza

- Cocinar las rodajas de calabaza en agua con sal 5 a 6 minutos, escurrirlas, dejarlas enfriar y pasarlas por la harina.

- Batir ligeramente las claras con sal, 1 cucharada de ajo y perejil, 1/2 cucharada de tomillo seco y la mostaza.

- Pasar las rodajas de calabaza por las claras y luego por el pan rallado mezclado con la avena, ajustarlo y acomodar las calabazas en una fuente para horno sin superponerlas. Rociarlas con aceite y cocinarlas en horno de temperatura moderada de 15 a 18 minutos. Servirlas con un copete de mozzarella rallada.

UTILIZAR LAS CALABAZAS QUE SE VENDEN PELADAS Y
CORTADAS EN RODAJAS.

ÑOQUIS DE REMOLACHA

5 porciones

remolachas medianas, 4	**Salsa de nuez**
sal marina, a gusto	miga de un pancito
huevos, 2	ajo, 1 diente
harina leudante, 150 g	albahaca, 6 ó 7 hojas
harina común, 150 g	nueces, 50 g
queso rallado, 2 cucharadas	aceite, 4 ó 5 cucharadas
nuez moscada, a gusto	sal y pimienta, a gusto

PREPARACIÓN

• Lavar las remolachas y cocinarlas, con su cáscara y parte del tallo para que no pierdan color, en agua con sal. Cuando estén tiernas, escurrirlas, pelarlas y procesarlas o pasarlas por prensa puré.

• Colocarlas en un lienzo y estrujarlo haciendo torniquete para sacar toda el agua del puré de remolacha. Mezclarlo con los huevos, las dos harinas y el queso rallado, rectificar el sabor con sal y un toque de nuez moscada.

• Tomar la masa, colocarla en un bol tapado y llevarla al freezer por lo menos durante 20 minutos. Luego, formar cilindros y cortar los ñoquis del tamaño que se prefiera. Si se desea, ahuecarlos pasándolos por un tenedor o el marcador de ñoquis. Cocinarlos en abundante agua hirviendo con sal, cuando suban a la superficie, escurrirlos y mezclarlos con la salsa de nuez.

Salsa de nuez

Procesar la miga remojada en leche con el ajo, la albahaca, las nueces, sal, pimienta y el aceite.

COCINAR LAS REMOLACHAS COMO SE INDICA EN LA RECETA Y LUEGO DE
PREPARAR EL PURÉ Y EXPRIMIRLO, CONSERVARLO EN UN RECIPIENTE RÍGIDO EN
HELADERA HASTA 3 DÍAS ANTES DE UTILIZAR.
OTRA FORMA DE TENERLOS SIEMPRE LISTOS: AMASARLOS Y ARMAR
LOS ÑOQUIS. ACOMODARLOS EN UNA PLACA SEPARADO UNO DEL OTRO, TAPARLOS Y
CONGELARLOS. CUANDO ESTÉN DUROS COMO ROQUITAS, EMBOLSARLOS Y
GUARDARLOS EN EL FREEZER HASTA 30 DÍAS.

SPAGHETTI CON VEGETALES

4 porciones

spaghetti, 1 paquete	champiñones, 200 g
sal gruesa, a gusto	arvejas congeladas, 1 taza
cebolla, 1	ajo, 3 dientes
aceite, 1 cucharada	perejil y albahaca, 4 cucharadas
brócoli, 1 paquete	tomates, 4
zanahoria rallada, 1 taza	queso parmesano, 150 g

PREPARACIÓN

● Cocinar los *spaghetti* en abundante agua hirviendo con sal, cuando estén tiernos pero bien al dente, escurrirlos.

● Picar la cebolla y colocarla en una cacerola con el aceite, cocinar tapado a fuego suave durante 2 ó 3 minutos. Agregar los ramitos de brócoli bien lavados y la zanahoria. Cubrir con agua y condimentar con sal, cuando el brócoli esté casi tierno y el agua se haya consumido en parte, agregar los champiñones fileteados gruesos, las arvejas, los ajos, el perejil y la albahaca picados.

● Pasar los tomates por agua caliente, pelarlos, quitarles parte de las semillas y cortarlos en cubitos, añadirlos a la preparación y proseguir la cocción de 6 a 7 minutos más.

- Incorporar los *spaghetti*, mezclar y espolvorear con el queso cortado en láminas finas con ayuda del pelapapas.

COMPOTA DE FRUTILLAS Y CIRUELAS

2 porciones

frutillas, 400 g	miel, 3 cucharadas
ciruelas negras, 8 a 10	canela, un trozo
limón, 1	jengibre, un trozo
naranja, 1	

PREPARACIÓN

- Lavar las frutillas y quitarles el cabito.
- Remojar las ciruelas en agua caliente.
- Colocar en un recipiente el jugo de limón, el de naranja y 1 cucharada de ralladura de cada una de las frutas. Incorporar la miel, la canela y el jengibre, agregar 1 taza de agua y hacer hervir de 8 a 10 minutos.
- Filtrar y colocar nuevamente sobre fuego con las frutillas y las ciruelas descarozadas.
- Cocinar a fuego suave hasta que las frutillas comiencen a deshacerse. Servir fría o tibia.

MOUSSE HELADA DE HIGOS BLANCOS

4 a 5 porciones

higos blancos secos, 24	claras, 2
leche, 1 litro	azúcar, 4 cucharadas
miel, 4 cucharadas	esencia de vainilla, 2 cucharaditas
queso mascarpone, 300 g	

PREPARACIÓN

● Remojar los higos en la leche con la miel por lo menos durante 1 hora, luego cocinarlos hasta que la leche reduzca casi a la mitad y los higos estén bien tiernos. Entonces procesarlos o licuarlos hasta obtener una crema. Mezclar con el mascarpone.

● Batir las claras hasta que espumen, agregar el azúcar en forma de lluvia y seguir batiendo hasta obtener un merengue firme, añadirlo a la preparación revolviendo suavemente. Perfumar con la esencia.

● Distribuir en copas o pomeleras y mantener en la heladera 2 a 3 horas por lo menos.

● Servir con salsa de frambuesas tibia.

Salsa de frambuesas

Cocinar 1 taza de frambuesas con 1 taza de jugo de naranja y 3 cucharadas de azúcar de 6 a 7 minutos. Luego, procesar o simplemente pisar ligeramente las frambuesas con el pisapapas. Al servir, colocar una porción sobre cada copa.

PARA PODER CONSERVAR ESTA *MOUSSE* EN EL FREEZER
DURANTE 3 MESES, AGREGAR A LA PREPARACIÓN 200 CC DE CREMA DE LECHE
BATIDA A MEDIO PUNTO, ES DECIR, SIN LLEGAR A CHANTILLÍ Y
DISTRIBUIR EN MOLDES INDIVIDUALES O EN UNO GRANDE, TAPIZADOS CON
PAPEL FILM PARA NO TENER PROBLEMAS AL DESMOLDAR. PARA DESCONGELAR,
PASAR LA NOCHE ANTERIOR A HELADERA.

CUADRIL EN SALSA DE CHOCLO

4 porciones

bifes de cuadril, 4

mostaza, 1 cucharada

sopa crema de choclo,
8 cucharadas

vino blanco o agua, 200 cc

aceite, 1 cucharada

PREPARACIÓN

● Acomodar cada bife de cuadril sobre un cuadrado de papel metalizado, untarlos ligeramente con la mostaza, espolvorear cada uno de ellos con 2 cucharadas del polvo para sopa, rociarlos con el vino o agua y el aceite. Levantar el papel formando un paquete para que no se pierdan los jugos.

● Colocar los paquetes en una asadera con una base de 2 cm de agua. Cocinar en horno muy caliente durante 18 minutos. Acompañar con choclo entero salteado en manteca.

NOTA

La carne se condimenta con la sopa crema y la sopa se rehidrata con el jugo de la carne, el vino o el agua y el aceite, formando una salsa. Se puede cambiar el sabor con diferentes sopas cremas.

PREPARAR LOS PAQUETES Y MANTENERLOS EN EL FREEZER
HASTA 2 MESES. PARA UTILIZAR, DESCONGELAR EN HORNO MUY SUAVE Y LUEGO
COCINAR A TEMPERATURA ALTA.

FETTUCCINI CON PESTO A LA CREMA

5 porciones

fettuccini, 500g

ajo, 3 dientes

hojas de albahaca,1 taza

nueces, 50g

aceite de maíz, 5 cucharadas

queso sardo rallado,

6 cucharadas

crema de leche, l50 cc

PREPARACIÓN

• Cocinar los *fettuccini* en abundante agua hirviendo con sal hasta que estén tiernos pero al dente.

• Procesar el ajo con las hojas de albahaca, las nueces, el aceite y la mitad del queso.

• Calentar el pesto en un recipiente, escurrir la pasta y agregarla; incorporar la crema y calentar todo muy bien. Servir espolvoreado con el resto del queso rallado.

MATAMBRE A LA PORTUGUESA

4 a 6 porciones

matambre de ternera
desgrasado, 1 y 1/2 kilo

sal gruesa, 1 cucharada

ajo, 2 dientes

salsa portuguesa o pomarola,
1 lata

vino blanco, 1 vaso

perejil, 3 cucharadas

arvejas congeladas, 1 paquete

• Hacer desgrasar el matambre, cortarlo en porciones, acomodarlo en una cazuela, cubrirlo apenas con agua, agregar la sal y el ajo. Cocinar tapado a fuego suave hasta que el agua se consuma casi por completo. Agregar el contenido de la lata de salsa, rociar con el vino y espolvorear con el perejil. Proseguir la cocción hasta que el matambre esté casi tierno.

• Añadir las arvejas y proseguir cocinando hasta que las arvejas estén listas.

ACOMODAR EN UNA ASADERA, SIN SUPERPONERLO, EL MATAMBRE DESGRASADO Y CORTADO EN PORCIONES. MEZCLAR EL CONTENIDO DE LA LATA DE SALSA CON 500 CC DE LECHE Y 5 CUCHARADAS DE QUESO RALLADO. VERTER LA MITAD DE LA MEZCLA SOBRE EL MATAMBRE, COCINAR EN HORNO DE TEMPERATURA MODERADA DURANTE 20 MINUTOS. DAR VUELTA LAS PORCIONES DE CARNE Y CUBRIR CON EL RESTO DE LA MEZCLA DE SALSA Y LECHE, PROSEGUIR LA COCCIÓN DURANTE 20 MINUTOS MÁS.

PASTEL AGRIDULCE

5 porciones

discos de pascualina, 1 paquete	queso fresco, 200 g
mostaza, 1 cucharada	dulce de naranja, 5 cucharadas
jamón cocido, 200 g	crema de leche, 100 cc

PREPARACIÓN

• Tapizar una tartera rociada con *spray* vegetal o manteca con un disco de pascualina, pincelar la base con la mostaza, rellenar con el jamón cortado en juliana y el queso cortado en cubos.

• Mezclar el dulce con la crema y verter sobre el relleno, tapar con el otro disco de masa. Unir las dos masas formando un repulgo, pincelar con leche o huevo, espolvorear con azúcar y cocinar en horno de temperatura moderada de 35 a 40 minutos. Servir tibia.

ES IMPORTANTE ARMAR LOS PASTELES EN TARTERAS DESMONTABLES PARA NO TENER QUE ESPERAR A QUE SE ENFRÍEN ANTES DE DESMOLDARLOS SIN QUE SE ROMPAN.

PASTEL CREMOSO DE BRÓCOLI

4 a 6 porciones

disco de pascualina,	sal, pimienta y nuez moscada,
1 paquete	a gusto
cebolla, 1	queso parmesano rallado, 1 taza
aceite, 2 cucharadas	manteca, 25 g
brócoli congelado, 1 paquete	pan rallado,
huevos, 3	2 cucharadas colmadas
crema de leche, 250 cc	

PREPARACIÓN

- Tapizar una tartera con un disco de pascualina.
- Picar la cebolla y rogarla en el aceite, agregar el brócoli, saltear de 3 a 4 minutos, retirar del fuego y mezclar con los huevos, la crema y condimentar con sal, pimienta y nuez moscada. Añadir el queso, reservando 3 cucharadas.
- Acomodar el relleno dentro de la tartera y cubrir con el otro disco de masa. Unir las dos masas formando una especie de repulgo, pincelar con leche o huevo.
- Desmigar la manteca con el queso rallado reservado y el pan rallado y distribuir sobre el pastel, cocinar en horno de temperatura moderada durante 40 minutos.

HACER 2 TARTAS AL MISMO TIEMPO.

TAPIZAR DOS TARTERAS CON LOS DISCOS DE MASA. MEZCLAR EL BRÓCOLI DESCONGELADO EN EL MICROONDAS CON LOS HUEVOS, LA CREMA Y EL QUESO, CONDIMENTAR CON SAL, PIMIENTA Y NUEZ MOSCADA Y COLOCAR DENTRO DE UNA DE LAS TARTAS. MEZCLAR 150 GRAMOS DE JAMÓN COCIDO PICADO Y 150 GRAMOS DE MOZZARELLA CORTADA EN CUBOS, 4 HUEVOS, 200 CC DE LECHE O CREMA, 4 CUCHARADAS DE QUESO RALLADO Y UN TOQUE DE PIMIENTA. COLOCAR DENTRO DE LA OTRA TARTA. COCINAR AMBAS AL MISMO TIEMPO EN HORNO DE TEMPERATURA MODERADA DURANTE 40 MINUTOS.

PIZZETAS DE PAN ÁRABE

24 porciones

pan árabe, 3 por comensal	aceitunas negras y verdes, 100 g
salsa de tomate, 2 tazas	huevos duros, 2
Cubierta 1	**Cubierta 3**
ají rojo, 1	salamín casero, 100 g
ají verde, 1	puntas de espárragos, 15
lomito ahumado, 100 g	hojas de rúcula, cantidad nece-
queso de cabra, 200 g	saria
Cubierta 2	higos turcos, 8
jamón crudo, 100 g	aceite de oliva y sal, a gusto
mozzarella, 150 g	

PREPARACIÓN

• Acomodar los panes árabes sobre placas de horno, distribuir sobre cada uno de ellos una capa fina de salsa de tomate.

Cubierta 1

Cortar los ajíes en tiras finas, rehogarlos en 3 cucharadas de aceite y condimentarlos con sal y pimienta, cuando estén tiernos pero crujientes retirarlos del fuego. Acomodarlos en el centro de 8 panes, colocar al lado lomito ahumado arrollado y distribuir el queso de cabra cortado en cubitos.

Cubierta 2

Cubrir 8 panes árabes con jamón crudo, colocar encima mozzarella rallada y salpicar con las aceitunas fileteadas y cuartos de huevo duro.

Cubierta 3

Colocar 2 rodajitas de salamín sobre cada pan árabe, distribuir en un costado 2 puntas de espárragos y sobre el otro costado hojas de rúcula, decorar el centro con un higo turco abierto por la mitad, rociar con el aceite y espolvorear con sal.

En el momento de servir, colocar las pizzetas unos minutos en horno caliente.

CUBRIR LOS PANES ÁRABES CON LA SALSA DE TOMATE. ACOMODAR LOS INGREDIENTES DE LAS CUBIERTAS 1, 2 Y 3 EN PLATITOS. CADA COMENSAL SE PREPARA SU PROPIA PIZZETA. MANTENER EL HORNO BIEN CALIENTE. ACOMPAÑAR CON CERVEZA BIEN FRÍA.

REVUELTO GRAMAJO

4 porciones

cebolla, 1	huevos, 8
aceite, 2 cucharadas	pimienta, a gusto
jamón cocido, 150 g	rodajas de pan tostado, 4
papas fritas, 1 paquete	

- Picar la cebolla, saltearla en el aceite, agregar el jamón cortado en tiritas, rehogarlo, luego incorporar las papas, y por último añadir los huevos ligeramente batidos, condimentar con pimienta, cocinar revolviendo con cuchara de madera hasta obtener una preparación cocida pero jugosa.
- Servir sobre las rodajas de pan tostado.

SI DESEA HACER USTED LAS PAPAS FRITAS, COMPRE LAS QUE SE EXPENDEN EN BANDEJITAS EN LOS SUPERMERCADOS O EN VERDULERÍAS, QUE YA ESTÁN CORTADAS.

SÁNDWICHES ABIERTOS

4 porciones

pan de centeno, 16 rodajas	jamón crudo, 4 rodajas
manteca, sal y pimienta, a gusto	palta, 1
salmón ahumado en aceite, 1	tomate, 1
lata chica	*bocconcini*, 4
cebolla, 1 rodaja	aceite de oliva, albahaca y
queso ahumado, 4 rodajas	anchoas, a gusto
pera, 1	

PREPARACIÓN

- Untar las rodajas de pan con 80 gramos de manteca a temperatura ambiente condimentada con sal y pimienta.
- Colocar sobre 4 rodajas de pan salmón escurrido, separar en aros la rodaja de cebolla y distribuir sobre el salmón.
- Sobre otras 4 rodajas de pan, acomodar el queso ahumado, cubrir con la pera fileteada y espolvorear con pimienta negra de molinillo.

- Cubrir otras 4 rodajas de pan con el jamón arrollado, decorar con la palta cortada fina y rociada con limón.
- Cortar el tomate en rodajas y colocarlo sobre las últimas 4 rodajas de pan, cubrir con los *bocconcini*, hojas de albahaca, una tira de anchoas y rociar con el aceite.

MANTENER LOS SÁNDWICHES ABIERTOS EN UNA FUENTE, TAPADOS
CON PAPEL FILM, PAPEL METALIZADO O PAPEL MANTECA.
SE PUEDE SIMPLIFICAR LA TAREA, PREPARANDO SÓLO DOS EN VEZ DE LAS CUATRO
SUGERENCIAS DADAS EN LA RECETA.

ARROLLADO DE CREMA CHOCOLATADA

4 porciones

pionono, 1	cacao amargo, 2 cucharadas
manteca, 75 g	azúcar impalpable, 4 cucharadas
dulce de leche pastelero, 4 cucharadas	

PREPARACIÓN

- Extender el pionono.
- Batir la manteca a temperatura ambiente con el dulce de leche, agregar el cacao cernido con el azúcar. Mezclar y distribuir sobre el pionono, arrollarlo y espolvorear con azúcar impalpable.

SE PUEDE CORTAR EN PORCIONES, ENVOLVER CADA UNA DE ELLAS EN PAPEL FILM,
LUEGO EN UNA BOLSA Y GUARDARLAS EN EL FREEZER HASTA 2 MESES.

COCINA PARA
CELEBRACIONES ESPECIALES

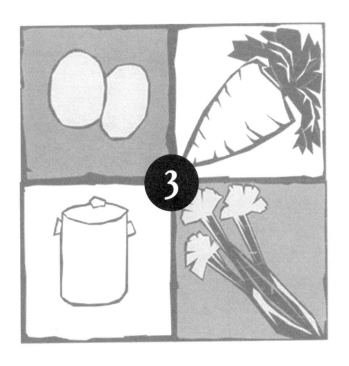

índice
del capítulo

cocina
para celebraciones
especiales

MUJER EJECUTIVA

94 *Bisque* de camarones
95 *Bouillabaisse*
96 Codornices con crema
   de avellanas
97 *Coulibiac* de salmón
   y langostinos
98 Lomitos de cerdo
   acaramelados
99 Lomo Strogonoff
100 Mollejas a la *financière*
101 Ostras con crema de
   espárragos
102 *Vichyssoise*

MADRE DE FAMILIA

103 Bondiola de cerdo
   a la miel
104 Conejo en salsa de vino
105 Empanadas árabes
106 Lasañas a la Príncipe
   de Nápoles
107 Pascualina especial
108 Paté de panceta
   e hígados
109 Peceto en salsa tártara
110 Supremas a la Kiev

MUJER INEXPERTA

111 Camarones al ajillo
con espinaca
112 Cestos crujientes de
Catania
113 Escabeche de pollo
al Chardonnay
114 Muselina de ave con
sabayón
115 Muslitos con crema
de hongos
116 Pastel de maíz,
calabaza y pollo
117 *Roulées* de choclo
y jamón
118 Tostadas con *foie
gras* y uvas

MUJER FANÁTICA DE LAS DIETAS

120 Lasañas especiales
de berenjenas
121 Pavita con pomelo
y miel
122 *Pudding* de popurrí
de hongos
123 *Quenelles* de
lenguado con aduki
124 Savarin de tomate
y arvejas
125 Savarin de brócoli
y camarones
126 *Sorbete* de palta
con arroz salvaje
127 *Tabbuleh* con cilindros
de jamón

MUJER SIN TIEMPO

128 Crema de maíz y
calabaza confitada
129 Lenguado a la crema
de roquefort
129 Medallones
merengados de ananá
130 Postas de besugo en
croûte
131 *Roulées* de abadejo
con caviar
132 Sopa helada de pepino
133 Supremas a la Maryland
134 Torre de *crêpes*
gratinadas

BISQUE DE CAMARONES

6 porciones

camarones con cáscara, 500 g	sal gruesa, 1 cucharada
cebollas, 2	pimienta en grano, 1 cucharada
hinojo, 1 bulbo	leche, 350 cc
manteca, 80 g	harina, 2 cucharadas
tomillo y laurel, a gusto	crema de leche, 100 cc
ajo, 2 dientes	brandy, 3 cucharadas
vino blanco seco, 1 vaso	

PREPARACIÓN

- Pelar los camarones, colocar en una cacerola las carcasas y cabezas de los camarones.
- Agregar las cebollas y el hinojo cortados en rodajas, la mitad de la manteca, una ramita de tomillo, una hoja de laurel y el ajo machacado, saltear todo 1 ó 2 minutos y rociar con el vino; condimentar con la sal y los granos de pimienta, cubrir con 1 y 1/2 litro de agua y hacer hervir hasta reducir el líquido a la mitad.
- Filtrar por un chino o un colador de malla fina, apretar bien para que despidan los jugos.
- Saltear los camarones en la manteca restante, agregar el jugo de cocción y la leche; al retomar el hervor añadir la harina diluida en la crema; revolver hasta tener una crema ligera, agregar el brandy y servir en tazones. Espolvorear con briznas de hinojo.
- Rectificar el sabor con sal y pimienta blanca de molinillo.

COMPRAR LOS CAMARONES PELADOS Y SALTEARLOS EN MANTECA, CONDIMENTAR CON SAL Y PIMIENTA. PREPARAR UN CALDO CON EL HINOJO, LAS CEBOLLAS, AJO, TOMILLO, LAUREL, SAL, PIMIENTA, UNA RODAJA DE MERLUZA O CORVINA, 1 Ó 2 CARCASAS Y CABEZAS DE LANGOSTINOS Y EL VINO BLANCO. CUANDO EL CALDO SE CONCENTRE FILTRAR Y AGREGAR LOS CAMARONES, LA LECHE, LA HARINA, LA CREMA Y EL BRANDY.

BOUILLABAISSE

8 porciones

cebolla, 1	vino jerez, 1 vaso
ajo, 3 dientes	azafrán, 1 cucharadita
puerros, 2	sal y pimienta, a gusto
aceite de oliva, 5 cucharadas	mejillones, 1 kilo
tomates, 3	camarones, 250 g
merluza, 650 g	perejil, a gusto
brótola, 650 g	*bouquet garni*, 1
corvina, 650 g	tostadas, 8

PREPARACIÓN

● Picar la cebolla, el ajo y los puerros; saltearlos en el aceite, agregar los tomates pelados y picados, cocinar 1 minuto y añadir los pescados cortados en postas.

● Rociar con el vino, agregar 1 y 1/2 litro de agua caliente, condimentar con el azafrán, sal y pimienta de molinillo.

● Aparte, colocar los mejillones en una cacerola tapada sobre fuego, moverlos hasta que abran, retirarlos de las valvas, agregarlos a la preparación junto con los camarones limpios.

● Filtrar por un lienzo el agua soltada por los mejillones y añadir a la preparación, agregar el perejil y el *bouquet garni*, cocinar 20 minutos. Retirar con cuidado los pescados, desechar las espinas centrales y filtrar el caldo.

● Servir la *bouillabaisse* en tazones, colocar en el fondo las tostadas, encima los trozos de pescados y mariscos y cubrir con el caldo.

UTILIZAR MEJILLONES DE LATA Y TOMATES PERITA DE LATA.

CODORNICES CON CREMA DE AVELLANAS

6 porciones

codornices, 6	coñac, 1 copa
sal y pimienta, a gusto	vino jerez, 1 vaso
panceta ahumada, 200 g	caldo de ave, 250 cc
manteca, 75 g	crema de leche, 200 cc
aceite, 2 cucharadas	avellanas, 100 g

PREPARACIÓN

• Limpiar bien las codornices y frotarlas con sal y pimienta, envolverlas en la panceta y atarlas, dorarlas en la manteca y aceite, cuando estén doradas rociarlas con el coñac y flamearlas, agregar el jerez y el caldo caliente y cocinarlas a fuego lento moviéndolas de vez en cuando hasta que estén tiernas.

• Agregar la crema y espolvorear con las avellanas tostadas y molidas, cocinar 5 minutos a fuego vivo.

• Quitar el hilo a las codornices y servirlas sobre medallones de hojaldre o pan lácteo tostado cubiertas por la salsa y acompañadas de espinacas, zanahorias y puntas de espárragos salteados en manteca.

PREPARAR LAS CODORNICES HASTA 2 MESES ANTES SIN EL AGREGADO DE LA CREMA Y LAS AVELLANAS. COCINARLAS SIN QUE LLEGUEN A ESTAR DEL TODO TIERNAS; GUARDARLAS EN UN RECIPIENTE RÍGIDO EN EL FREEZER. CUANDO SE NECESITE, DESCONGELARLAS, AGREGAR LA CREMA Y LAS AVELLANAS Y COMPLETAR LA COCCIÓN.

COULIBIAC DE SALMÓN Y LANGOSTINOS

8 porciones

salmón, 8 a 10 rodajas

sal, pimienta y limón, a gusto

manteca, 100 g

puerros, 3

champiñones, morillas y

girgolas, 400 g

vino blanco seco, 4 cucharadas

langostinos o camarones

pelados, 300 g

arroz, 100 g

perejil y *ciboulette*, 3 cucharadas

queso *gruyère* o similar

rallado, 100 g

masa de hojaldre, 2 rectángulos

crêpes finitas, 8

huevos duros, 3

crema, 75 cc

PREPARACIÓN

• Limpiar el salmón desechando la piel y la espina central, cocinarlo 5 minutos en agua con sal, granos de pimienta y 1/2 limón cortado en rodajas, escurrirlo y reservarlo.

• Saltear en la mitad de la manteca los puerros cortados en rodajitas, agregar los champiñones, morillas y girgolas cortados en rodajas, condimentarlos con sal, pimienta y rociar con el vino, cocinar 3 minutos.

• Saltear los langostinos en el resto de la manteca y el jugo del 1/2 limón restante.

• Cocinar el arroz en caldo 18 minutos, escurrirlo, condimentarlo con el perejil, la *ciboulette* y 2 cucharadas del queso *gruyère* rallado.

• Tapizar un molde rectangular con una de las masas de hojaldre, espolvorear sobre ella queso rallado, distribuir 4 de las *crêpes*, colocar una capa de salmón cocido, otra capa de puerros y hongos, distribuir langostinos, arroz y huevo duro picado. Repetir los ingredientes hasta terminar, espolvorear con el resto de queso, cubrir con las otras 4 *crêpes* y por último colocar el otro rectángulo de hojaldre, unir con repulgo las dos masas, pincelar con huevo.

• Realizar un orificio en la parte central e introducir una chimenea de cartulina o papel metalizado, verter por la chimenea la mitad de la crema y cocinar en horno de temperatura moderada a caliente (190°C) de 45 a 50 minutos.

- Verter por la chimenea el resto de crema, retirar la cartulina y servir tibio.

UTILIZAR *CRÊPES* COMPRADAS Y MASA HOJALDRADA DE PASCUALINA.

LOMITOS DE CERDO ACARAMELADOS

8 porciones

lomitos de cerdo, 4	manteca y aceite, cantidad
mostaza de Dijon, 2 cucharadas	necesaria
panceta ahumada	sal y pimienta, a gusto
en un trozo, 100 g	vino jerez, 1 vaso
hojas de acelga o espinaca, 8 a 10	azúcar rubia o negra,
queso *gruyère*, 4 bastones	4 cucharadas
gelatina sin sabor, 1 cucharada	vino oporto, 1 copita

PREPARACIÓN

- Abrir los lomitos por la mitad a lo largo, aplanarlos para extender la carne y untarlos con la mostaza.
- Cortar la panceta en tiras.
- Sumergir las hojas de acelga o espinaca en agua hirviendo con sal y escurrirlas en agua helada, luego secarlas sin estrujarlas y envolver con ellas los bastones de queso.
- Acomodar en el centro de los lomitos la panceta y el queso envuelto, espolvorear con la gelatina y arrollar los lomitos encerrando el relleno y atarlos con hilo de cocina.
- Calentar 40 gramos de manteca y 2 cucharadas de aceite, dorar los lomitos y desgrasar el fondo de cocción con el jerez, condimentar, espolvorear con el azúcar y agregar el vino oporto, proseguir la cocción dando vuelta los lomos hasta acaramelarlos.
- Quitarles el piolín y acomodarlos en una fuente cortados en rodajas gruesas, acompañarlos con puré de batatas, cebollitas glaseadas y espárragos a la manteca.

DESPUÉS DE ESPOLVOREAR LOS LOMITOS CON EL AZÚCAR Y EL
OPORTO, COLOCARLOS EN HORNO DE TEMPERATURA MODERADA 20 MINUTOS;
DARLOS VUELTA DOS VECES DURANTE LA COCCIÓN.

LOMO STROGONOFF CON ENDIBIAS

8 porciones

lomo, 1 y 1/2 kilo	crema de leche, 200 g
sal y pimienta negra	perejil y estragón, 1 cucharadita
de molinillo, a gusto	**Endibias en *croûte* de panceta**
manteca, 60 g	endibias, 4
aceite de oliva, 4 cucharadas	sal y pimienta negra de
coñac, 5 cucharadas	molinillo, a gusto
cebollas, 2	panceta ahumada cortada fina,
champiñones, 300 g	8 rodajas
pimentón, 1 cucharadita	vino blanco, 1/2 vaso
azúcar, 1 cucharadita	caldo de carne, 1/2 taza
caldo de carne, 1 taza	aceite de oliva, 2 cucharadas

PREPARACIÓN

• Cortar en bifes a lo largo en dirección transversal a la carne, luego, cortar los bifes en bastones, (esto es para evitar que la carne se reduzca al cocinarla).

• Condimentarla con sal y pimienta y saltearla a fuego fuerte en la mitad de la manteca y el aceite, flamearla con el coñac.

• Aparte, rehogar en el resto del aceite y la manteca las cebollas picadas y los champiñones cortados en láminas, condimentar con sal, pimentón y azúcar; añadir el caldo. Cocinar unos minutos y agregar la carne, la crema de leche, el perejil y el estragón.

• Calentar y servir dentro de una bordura de arroz a la manteca y rodear con las endibias en *croûte* de panceta.

Endibias en *croûte* de panceta

- Cortar las endibias por la mitad a lo largo, condimentarlas con poca sal y un toque de pimienta, envolver cada mitad de endibia en panceta. Acomodarlas en una fuente para horno, rociar con el vino, el caldo y el aceite de oliva.
- Cocinarlas en horno de temperatura moderada a caliente 18 minutos. Escurrirlas del fondo de cocción.

ACOMPAÑAR EL LOMO STROGONOFF CON UNA JARDINERA DE LATA, SALTEADA EN MANTECA CON TOMILLO FRESCO.

MOLLEJAS A LA FINANCIÈRE

8 porciones

mollejas, 750 g	sal y pimienta blanca de
cebolla, 1	molinillo, a gusto
puerros, 2	extracto de carne, 1 cucharadita
manteca, 50 g	caldo, 1 pocillo
jamón cocido en un trozo, 50 g	crema de leche, 200 g
champiñones, 250 g	*ciboulette* picada, 2 cucharadas
jerez, 1 vaso	

PREPARACIÓN

- Lavar muy bien las mollejas, colocarlas en un recipiente con agua sobre fuego, cuando rompa el hervor, escurrirlas. Sacarles el exceso de grasa y las partes cartilaginosas; cortarlas en cuadrados no muy grandes.
- Rehogar la cebolla y los puerros picados en la manteca, agregar el jamón cortado en tiritas y los champiñones en láminas, saltear 2 ó 3 minutos; incorporar las mollejas, rociar con el jerez, condimentar con sal y pimienta y añadir el extracto diluido en el caldo.

- Cocinar a fuego lento con el recipiente tapado hasta que las mollejas estén tiernas, aproximadamente 25 minutos, agregar la crema de leche y proseguir la cocción hasta que la salsa espese. Hacer o comprar 8 *vol-au-vent* de hojaldre, rellenar con la preparación y espolvorear con *ciboulette*.

LAS MOLLEJAS SE PUEDEN SERVIR EN CAZUELITAS O PLATOS, SOBRE
MEDALLONES DE PAN TOSTADO.

OSTRAS CON CREMA DE ESPÁRRAGOS

6 porciones

ostras, 6	sal y pimienta rosa, a gusto
limón, 1	cilantro picado, 1 cucharadita
espárragos trigueros, 18	sal gruesa, cantidad necesaria
crema de leche, 200 cc	manteca, 30 g
vino blanco seco, 3 cucharadas	

PREPARACIÓN

- Lavar las ostras cepillando las valvas. Tomarlas con un lienzo con la parte lisa hacia arriba, introducir el cuchillo especial para esta tarea por el lado opuesto a la unión de las valvas, levantar la valva superior, con cuidado colocar el cuchillo debajo del cuerpo del molusco y moverlo para cortar el músculo que une la ostra a la valva. Escurrir el líquido y filtrarlo, reservar la valva que tiene el molusco, rociarlas con jugo de limón.
- Limpiar los espárragos, desechar la parte dura y cocinarla en agua con sal, cuando estén tiernos escurrirlos y procesarlos con la crema.
- Colocar el vino en un recipiente sobre fuego, dejarlo cocinar unos segundos y agregarlo a los espárragos, añadir el agua de las ostras y rectificar el sabor con sal, pimienta rosa de molinillo y el cilantro.

- Acomodar en una fuente la sal formando un zócalo, acomodar las valvas con el molusco y distribuir encima la crema de espárragos, rociar con la manteca fundida y gratinar en horno bien caliente. Servirlo en la misma fuente.

UTILIZAR ESPÁRRAGOS ENVASADOS, YA COCIDOS; LOS ESPÁRRAGOS
SE PUEDEN SUPLANTAR POR CORAZONES DE ALCAUCILES.

VICHYSSOISE

8 porciones

puerros, 1 kilo	sal, pimienta y nuez moscada, a gusto
cebollas, 2	
papas, 4	leche, 1 litro
manteca, 40 g	crema de leche, 250 cc
caldo de ave, 1 litro	*ciboulette*, 4 cucharadas
vino blanco seco, 1 vaso	

PREPARACIÓN

- Limpiar los puerros y cortarlos en rodajas, incluso la parte verde tierna, picar las cebollas y cortar las papas en trocitos, saltear todo en la manteca, agregar el caldo y el vino y cocinar 25 minutos.
- Condimentar con sal y pimienta blanca de molinillo y un toque de nuez moscada rallada en el momento para conservar su aroma, procesar o licuar la preparación y pasarla por un chino o tamiz.
- Incorporar la leche y la mitad de la crema, cocinar 5 minutos más, rectificar el sabor y servir en boles, tazones o platos con un copete del resto de crema batida a medio punto y espolvorear con *ciboulette*.

REHOGAR LOS PUERROS Y LAS CEBOLLAS, AGREGAR EL CALDO, COCINAR 5 MINUTOS. PROCESAR O LICUAR Y AGREGAR 1/2 TAZA DE PURÉ DE PAPAS EN COPOS, COCINAR REVOLVIENDO HASTA QUE ROMPA EL HERVOR. AÑADIR LA LECHE Y LA MITAD DE LA CREMA, COCINAR 5 MINUTOS MÁS Y SERVIR.

BONDIOLA DE CERDO A LA MIEL

6 porciones

bondiola de cerdo, 1 y 1/2 kilo	aceite, 2 cucharadas
miel, 2 cucharadas	jugo de naranja, 1 vaso
mostaza en grano, 2 cucharadas	vino blanco seco, 1 vaso
sal, 1 cucharada	manzanas Granny Smith, 3
pimienta triturada, 1 cucharada	caldo de carne, 1 taza
coñac, 2 cucharadas	pistachos, 4 cucharadas

PREPARACIÓN

- Desgrasar la bondiola. Mezclar la miel, con la mostaza, la sal, la pimienta y el coñac. Frotar la bondiola con esta mezcla, taparla y mantenerla por lo menos 3 horas en heladera.
- Calentar el aceite, escurrir la bondiola y dorarla en toda su superficie, rociarla con el jugo de naranja y el vino, tapar y cocinar a fuego suave de 35 a 40 minutos dando vuelta la carne de vez en cuando.
- Agregar las manzanas peladas, sin centros ni semillas, y cortadas en octavos, agregar el caldo caliente y los pistachos triturados, proseguir la cocción 15 minutos más.
- Servir la bondiola con puré de batatas.

MACERAR LA BONDIOLA LA NOCHE ANTERIOR A PREPARARLA.

CONEJO EN SALSA DE VINO

5 porciones

conejo, 1

ajos, 2 dientes

sal gruesa, orégano y ají molido, a gusto

aceite de maíz, 6 cucharadas

cebollas, 2

panceta salada, 150 g

zanahorias, 2

vino blanco, 1 vaso

caldo de carne, 1 taza

mostaza de Dijon, 1 cucharada

crema, 100 cc

nueces tostadas y picadas, 100 g

PREPARACIÓN

• Cortar el conejo en presas y desechar la cabeza, procesar el ajo con 1/2 cucharada de sal gruesa, 1 cucharadita de orégano, 1/2 cucharada de ají molido y 2 cucharadas del aceite, frotar con esta mezcla las presas de conejo y dejarlo macerar en heladera por lo menos 2 horas.

• Rehogar en otras 2 cucharadas de aceite las cebollas picadas y la panceta cortada en tiritas finas, agregar las zanahorias peladas y cortadas en rodajas, rociar con el vino.

• Escurrir las presas de conejo y saltearlas ligeramente en el resto del aceite, acomodarlas en la salsa y agregar el caldo, cocinar tapado a fuego lento 35 minutos. Añadir más caldo si fuera necesario, por último mezclar la mostaza con la crema y verter sobre el conejo, espolvorear con las nueces y proseguir la cocción de 15 a 20 minutos más.

MACERAR EL CONEJO UN DÍA ANTES DE PREPARARLO. REALIZAR UN CALDO BIEN CONCENTRADO CON 2 CUBOS DE CALDO DE CARNE Y 500 CC DE AGUA.

EMPANADAS ÁRABES

30 porciones

levadura, 20 g	ají verde, 1
azúcar, 1 cucharadita	tomate, 1
harina 0000, 550 g	ajo, 2 dientes
sal, 1 cucharadita	carne de cordero, 750 g
agua tibia, 400 cc	limón, 1
aceite, 2 cucharadas	aceite, 2 cucharadas
cebollas, 2	huevo, 1

PREPARACIÓN

• Diluir la levadura con el azúcar.

• Cernir la harina con la sal.

• Agregar a la levadura, en forma alternada, el agua tibia, la harina y el aceite, amasar y dejar leudar tapada. Cuando haya aumentado el doble de su volumen volver a amasar y estirarla fina, cortar discos con ayuda de un cortapastas de 13 a 14 cm de diámetro.

• Picar o procesar las cebollas, el ají, el tomate, el ajo y la carne de cordero, condimentar con sal, pimienta y el jugo de limón. Saltear todo ligeramente en el aceite.

• Sobre cada disco de masa distribuir 1 cucharada del relleno, levantar en tres partes los bordes de la masa y unirlos bien apretados en la parte superior, dejando que se vea un poco de relleno en el centro. Acomodar las empanadas sobre placas rociadas con *spray* vegetal, pincelarlas con huevo y cocinar en horno caliente 20 minutos.

COLOCAR EN LA PROCESADORA LA LEVADURA, EL AZÚCAR, LA HARINA, EL AGUA Y EL ACEITE, PROCESAR HASTA QUE LA MASA ESTÉ UNIDA. AMASARLA LIGERAMENTE Y DEJARLA LEUDAR. SE PUEDE PEDIR AL CARNICERO QUE PASE LA CARNE DE CORDERO POR LA MÁQUINA DE PICAR CARNE PARA PROCESAR SOLAMENTE LAS CEBOLLAS, EL AJÍ Y EL TOMATE.

LASAÑAS A LA PRÍNCIPE DE NÁPOLES

8 porciones

lasañas, 500 g	mozzarella, 300 g
sal y aceite, cantidad necesaria	queso parmesano rallado, 150 g
salsa bechamel, 1 litro	salsa de tomate, 3 tazas
carne de pollo cocida, 3 tazas	crema de leche, 150 cc
jamón cocido, 200 g	

PREPARACIÓN

• Cocinar las lasañas en abundante agua hirviendo con sal hasta que estén tiernas pero al dente, escurrirlas y sumergirlas en agua fría, luego acomodarlas sobre un lienzo.

• En una fuente para horno que pueda llevarse a la mesa colocar una base de salsa bechamel, distribuir encima una capa de lasañas, trocitos de pollo y jamón picado, rodajas de mozzarella y espolvorear con el parmesano rallado, distribuir salsa bechamel, salsa de tomate y rociar con crema. Volver a repetir lasañas, pollo, jamón, mozzarella, queso rallado y las dos salsas y crema.

• Repetir terminando con las dos salsas, queso rallado y crema. Hornear a 180°C por lo menos 30 minutos hasta que el interior esté bien caliente.

Salsa bechamel

Cocinar 75 g de manteca con 60 g de harina formando un *roux*, añadir 1 litro de leche caliente, revolviendo siempre; condimentar con sal, nuez moscada y pimienta.

SE PUEDE UTILIZAR LA MASA DE LASAÑAS QUE NO NECESITA SER HERVIDA, LEER LAS INSTRUCCIONES DEL ENVASE DE ESE TIPO DE MASA Y, EN ESE CASO, DUPLICAR LA CANTIDAD DE SALSAS, YA QUE ESA MASA SE TORNA TIERNA CON LAS SALSAS, EN COCCIÓN DIRECTA EN HORNO.

PASCUALINA ESPECIAL

12 porciones

Masa

harina leudante, 2 tazas colmadas

sal, pimienta y curry, a gusto

aceite, 1/2 taza

agua hirviendo, 1 taza

Relleno

cebolla, 1

puerros, 3

ají rojo, 1

manteca y aceite, cantidad necesaria

queso Philadelphia, mascarpone o ricota, 300 g

huevos, 3

queso parmesano, 1/2 taza

corazones de alcauciles, 10

jugo de 1 limón

jamón cocido, 100 g

champiñones, 150 g

manteca, 25 g

mozzarella, 150 g

PREPARACIÓN

• Colocar la harina en la procesadora, condimentar con sal, pimienta y curry, añadir el aceite y el agua hirviendo y procesar. Dividir la masa en dos partes, una mayor que otra y tapizar con la más grande un molde de 24 a 26 cm de diámetro enmantecado.

• Picar la cebolla, los puerros y el ají, cocinarlos en la manteca y el aceite, retirar del fuego mezclar con el queso Philadelphia, los huevos, el queso rallado, condimentar con sal, pimienta y nuez moscada y agregar los corazones cocidos en agua con sal y jugo de limón y cortados en cuartos, y el jamón picado.

• Colocar la mitad de la preparación dentro del molde, distribuir encima los champiñones fileteados y salteados en la mitad de la manteca, y la mozzarella cortada en cubos, cubrir con el resto de la preparación y tapar con la masa restante estirada y cortada en tiras formando un enrejado; pincelarla con huevo. Cocinar en horno de temperatura moderada de 50 a 55 minutos.

UTILIZAR. DISCOS DE PASCUALINA COMPRADOS Y REEMPLAZAR LOS CHAMPIÑONES Y LA MOZZARELLA POR 3 HUEVOS DUROS CORTADOS EN MITADES.

PATÉ DE PANCETA E HÍGADOS

8 a 10 porciones

cebollas, 2

troncos de blanco de apio, 3

manteca, 50 g

panceta salada, 100 g

panceta ahumada, 100 g

hígado de ternera, 750 g

hígados de pollo, 6

jerez, 1 vaso

gelatina sin sabor, 14 g

crema de leche, 200 cc

sal y pimienta blanca de molinillo, a gusto

mostaza de Dijon, 1 cucharada

PREPARACIÓN

• Picar las cebollas y los troncos de apio, rehogarlos en la manteca, agregar las pancetas cortadas en cubitos, saltearlas y añadir el hígado de ternera bien limpio cortado también en cubos y los hígados de pollo enteros, saltear y rociar con el vino jerez, tapar el recipiente y cocinar a fuego lento de 10 a 15 minutos.

• Colocar la preparación con su jugo, reservando los hígados de pollo, y procesar hasta obtener una crema.

• Diluir la gelatina en 1/2 taza de agua, colocarla sobre fuego y revolver hasta que esté bien caliente; agregar a la preparación, incorporar la crema y condimentar con bastante sal, pimienta y la mostaza, procesar nuevamente unos segundos hasta integrar todo muy bien.

• Tapizar un molde rectangular con papel film o metalizado, distribuir parte de la preparación; acomodar a lo largo los hígados de pollo cortados en trozos grandes, cubrir con el resto de preparación, ajustar bien, tapar con el mismo papel y mantener en heladera hasta solidificar. Desmoldar y servir acompañado de tostadas y ensaladas crudas.

PECETO EN SALSA TÁRTARA

8 a 10 porciones

peceto, 1 y 1/2 kilo	vino jerez, 2 cucharadas
sal, cebolla, puerro y apio, a gusto	aceite, 1 y 1/2 taza
yemas crudas, 2	ajo, 1 diente
yemas duras, 2	perejil, 2 cucharadas
jugo de 1 limón	nueces, 4 cucharadas
mostaza, 1/2 cucharada	huevos, duros, 2
sal y pimienta, a gusto	aceitunas negras, 100 g

PREPARACIÓN

- Desgrasar la carne y atarla para que no pierda la forma. En un recipiente con abundante agua hirviendo con sal, 1 cebolla, 1 puerro y 2 troncos de apio, colocar la carne y cocinarla hasta que al pincharla resulta tierna; dejarla enfriar en el mismo caldo para que no se oscurezca.

- En el vaso de la licuadora poner las yemas crudas, las yemas cocidas, el jugo de limón, la mostaza, sal, pimienta y el vino, licuar y añadir el aceite en forma de hilo hasta conseguir una salsa.

- Picar a crema el ajo y mezclar con el perejil picado, las nueces molidas, los huevos duros picados finos y las aceitunas fileteadas finas, agregar a la salsa mayonesa. Cortar la carne en rodajas finas, untar cada una de ellas con la salsa y acomodarlas escalonadas en una fuente.

COCINAR EL PECETO, DEJARLO ENFRIAR EN EL MISMO CALDO, LUEGO ESCURRIRLO Y ENVOLVERLO EN PAPEL FILM. RESERVARLO 2 Ó 3 DÍAS ANTES DE UTILIZARLO EN LA HELADERA, EN ESA FORMA SE PODRÁ CORTAR CON MÁS FACILIDAD.

SUPREMAS A LA KIEV

6 porciones

supremas, 6	coñac, 2 cucharadas
sal y pimienta blanca de molinillo, a gusto	aceite, 2 cucharadas
	Salsa de hongos
limón, 1	*échalotes*, 4
naranja, 1	hongos secos remojados, 1 taza
manteca, 300 g	manteca, 30 g
hierbas frescas picadas, 4 cucharadas	sal, pimienta, aceite, harina, mostaza

PREPARACIÓN

• Desgrasar bien las supremas, filetear las partes gruesas y aplanarlas con un palote o una maza para obtener una carne bien fina, condimentarlas con sal, pimienta y el jugo de limón y de naranja.

• Pisar la manteca con las hierbas, sal y pimienta, dividirla en 6 porciones, darles forma de cilindros del largo de las supremas, envolver cada cilindro en papel film y congelarlos. Cuando estén bien firmes, escurrir las supremas y colocar en cada extremo un cilindro de manteca y arrollarlas.

• Rociarlas con el coñac y el aceite y envolverlas en papel metalizado, atar los extremos como matambritos, cocinarlas en horno caliente de 30 a 35 minutos.

• Quitarles el papel y servirlas en el momento para que al cortarlas se deslice la manteca fundida con las hierbas. Acompañarlas con una salsa oscura de hongos.

Salsa de hongos

Picar las *échalotes* y rehogarlas en 2 cucharadas de aceite, agregar los hongos remojados en agua caliente y picados y el agua de remojo. Unir la salsa con manteca *manière* (pisada con 1 cucharada de harina); cocinar unos segundos y condimentar con sal, pimienta y 1 cucharadita de mostaza.

UTILIZAR, PARA LA SALSA DE HONGOS, 1/2 PAQUETE DE SOPA CREMA DE HONGOS PREPARADA COMO INDICA EL ENVASE.

CAMARONES AL AJILLO CON ESPINACA

4 porciones

camarones pelados, 750 g	espinaca cocida, exprimida y
aceite de oliva, 4 cucharadas	picada, 1 taza
aceite de maíz, 2 cucharadas	crema de leche, 200 cc
ajo, 8 a 10 dientes	tostadas, 4
sal y pimienta blanca, a gusto	

PREPARACIÓN

- Descongelar los camarones.
- Calentar el aceite de oliva y el de maíz, picar el ajo y cocinarlo 2 segundos, agregar los camarones, condimentarlos con sal y pimienta y saltearlos a fuego bajo unos minutos.
- Incorporar la espinaca y la crema, rectificar el sabor y cocinar unos minutos.
- Servir en cazuelitas o sobre las tostadas.

Secretos para inexpertas

Para blanquear cualquier verdura de hoja hay que sumergirla unos segundos en agua hirviendo con sal, luego escurrirla y colocarla en agua helada para detener su cocción. Por último estrujarla para quitarle bien el agua y picarla.

CESTOS CRUJIENTES DE CATANIA

6 porciones

discos de empanadas, 12	aceitunas negras, 100 g
huevo, 1	jugo de limón, 2 cucharadas
sal, ají molido y albahaca,	huevos, 2
a gusto	queso sardo rallado, 3
atún en aceite, 1 lata	cucharadas
filetes de anchoas, 3	crema, 100 cc
tomates pelados, 2	perejil, a gusto

PREPARACIÓN

● Pincelar 6 tapas de empanadas con el huevo, espolvorear con sal, ají molido y hojitas de albahaca. Colocar sobre cada una otra tapa de masa y estirar ligeramente para afinarlas sin que pierdan la forma.

● Enmantecar la parte exterior de 6 moldes individuales y acomodar encima los discos de empanadas, pincelarlos con huevo y cocinarlos en horno de temperatura moderada de 10 a 12 minutos. Dejarlos enfriar y desmoldarlos.

● Mezclar el atún escurrido con las anchoas picadas, los tomates pelados, sin las semillas y cortados en cubos, las aceitunas fileteadas, el jugo de limón, los huevos, el queso rallado y la crema. Distribuir dentro de las tarteletas y cocinar en horno caliente de 10 a 12 minutos. Espolvorear con perejil y acompañar en el plato con hojas verdes.

Secretos para inexpertas

La técnica para conseguir cubos de tomates es la siguiente: pasarlos 1 minuto por agua caliente, dejarlos entibiar, pelarlos, cortarlos por la mitad, quitarles las semillas y cortarlos en cubitos.

ESCABECHE DE POLLO AL CHARDONNAY

5 porciones

pollo, 1

panceta ahumada en un trozo, 100 g

ajo, 2 dientes

aceite, 1/2 taza

cebolla grande, 1

puerros, 3

cebollas de verdeo, 3

blanco de apio, 3 ramitas

zanahorias, 2

vino Chardonnay, 1 vaso

vinagre de manzana, 1/2 vaso

laurel, 2 hojas

salvia, 2 ramitas

sal gruesa, 1 cucharada

granos de pimienta negra, 1 cucharada

caldo de ave, 1 taza

limón, 1

PREPARACIÓN

● Cortar el pollo en presas chicas, quitarle la piel.

● Cortar la panceta en tiritas y machacar el ajo.

● Calentar la mitad del aceite, dorar el pollo, la panceta y el ajo. Cuando las presas de pollo estén doradas desechar ese aceite y escurrir todo sobre papel de cocina.

● Aparte colocar en una cazuela el resto de aceite reservado, agregar la cebolla pelada, cortada por la mitad y luego en rodajas finas, pelar los puerros y cebollas de verdeo y cortarlos, igual que el apio, en rodajitas; añadir las zanahorias también peladas y cortadas en rodajas finas, saltear ligeramente todo.

● Incorporar las presas de pollo, panceta y ajo, rociar con el vino y el vinagre, perfumar con el laurel y la salvia, condimentar con la sal y la pimienta en grano, dejar que rompa el hervor y agregar el caldo caliente, cocinar a fuego moderado de 25 a 30 minutos. Cubrir con el limón cortado en rodajas y espolvorear con perejil, si se desea.

Secretos para inexpertas

Es importante desechar siempre el aceite donde se doran presas de pollo, ya que ese aceite resulta demasiado impregnado de la grasa del pollo.

HACER QUE EL CARNICERO SEPARE EN PRESAS EL POLLO, O UTILIZAR 2 SUPREMAS Y 2 PATAS Y MUSLOS, QUE SON MUCHO MÁS FÁCILES DE CORTAR.

MUSELINA DE AVE CON SABAYÓN

4 porciones

supremas de pollo, 4	yemas, 4
claras de huevo, 3	jugo de limón, 4 cucharadas
crema, 200 cc	ralladura de piel de limón,
sal y pimienta, a gusto	1 cucharadita
mostaza de Dijon, 1 cucharadita	jerez, 2 cucharadas

PREPARACIÓN

• Procesar las supremas, agregar las claras, la crema, sal, pimienta blanca de molinillo y la mostaza, volver a procesar hasta conseguir una crema, distribuir en un molde enmantecado y con su base cubierta con papel manteca y colocar en la heladera por lo menos 30 minutos, luego cocinar en horno de temperatura moderada de 20 a 25 minutos. Retirar, dejar pasar el calor fuerte y desmoldar.

• Preparar el sabayón colocando las yemas en un bol, agregar el jugo de limón, la ralladura, sal, pimienta y el jerez, cocinar batiendo a baño de María sin que hierva el agua hasta que la preparación comienza a espesar. Verter sobre la muselina de pollo, decorar con tomates *cherry*.

Secretos para inexpertas

El sabayón es una salsa muy fácil de realizar, el único detalle que hay que cuidar es que no hierva el agua al cocinarlo. Se puede reemplazar el sabayón con mayonesa de frasco y aligerarla con jugo de limón, ralladura y jerez.

PREPARAR LA MUSELINA EL DÍA ANTERIOR Y DEJARLA TAPADA EN UN BOL EN HELADERA, PARA QUE SE INTEGREN MUY BIEN LOS INGREDIENTES. AL DÍA SIGUIENTE SE PUEDE COCINAR EN UN MOLDE O EN 4 MOLDES INDIVIDUALES.

MUSLITOS CON CREMA DE HONGOS

4 porciones

muslitos de pollo, 12

sal, pimienta, mostaza y harina, cantidad necesaria

aceite, 8 cucharadas

manteca, 75 g

cebolla grande, 1

échalotes, 4

champiñones de París, 150 g

portobellos, 200 g

jamón cocido en un trozo, 100 g

champaña, 200 cc

crema, 200 cc

PREPARACIÓN

• Quitarles la piel a los muslitos, frotarlos con sal y pimienta, pincelarlos con mostaza y pasarlos por la harina, sacudirlos para que no tengan exceso de harina y cocinarlos en la mitad del aceite y manteca a fuego suave hasta que estén dorados, escurrirlos sobre papel.

• Picar la cebolla y las *échalotes*, cocinarlos en el resto de aceite y manteca, agregar los hongos cortados finos, saltearlos junto con el jamón cortado en tiritas. Rociar con el champaña, dejar que evapore y condimentar con sal y pimienta, agregar la crema, incorporar los muslitos y cocinar 10 minutos más.

Secretos para inexpertas

Después de incorporar alguna bebida alcohólica en una comida, se debe cocinar sin tapar unos minutos, para que se evapore el alcohol y quede solamente el *bouquet* del vino.

REEMPLAZAR LOS CHAMPIÑONES DE PARÍS Y PORTOBELLOS
POR CHAMPIÑONES DE LATA.

PASTEL DE MAÍZ, CALABAZA Y POLLO

6 porciones

Masa

crema, 200 cc

manteca, 150 g

harina 0000, 400 g

Relleno

supremas de pollo, 4

sal, a gusto

puerros, 2

aceite, 2 cucharadas

échalotes, 4

choclo cremoso, 1 lata

choclo entero amarillo, 1 lata

calabaza rallada, 1 lata

leche, 150 cc

huevos, 3

queso parmesano rallado, 1/2 taza

pimienta blanca y estragón, a

gusto

PREPARACIÓN

- Colocar en la procesadora la crema, la manteca, la harina y 1 cucharadita de sal, procesar hasta formar un bollo de masa, envolverlo y llevarlo a heladera por lo menos 1 hora. Cortar la masa en dos partes, una mayor que la otra, estirar la más grande y tapizar una tartera de 24 centímetros de diámetro.

- Condimentar las supremas con sal y cocinarlas en agua hirviendo 8 minutos, luego cortarlas en pequeños cubos.

- Limpiar los puerros y cortarlos en rodajitas, saltearlos en el aceite, agregar las *échalotes* limpias y picadas y cocinarlas 1 minuto más, agregar el pollo cortado, mezclarlo unos segundos y retirar del fuego. Agregar el choclo cremoso y el entero bien escurridos, incorporar la calabaza rallada, la leche y los huevos ligeramente batidos, condimentar con el queso, sal, pimienta de molinillo y 1 cucharadita de estragón.

- Distribuir dentro de la tartera y tapar con el otro trozo de masa estirado, unir los dos

116

rebordes de la masa y pinchar ligeramente la superficie, pincelarla con huevo y espolvorear si se desea con 3 cucharadas de queso rallado. Cocinar en horno de temperatura moderada de 25 a 30 minutos y servirla tibia.

Secretos para inexpertas

Las *échalotes* son pequeñas cebollitas con un sabor mezcla de ajo y cebolla; no deben cocinarse demasiado porque se queman y toman gusto amargo.

REEMPLAZAR LA MASA HOJALDRADA POR DISCOS DE PASCUALINA COMPRADOS. TAMBIÉN SE PUEDE ADQUIRIR LA CALABAZA RALLADA QUE SE EXPENDE EN BANDEJAS EN LOS SUPERMERCADOS O VERDULERÍAS.

ROULÉES DE CHOCLO Y JAMÓN

5 porciones

cebollas de verdeo, 3

manteca, 20 g

aceite, 1 cucharada

tapas de empanadas, 1 paquete

mostaza, 2 cucharadas

jamón cocido, 150 g

choclo cremoso, 1 lata

ricota, 250 g

sal, pimienta de molinillo y nuez moscada, a gusto

queso parmesano rallado, 4 cucharadas

PREPARACIÓN

• Pelar las cebollas y cortarlas en rodajas finas, cocinarlas sin dorarlas en la manteca y el aceite.

• Separar las tapas de empanadas y untarlas ligeramente con la mostaza, distribuir encima el jamón.

• Escurrir el choclo y mezclarlo con la ricota, condimentar con sal, pimienta, nuez moscada y el queso rallado.

- Agregar las cebollas cocidas; cuando todo esté bien mezclado distribuir sobre las tapas, pincelar el reborde de la masa con huevo y levantar dos extremos de las tapas de empanadas envolviendo el relleno. Acomodar las *roulées* sobre placa enmantecada, pincelar con huevo la parte superior de la masa y cocinar en horno caliente de 15 a 16 minutos.

Secretos para inexpertas

Siempre que se cocinen o rehoguen cebollas, puerros o ajíes en manteca, agregar una porción de aceite para evitar que la manteca se queme.

ENVOLVER CADA *ROULÉE* EN PAPEL FILM, LUEGO ACOMODARLAS EN PAPEL METALIZADO O RECIPIENTE RÍGIDO Y CONSERVARLAS EN EL FREEZER HASTA 2 MESES. ANTES DE UTILIZARLAS PONERLAS EN EL HORNO, ENVUELTAS EN LOS PAPELES, A TEMPERATURA MUY BAJA, HASTA QUE ESTÉN DESCONGELADAS, RETIRAR LOS PAPELES Y DARLES UN GOLPE DE HORNO CALIENTE PARA QUE LA MASA RESULTE NUEVAMENTE CROCANTE.

TOSTADAS CON FOIE GRAS Y UVAS

4 porciones

pan casero, 4 rodajas de
2 a 3 centímetros de espesor

crema de leche, 100 cc

huevo, 1

sal y pimienta, a gusto

aceite para freír

foie gras, 4 rodajas

puerros, 2

blanco de apio, 2 tronquitos

aceite, 2 cucharadas

granos de uva, 2 tazas

mostaza en grano, 2 cucharaditas

vino blanco, 1/2 vaso

vinagre de manzana, 2 cucharadas

azúcar rubia, 2 cucharadas

caldo de carne, 1 cubo

manteca, 50 g

PREPARACIÓN

- Descortezar el pan.
- Mezclar la crema con el huevo, condimentar con sal y pimienta. Sumergir las rodajas de pan en esta mezcla y freírlas en aceite caliente hasta dorarlas, escurrirlas sobre papel y reservarlas.
- Cocinar el *foie gras* en una sartén antiadherente pincelada con aceite de oliva hasta que esté dorado de ambos lados, reservarlos al calor.
- Limpiar los puerros y cortarlos, igual que el apio en rodajitas finas, saltearlo en el aceite.
- Pelar los granos de uva y partirlos por la mitad desechando las semillas. Agregarlos a los puerros y el apio, añadir la mostaza, rehogar las uvas y rociar con el vino y el vinagre; cocinar 1 minuto y espolvorear con el azúcar, incorporar el cubo de caldo y 1/2 taza de agua caliente, por último agregar la manteca bien fría cortada en trocitos, mezclar con cuchara de madera.
- Preparar los platos acomodando sobre las tostadas el *foie gras*, salsear alrededor con las uvas y la salsa.

Secretos para inexpertas

Cuando se prepara una salsa, para darle más untuosidad, brillo y densidad se añaden de a poco trocitos de manteca bien fría.

SI LE RESULTA DIFÍCIL CONSEGUIR EL *FOIE GRAS* REEMPLAZARLO POR RODAJAS DE LEBERWURST PASADAS POR LA MISMA MEZCLA DE LAS RODAJAS DE PAN (CREMA Y HUEVOS) Y FREÍRLOS EN ACEITE CALIENTE.

LASAÑAS ESPECIALES DE BERENJENAS

5 porciones

berenjenas, 3

sal y tomillo, a gusto

langostinos crudos abiertos
por el lomo, 10

échalotes, 3

champiñones, 200 g

aceite de maíz, cantidad necesaria

ricota, 250 g

tofu, 200 g

salsa de tomate natural, 250 g

albahaca, 10 a 12 hojas

avellanas, 50 g

PREPARACIÓN

• Pelar las berenjenas y cortarlas a lo largo en rodajas finas, asarlas de ambos lados sobre una parrilla, condimentarlas con sal y tomillo. Asar en la misma parrilla los langostinos.

• Picar las *échalotes* y saltearlas ligeramente con los champiñones fileteados y el aceite, mezclar con la ricota, condimentar con sal y si se desea un toque de nuez moscada.

• Armar las lasañas acomodando en una fuente para horno pincelada con aceite una capa de berenjenas, cubrir con la mezcla de ricota, colocar encima berenjenas y luego langostinos y tofu cortado fino, cubrir por último con berenjenas. Acomodar encima la salsa de tomate y distribuir las hojas de albahaca, espolvorear con las avellanas tostadas y picadas.

• Calentarla en el momento de servir tapada con papel de aluminio en horno de temperatura moderada a suave hasta que se caliente bien.

SALSA DE TOMATE EXPRESS: LAVAR 1 KILO DE TOMATES Y CORTARLOS EN TROZOS, COLOCARLOS EN UN RECIPIENTE CON 3 DIENTES DE AJO, SAL, 1 CUCHARADITA DE AZÚCAR Y 1 CUCHARADA DE ACEITE. COCINAR A FUEGO BAJO HASTA QUE LOS TOMATES ESTÁN DESINTEGRADOS, PASAR TODO POR UN CHINO O TAMIZ Y UTILIZAR. SE PUEDE CONGELAR POR PORCIONES.

PAVITA CON POMELO Y MIEL

5 porciones

pechuga de pavita deshuesada, 1

miel, 4 cucharadas

aceite de nuez (optativo), 3
cucharadas

jugo de pomelo, 150 cc

mostaza en polvo, 1 cucharadita

sal, pimienta y romero, a gusto

manzanas Rome, 2

pasas rubias, 100 g

PREPARACIÓN

• Acomodar la pechuga en una fuente para horno cubierta con papel metalizado. Mezclar la miel con el aceite, el jugo de pomelo, la mostaza, sal, pimienta y romero, calentar ligeramente para que la miel se integre perfectamente. Pincelar con esta preparación la pechuga en forma abundante. Cerrar el papel cubriendo la pavita.

• Cocinar primero en horno de temperatura moderada (180°C) de 35 a 40 minutos, dándola vuelta dos veces durante la cocción. Pasado ese tiempo abrir el papel, subir a 190°C la temperatura del horno y proseguir la cocción hasta dorarla.

• Para servirla, cortarla en rodajas y acomodarla en una fuente. Pasar el jugo por un chino o colador, agregarle las manzanas peladas y cortadas en cubos y las pasas, cocinarlo a fuego suave hasta que las manzanas estén tiernas.

• Servir la pavita fría o caliente y la salsa caliente en salsera aparte.

• Acompañar con repollitos de Bruselas y zanahorias *baby* cocidos al vapor y condimentados con aceite y jugo de limón.

COCINAR LA PAVITA HASTA 3 DÍAS ANTES DE UTILIZAR, MANTENERLA FILETEADA ENVUELTA EN PAPEL FILM. COCINAR LAS FRUTAS EN EL JUGO Y GUARDARLO EN RECIPIENTE RÍGIDO. PARA GUARNICIÓN, UTILIZAR REPOLLITOS DE BRUSELAS Y ZANAHORIAS CONGELADAS.

PUDDING DE POPURRÍ DE HONGOS

8 0 10 porciones

caldo desgrasado, 1/4 de litro	shiitakes, 200 g
hinojos, 3	yogur natural, 200 g
échalotes, 3	huevos, 2
hongos secos de pino, 3 cucharadas	claras, 2
	tofu fileteado, 100 g
champiñones, 200 g	arroz yamani cocido, 2 tazas
girgolas, 200 g	

PREPARACIÓN

- Cocinar en el caldo los hinojos cortados en fina juliana, las *échalotes* picadas y los hongos remojados y picados. Cuando esté todo tierno retirar del fuego. Saltear ligeramente los champiñones, girgolas y shiitakes fileteados en sartén rociada con *spray* vegetal, agregar el caldo con los hinojos, añadir el yogur, los huevos y las claras ligeramente batidos, el tofu y el arroz cocido.

- Colocar en un molde alto rociado con spray vegetal, tapar y cocinar en horno de temperatura moderada de 50 a 55 minutos. Pinchar para verificar la cocción, dejar pasar el calor fuerte y desmoldar. Acompañar con una salsa de morrones.

Salsa de morrones

Pelar 2 morrones, quitarles los centros y las semillas y procesarlos con 1 cucharadita de miel de maíz, caldo, 1 diente de ajo, 1 cucharada de aceite de maíz, sal y jengibre rallado.

MACERAR LA BONDIOLA LA NOCHE ANTERIOR A PREPARARLA.

QUENELLES DE LENGUADO CON ADUKI

5 porciones

filetes de lenguado, 600 g	porotos aduki, 1 taza
claras de huevo, 2	laurel y ajo, a gusto
yogur natural, 100 g	habas, 1 kilo
queso blanco, 50 g	cebollas de verdeo, 2
cebolla rallada, 2 cucharadas	aceite de oliva, 2 cucharadas
sal, pimienta y nuez moscada, a gusto	

PREPARACIÓN

● Procesar los filetes crudos, mezclar con las claras, el yogur, el queso blanco y la cebolla. Colocar en heladera por lo menos 2 horas, luego procesar nuevamente todo junto, condimentar con sal, pimienta y nuez moscada. Con ayuda de 2 cucharas tomar porciones y darles forma de *quenelles*.

● Acomodarlas en una sartén sin superponerlas, agregar en un costado de la sartén agua hirviendo con sal, tapar y pochear a fuego mínimo de 10 a 12 minutos. Levantar las *quenelles* con una espumadera.

Aduki sobre salsa de habas

● Remojar los porotos aduki por lo menos 2 horas, luego cocinarlos en agua con 2 hojas de laurel y 6 dientes de ajo machacados, cuando están tiernos escurrirlos.

● Cocinar las habas sin las dos cáscaras en agua con sal y las cebollas cortadas en rodajas, cuando estén tiernas, escurrirlas y procesarlas con parte del agua de cocción y el aceite.

● Cubrir una fuente con la salsa de habas, distribuir encima las *quenelles* y alrededor los porotos aduki.

UTILIZAR POROTOS DE LATA, QUE NO REQUIEREN COCCIÓN, Y HABAS CONGELADAS, QUE YA ESTÁN PELADAS DE SUS DOS CÁSCARAS.

SAVARIN DE TOMATE Y ARVEJAS

5 porciones

échalotes, 4

tomates peritas, 1 kilo

yogur natural, 200 g

salsa ketchup, 2 cucharadas

salsa inglesa o salsa de soja,
1 cucharada

sal, pimienta de Cayena y
jengibre, a gusto

gelatina sin sabor, 10 g

caldo de verdura, 150 cc

queso blanco, 200 g

arvejas cocidas, 1 taza

PREPARACIÓN

• Pelar y cortar en trocitos las *échalotes*. Pasar los tomates por agua hirviendo, escurrirlos y pelarlos, reservar 4 tomates, el resto colocarlos en el vaso de la licuadora, agregar las *échalotes*, el yogur, la salsa ketchup y la salsa inglesa, condimentar con sal, pimienta y jengibre fresco rallado, licuar unos segundos.

• Diluir la gelatina en el caldo frío, luego calentar a baño de María en microondas o sobre fuego revolviendo siempre, volver a licuar y agregar la gelatina en forma de hilo para que se integre muy bien con todos los ingredientes.

• Mezclar con el queso blanco y pasar por chino o tamiz. Cortar los tomates reservados en pequeños cubitos y agregar a la preparación, añadir las arvejas.

• Tapizar un molde savarin con papel film, distribuir la preparación y dejar solidificar en heladera.

• Desmoldar y colocar en el hueco del centro una ensalada de apio, manzana y nueces.

SUPLANTAR LOS TOMATES FRESCOS POR TOMATES PERITA DE LATA. PARA
TAPIZAR CON RAPIDEZ UN MOLDE CON PAPEL FILM, HUMEDECER EL MOLDE; EN ESA
FORMA EL PAPEL SE ADHIERE CON FACILIDAD.

SAVARIN DE BRÓCOLI Y CAMARONES

5 porciones

brócoli, 1 kilo

sal marina, a gusto

camarones pelados, 350 g

mozzarella rallada, 250 g

huevo, 1

claras, 4

yogur natural, 250 cc

leche, 200 cc

curry, 1 cucharadita

PREPARACIÓN

● Cocinar los ramitos de brócoli si es posible al vapor en agua con sal, cuando estén tiernos, escurrirlos.

● Tapizar un molde savarin con papel film, acomodar en el fondo una capa de ramitos de brócoli y una de camarones, espolvorear con la mozzarella rallada.

● Mezclar en un bol el huevo, las claras, el yogur, la leche, sal y el curry, distribuir por cucharadas sobre la preparación. Volver a colocar brócoli, camarones, mozzarella y ligue, repetir hasta completar los ingredientes. Cocinar tapado a baño de María en horno de temperatura moderada de 45 a 50 minutos. Dejar entibiar y desmoldar. Cubrir con salsa *velouté*.

Salsa *velouté*

Colocar en un recipiente 300 cc de caldo de verdura, 2 cucharadas de aceite de maíz y 2 cucharadas de harina. Cocinar revolviendo siempre con batidor hasta que rompa el hervor y tome consistencia de crema, condimentar con 1 anchoa molida, 1 cucharada de ralladura y jugo de limón y 100 gramos de aceitunas negras fileteadas.

UTILIZAR PAQUETES DE BRÓCOLI CONGELADOS; DESCONGELARLOS PRIMERO.

SORBETE DE PALTA CON ARROZ SALVAJE

4 porciones

paltas maduras, 2	caldo de verdura,
limones sutil, 2	cantidad necesaria
miel, 1 cucharadita	arroz negro salvaje, 2 tazas
sal, a gusto	manzana, 1
queso blanco, 250 g	papaya, 1
mostaza de Dijon, 2 cucharaditas	aceite de maíz, 2 cucharadas
gelatina sin sabor, 7 g	castañas de Cajú, 100 g

PREPARACIÓN

- Cortar las paltas por la mitad, desechar los carozos y retirar la pulpa, procesarla con el jugo de 1 limón, la miel, la sal, la mitad del queso blanco y la mitad de la mostaza.
- Diluir la gelatina con 100 cc de caldo, colocar sobre fuego revolviendo hasta calentar bien, agregar en forma de hilo a la preparación y procesar 1 segundo más. Distribuir en 4 moldes individuales y colocar en heladera.
- Remojar el arroz salvaje en caldo de verdura por lo menos 2 horas, luego cocinarlo en el mismo caldo de 15 a 18 minutos, escurrirlo y mezclarlo con el jugo de limón restante, el resto de queso blanco y de mostaza, la manzana y la papaya peladas y cortadas en cubitos y el aceite.
- Distribuir en 4 platos y desmoldar en un costado los sorbetes de palta, espolvorear con las castañas tostadas en el horno y trituradas gruesas, salsear con hilos de aceite de oliva a las hierbas.

SE PUEDE SUPLANTAR EL ARROZ NEGRO SALVAJE, MÁS DIFÍCIL DE CONSEGUIR, POR ARROZ BASMATI Y THAI, QUE SE COCINAN, SOBRE TODO EL THAI, EN SÓLO 10 MINUTOS.

TABBULEH CON CILINDROS DE JAMÓN

4 porciones

trigo burgol fino, 250 g	jugo de limón, 4 cucharadas
cebolla blanca, 1/2	aceite de oliva, 4 cucharadas
cebolla de verdeo, 1	hojas de lechuga arrepollada,
tomates, 1/2 kilo	cantidad necesaria
pepino, 1	jamón cocido, 150 g
menta picada, 3 cucharadas	ricota, 250 g
sal, a gusto	avellanas tostadas y picadas,
perejil, 10 cucharadas	100 g

PREPARACIÓN

- Remojar el trigo burgol en agua de 30 a 40 minutos, luego escurrirlo.
- Picar muy fina la cebolla blanca y la de verdeo.
- Pasar los tomates por agua caliente, pelarlos, desechar las semillas y cortarlos en *concassé*, es decir cubitos pequeños.
- Pelar el pepino, retirar las semillas y cortarlo también en cubitos.
- Mezclar el trigo con las cebollas, los tomates y el pepino.
- Mezclar 1 cucharadita de sal con 5 cucharadas de perejil picado, el jugo de limón y el aceite. Verter sobre la ensalada, mezclar bien y distribuir dentro de hojas de lechuga arrepollada.
- Aparte distribuir el jamón sobre papel metalizado formando un rectángulo.
- Condimentar la ricota con sal, el resto de perejil y 1 cucharada de jugo de limón. Extender sobre el jamón y arrollar bien ajustado. Cortar en cilindros de 8 centímetros de largo, acomodarlos entre las hojas de lechuga, espolvorear con las avellanas.

EN VEZ DE FORMAR CILINDROS CON EL JAMÓN, CORTAR ÉSTE EN FINA JULIANA.

CREMA DE MAÍZ Y CALABAZA

6 porciones

rodajas de pan lácteo, 12

manteca fundida, 25 g

yema, 1

sal y pimienta, a gusto

aceite, cantidad necesaria

calabaza, 4 rodajas

cebollas de verdeo, 3

azúcar, cantidad necesaria

choclo cremoso, 1 lata

choclo entero, 1 lata

queso fundido, 2 rectángulos

queso rallado, 3 cucharadas

ciboulette, a gusto

PREPARACIÓN

• Cortar las rodajas de pan en medallones con ayuda de un cortapastas o un vaso, pincelar con la manteca fundida mezclada con la yema, sal y pimienta y dorar en el horno.

• En una sartén con aceite cocinar a fuego suave las calabazas y las cebollas picadas, dándolas vuelta de vez en cuando, espolvorear con 2 cucharadas de azúcar y proseguir la cocción hasta que estén tiernas y confitadas.

• Cortar las calabazas en trozos y mezclar con el choclo cremoso, el choclo entero y el queso cortado, agregar el queso rallado.

• Distribuir sobre la mitad del pan tostado, cubrir con las otras rodajas de pan y espolvorear con *ciboulette*. Calentar en el momento de servir.

COCINAR LAS CEBOLLAS PICADAS CON LA CALABAZA RALLADA GRUESA QUE SE COMPRA EN LOS SUPERMERCADOS.

SOPA HELADA DE PEPINO | REF. PÁGINA 132

PASTEL DE PAPAS HOJALDRADO | REF. PÁGINA 247

CRUDITÉS CON MAYONESA | REF. PÁGINA 29

PECETO EN SALSA TÁRTARA | REF. PÁGINA 109

HUMITA GRATINADA | REF. PÁGINA 277

LENGUADO A LA CREMA DE ROQUEFORT

5 porciones

filetes de lenguado, 5	leche, 400 cc
sal, pimienta y jugo de limón, a gusto	nueces, 50 g
	ciboulette, a gusto
queso roquefort, 300 g	

PREPARACIÓN

• Condimentar los filetes con sal, pimienta y jugo de limón. Acomodarlos en una fuente para horno enmantecada.

• Cortar el roquefort en trozos y colocarlo con la leche sobre fuego para fundirlo revolviendo con cuchara de madera. Luego verterlo sobre los filetes, espolvorear con las nueces picadas y cocinar en horno más bien caliente de 15 a 18 minutos. Acompañar con papines cocidos espolvoreados con *ciboulette*.

CONDIMENTAR LOS FILETES, ACOMODARLOS EN UNA FUENTE Y DISTRIBUIR ENCIMA EL ROQUEFORT PICADO, CUBRIR CON 250 CC DE CREMA DE LECHE, ESPOLVOREAR CON 2 CUCHARADAS DE QUESO PARMESANO RALLADO Y LAS NUECES PICADAS. COCINAR EN HORNO DE TEMPERATURA MODERADA 20 MINUTOS.

MEDALLONES MERENGADOS DE ANANÁ

6 porciones

ananá, 1	queso de cabra, 6 rodajas
mostaza, 2 cucharadas	claras, 3
lomito ahumado cortado un poco grueso, 6 rodajas	azúcar, 6 cucharadas

PREPARACIÓN

• Pelar el ananá y cortar 6 rodajas, con un sacabocados retirar el centro duro del ananá. Untar las rodajas con la mostaza, acomodar sobre cada una de ellas el lomito y una rodaja de queso.

• Batir las claras hasta espumarlas, añadirles el azúcar en forma de lluvia y seguir batiendo hasta obtener un merengue firme, distribuirlo sobre el ananá y gratinarlo en horno de temperatura moderada de 12 a 15 minutos. Servirlo tibio sobre un lecho de hojas de berro o rúcula condimentada.

UTILIZAR RODAJAS DE ANANÁ EN ALMÍBAR, UNTARLAS CON LA MOSTAZA, CUBRIRLAS CON EL LOMITO, EL QUESO Y EL MERENGUE. GRATINARLAS EN HORNO CALIENTE DE 7 A 8 MINUTOS.

POSTAS DE BESUGO EN CROÛTE

5 porciones

postas de besugo, 5	queso sardo rallado, 5
sal, pimienta y jugo de limón,	cucharadas
a gusto	ají molido, 1 cucharadita
aceite de oliva, 2 cucharadas	ralladura de piel de limón, 1
manteca, 50 g	cucharada
miga de pan seca, 5 cucharadas	

PREPARACIÓN

• Condimentar las postas de pescado con sal, pimienta y jugo de limón, acomodarlas en una fuente para horno y rociarlas con el aceite de oliva.

• Procesar la manteca con la miga de pan, el queso rallado, el ají molido, la ralladura y un toque de sal y pimienta. Distribuir sobre el pescado y cocinar en horno de temperatura moderada 20 minutos. Acompañar con ramitos de brócoli salteados en manteca.

No, no tomo sopa. No se puede
construir una comida sobre un lago.

ELSIE DE WOLF

SECAR EN HORNO MUY SUAVE TROZOS DE MIGA DE PAN; CUANDO RESULTEN BIEN SECOS PERO NO DORADOS, DEJARLOS ENFRIAR Y PROCESARLOS. GUARDAR ESTA MIGA EN FRASCOS BIEN TAPADOS Y UTILIZARLA SUPLANTANDO EL PAN RALLADO COMÚN.

ROULÉES DE ABADEJO CON CAVIAR

5 porciones

filetes de abadejo, 5	aceite de oliva, 2 cucharadas
sal, pimienta y jugo de limón, a gusto	queso fundido fontina, 200 g
	crema, 150 cc
mostaza de Dijon en grano, 2 cucharadas	caviar negro, 3 cucharadas

PREPARACIÓN

- Condimentar los filetes con sal, pimienta y jugo de limón, dejar macerar al menos 1 hora en heladera. Luego secarlos y partirlos por la mitad a lo largo, untar con la mostaza.
- Superponer una mitad sobre otra y arrollarlos; sujetarlos con un palillo.
- Acomodar los rollos paraditos en una fuente para horno, rociarlos con el aceite, taparlos y cocinarlos en horno de temperatura moderada 8 minutos.
- Cocinar el queso con la crema hasta que el queso se funda.
- Acomodar los rollitos de pescado en los platos, cubrirlos con la salsa de queso y distribuir sobre cada uno una porción de caviar. Acompañar con hojas de endibias, salseados los extremos con la salsa de queso.

CONDIMENTAR LOS FILETES, UNTARLOS CON LA MOSTAZA Y ARROLLARLOS DESDE LA PARTE MÁS ANCHA HASTA LA COLA, ROCIARLOS CON EL ACEITE Y COCINARLOS EN HORNO DE TEMPERATURA MODERADA 10 MINUTOS.

SOPA HELADA DE PEPINO

5 porciones

pepinos, 2	yogur natural, 400 g
cebolla, 1	hojas de menta, rabanitos y
puerro, 1	aceitunas negras, cantidad
caldo de verdura, 2 tazas	necesaria
sal, pimienta blanca y eneldo	
fresco, a gusto	

PREPARACIÓN

• Pelar los pepinos y cortarlos en trozos, igual que la cebolla y el blanco de puerro, licuar todo junto con el caldo. Condimentar con sal, pimienta y 1 cucharadita de eneldo, agregar el yogur, mezclar y pasar por un chino o colador fino, distribuir en 5 copas de champaña y distribuir en cada copa una ramita de hojas de menta, rodajas finas de rabanitos y aceitunas descarozadas y cortadas en rodajas.

• Mantener en heladera o freezer y servir bien frío.

PREPARAR LA SOPA EL DÍA ANTES Y MANTENERLA TAPADA EN HELADERA,
EN EL MOMENTO DE UTILIZARLA DISTRIBUIRLA EN LAS COPAS Y DECORAR CON LA
MENTA, LOS RABANITOS Y LAS ACEITUNAS NEGRAS.

SUPREMAS A LA MARYLAND

4 porciones

supremas, 4	queso *gruyère* rallado,
sal y pimienta, a gusto	2 cucharadas
huevos, 2	crema, 200 cc
pan rallado, 2 tazas	bananas, 4
choclo cremoso, 1 lata	morrones, 2
harina, 1 cucharada	aceite para freír
	papas medianas fritas, 4

PREPARACIÓN

● Condimentar las supremas con sal y pimienta, pasarlas por los huevos batidos y luego por el pan rallado. Freírlas en aceite no demasiado caliente. Mezclar el choclo con la harina, el queso rallado y la crema, condimentar con sal, pimienta y si lo desea un toque de nuez moscada, cocinar revolviendo hasta espesar.

● Sumergir las bananas en el resto del huevo batido, pasarlas por pan rallado y freírlas en una mezcla de manteca y aceite.

● Acomodar las supremas en los platos, distribuir la crema de choclo dentro de tarteletas o a un costado de las supremas, colocar las bananas. Decorar con los morrones cortados en tiras y porciones de papas fritas.

COMPRAR LAS SUPREMAS YA EMPANADAS LISTAS PARA FREÍR. UTILIZAR LAS PAPAS FRITAS QUE SE VENDEN CORTADAS Y CONGELADAS LISTAS PARA FREÍR.

TORRE DE CRÊPES GRATINADA

5 a 6 porciones

crêpes, 7	espinaca cocida, 1 taza
ricota, 600 g	mozzarella, 200 g
queso blanco, 250 g	tomates, 2
mostaza, 1 cucharada	ajo, 1 diente
sal, pimienta y nuez moscada,	crema de leche, 200 cc
a gusto	páprika, 1 cucharadita
panceta ahumada, 200 g	queso parmesano rallado, 3
morrones, 1 lata	cucharadas
huevos duros, 3	

PREPARACIÓN

- Separar las *crêpes*.
- Mezclar la ricota con el queso blanco, la mostaza, sal, pimienta y nuez moscada.
- Dorar las rodajas de panceta sobre sartén o en microondas y luego picarlas.
- Cortar en tiras los morrones, los huevos en rodajas, picar la espinaca y cortar la mozzarella y los tomates en rodajas.
- Freír los tomates vuelta y vuelta en aceite de oliva con el ajo picado.
- Armar la torre en una fuente térmica de la siguiente manera: una *crêpe*, untar con la mezcla de ricota, distribuir encima la panceta, cubrir con *crêpe*, ricota y morrones, luego *crêpe*, ricota y huevos duros, nuevamente *crêpe*, ricota y espinacas, *crêpe*, ricota y mozzarella, *crêpe* y, por último, los tomates y *crêpe*.
- Salsear con la crema mezclada con la páprika, sal, pimienta y queso rallado. Gratinar en el momento de servir.

SIMPLIFICAR LOS RELLENOS USANDO LA BASE DE RICOTA Y UTILIZANDO JAMÓN, QUESO FUNDIDO CORTADO Y LATAS DE PESCADOS DIFERENTES, COMO ATÚN, MEJILLONES Y SALMÓN AHUMADO.

BOCADITOS Y SÁNDWICHES

4

índice
del capítulo

bocaditos
y sándwiches

MUJER EJECUTIVA

138 Canapés de caviar
138 Espárragos en *croute*
   de phila
139 *Minibruschettas* de
   queso de cabra
140 Palmeritas con jamón
   y papaya
141 Patitas crocantes
142 Tarteletas de *mousse*
   de hígado
142 Triángulos con palta
   y pollo

MADRE DE FAMILIA

143 *Bagnacauda* individual
144 *Fondue* de queso
145 Panquequitos de
   maíz y curry
146 Sacramentos con
   pollo agridulce
147 Sándwiches de
   cuadril en *croûte*
148 Sándwiches de pancitos
   de cebolla
149 *Waffles* gratinados

MUJER INEXPERTA	MUJER FANÁTICA DE LAS DIETAS	MUJER SIN TIEMPO
150 *Brochettes* de *bocconcini*	157 Alcauciles con *mousse* de hongos	163 Empanaditas de queso y albahaca
151 Canapés de centeno y champiñones	158 *Bruschettas* con gazpacho	164 *Minibrochettes* crocantes
152 *Fondue bourguignonne*	159 Canapés de Granny Smith	165 Palmitos al tomillo
153 *Involtini* de salchichas	160 Croquetas de soja y arroz	166 Plátanos en panceta
154 Mozzarella en *carroza*	161 *Fondue* oriental	166 Sándwiches de pionono
155 Panecillos rellenos de guacamole	162 Milanesitas de queso tofu	167 Tarteletas a la Tártara
156 Sándwiches *burger*	163 Papines *finger food*	168 Welsh Rarebit

CANAPÉS DE CAVIAR

24 porciones

pan lácteo, 1 paquete	yemas duras, 2
manteca, 35 g	caviar rojo y negro, cantidad
sal y jugo de limón, a gusto	necesaria
queso blanco, 150 g	

PREPARACIÓN

• Con ayuda de un cortapastas de 4 a 5 centímetros de diámetro cortar medallones de las rodajas de pan.

• Condimentar la manteca con sal y jugo de limón, pincelar con esta preparación el pan y tostarlo.

• Condimentar el queso blanco con poca sal y mezclarlo con las yemas de huevo duro, con esta pasta formar un pequeño zócalo sobre los medallones, distribuir en el centro caviar rojo en unos y en otros caviar negro, decorar con una hojita de perejil.

TENER EL PAN TOSTADO GUARDADO EN UNA LATA.

ESPÁRRAGOS EN CROÛTE DE PHILA

18 porciones

espárragos, 36	manteca, 50 g
jamón crudo, 150 g	queso *gruyère* rallado, 1/2 taza
masa phila, 36 rectángulos	

PREPARACIÓN

- Cocinar los espárragos en agua con sal hasta que estén cocidos, utilizar las partes tiernas.
- Envolver los espárragos de a dos en una tira de jamón crudo.
- Pincelar 18 rectángulos de masa phila con la manteca fundida, acomodar encima el resto de masa. Volver a pincelar con manteca, acomodar en cada extremo un rollito de jamón y espárragos y arrollar la masa, pincelar con manteca y pasar por el queso.
- Colocar en una placa enmantecada y cocinar en horno caliente 10 minutos.

UTILIZAR ESPÁRRAGOS DE LATA.

MINIBRUSCHETTAS DE QUESO DE CABRA

18 porciones

ajo, 6 dientes	rodajas de pan *baguette*, 18
aceite de oliva, sal y pimienta, a gusto	hojas de rúcula, 1/2 taza
queso de cabra rallado grueso, 1 pocillo	tomates secos macerados en aceite, 18

PREPARACIÓN

- Envolver los dientes de ajo sin pelar en papel metalizado y cocinarlos en horno de temperatura móderada hasta que estén tiernos.
- Retirarles la pulpa y mezclarla con aceite, poca sal y pimienta, agregar 1 cucharada del queso, mezclar y distribuir sobre las rodajas de pan. Tostarlas en el grill o tostadora, cuando el pan esté bien tostado colocar encima el resto de queso, hojas de rúcula cortadas y los tomates secos fileteados. Rociar con aceite de oliva.

COCINAR LOS AJOS SIN PELAR EN UN JARRITO CON AGUA HIRVIENDO Y, CUANDO
ESTÉN TIERNOS, RETIRAR LA PULPA.

PALMERITAS CON JAMÓN Y PAPAYA

18 porciones

palmeritas de hojaldre, 18

salsa golf, 3 cucharadas

jamón crudo, 100 g

papaya, 1

huevos de codorniz duros, 4

PREPARACIÓN

• Untar las palmeritas con la salsa golf. Arrollar cada tajada de jamón y cortarlas en rodajas de 1,5 cm.

• Pelar la papaya y cortarla en rodajitas, distribuir sobre las palmeras los rollitos de jamón, las rodajas de papaya y los huevos duros pelados y cortados en casquitos.

• Rellenar las mitades de manzana, cubrir el relleno con las tajadas de lomito. Para transportarlas envolverlas en papel film o metalizado. Mantener en la heladera.

MANTENER EN RECIPIENTE RÍGIDO EN HELADERA EL JAMÓN CORTADO Y EN
OTRO LAS RODAJAS DE PAPAYA Y LOS CASQUITOS DE HUEVO DURO PARA ARMARLOS
RÁPIDAMENTE EN EL MOMENTO.

PATITAS CROCANTES

24 porciones

patas de pollo, 24	bizcochos molidos, 2 tazas
sal, pimienta, jugo de limón y mostaza, cantidad necesaria	queso sardo rallado, 4 cucharadas
huevos, 2	aceite, para freír

PREPARACIÓN

• Realizar un corte a lo largo en la carne de cada pata, raspar con el cuchillo la carne separándola del hueso y transportándola hacia el otro extremo. Cortar un trozo del hueso para que quede sólo una pequeña parte.

• Condimentar la carne con sal, pimienta, jugo de limón y mostaza, pasarla por los huevos batidos y luego por los bizcochos mezclados con el queso, empanar ajustando muy bien y freírlas en aceite hasta dorarlas, escurrirlas sobre papel.

• Servirlas calientes, con una servilleta envolviendo el trocito de hueso de la pata.

DESHUESAR LAS PATITAS 3 Ó 4 DÍAS ANTES Y MANTENERLAS TAPADAS EN HELADERA, O EMPANARLAS Y CONGELARLAS HASTA 3 MESES ANTES.

TARTELETAS DE MOUSSE DE HÍGADO

24 porciones

panceta salada ahumada, 75 g	sal, pimienta y coñac, a gusto
hígado de ternera, 200 g	mostaza de dijon, 1/2 cucharada
hígados de pollo, 3	crema, 100 cc
cebolla, 1	oporto, 2 cucharadas
manteca y aceite,	tarteletas, 24
cantidad necesaria	almendras, 24

PREPARACIÓN

• Cortar la panceta, el hígado de ternera y los de pollo en trocitos, picar la cebolla y cocinar todo en 30 gramos de manteca y 1 cucharada de aceite; cuando los hígados estén blanqueados rociarlos con coñac y dejar flamear.

• Pasar la preparación por procesadora junto con la mostaza, la crema y el oporto hasta formar una crema. Distribuir dentro de las tarteletas y decorar con las almendras peladas y tostadas.

LA PASTA DE HÍGADO SE PUEDE CONSERVAR EN EL FREEZER HASTA 2 MESES.

TRIÁNGULOS CON PALTA Y POLLO

18 porciones

rodajas de pan de centeno, 18	limón, 1
mayonesa, 3 cucharadas	sal y pimienta blanca molida, a
suprema cocida, 1	gusto
paltas, 2	nueces picadas, 50 g

PREPARACIÓN

- Descortezar las rodajas de pan.
- Mezclar la mayonesa con la suprema bien picada. Abrir las paltas, desechar los carozos y retirarles la pulpa, rociarlas con abundante jugo de limón, pisarlas y agregarlas a la mezcla de mayonesa y pollo, condimentar con sal y pimienta y agregar las nueces.
- Distribuir la pasta sobre 9 tajadas de pan, cubrir con las otras 9 formando los sándwiches. Con un cuchillo largo y filoso cortarlos en diagonal, formando 18 triángulos.

PREPARAR LOS SÁNDWICHES CON TIEMPO Y MANTENERLOS EN LA HELADERA,
TAPADOS CON UN LIENZO HÚMEDO Y ENCIMA UNO SECO.

BAGNACAUDA INDIVIDUAL

8 porciones

aceite, 1 pocillo	**Varios**
manteca, 150 g	cardo, apio, trozos de pollo
ajos confitados, 7	cocido, trozos de polenta frita,
anchoas, 8	champiñones, repollitos de Bru-
pimienta blanca, a gusto	selas cocidos, cubos de pan tosta-
crema, 100 cc	do, *bocconcini* de mozzarella.

PREPARACIÓN

- Calentar el aceite y la manteca en una cacerola. Envolver los ajos en papel metalizado y cocinarlos en horno de temperatura moderada hasta que estén tiernos, más o menos 15 a 18 minutos, retirarles la piel y agregar la pulpa confitada al aceite y manteca.
- Añadir también las anchoas picadas finas, condimentar con un toque de pimienta y agregar la crema, cocinar 2 minutos y en el momento de servir distribuir bien caliente en 8 pequeños boles, apoyarlos sobre platos y acomodar alrededor los cardos, tronquitos de

apio, cubos de pollo cocido, polenta frita, champiñones, repollitos de Bruselas, ramitos de coliflor, cubos de pan y *bocconcini*.

● Acompañar con tenedores o *brochettes* para que cada comensal pinche el ingrediente elegido y lo remoje en la *bagnacauda*.

SERVIR DIRECTAMENTE LA *BAGNACAUDA* EN UNA CAZUELA, SI ES POSIBLE SOBRE UN PEQUEÑO CALENTADOR Y DISTRIBUIR ALREDEDOR BOLES CON LOS INGREDIENTES.

FONDUE DE QUESO

5 porciones

queso emmenthal, 350 g	pimienta blanca de molinillo y
queso *gruyère*, 350 g	nuez moscada, a gusto
diente de ajo, 1	cubos de pan, a gusto
vino blanco seco, 350 cc	bananas, 3
almidón de maíz, 1 cucharada	manzanas, 3
kirsch, 1/2 copa	cubos de jamón cocido, 15
crema, 100 cc	

PREPARACIÓN

● Rallar los dos quesos. Pelar el ajo y frotar el caquelón (recipiente original de la *fondue*) o, en su reemplazo, una cazuela de barro.

● Colocar el vino y calentarlo, agregar por cucharadas los quesos, revolviendo en forma de ocho con cuchara de madera, no añadir la segunda porción de queso hasta que no esté bien integrada la primera.

● Por último incorporar el almidón diluido en el kirsch y la crema, condimentar con un toque de pimienta y de nuez moscada.

● Para servirlo acomodar el recipiente en el centro de la mesa sobre un calentador, distribuir alrededor platos con panes diferentes cortados en cubos, las bananas y manza-

144

nas cortadas en trozos y rociadas con jugo de limón, y el jamón. Acomodar tenedores largos delante de cada comensal y platitos con tenedores comunes. Los tenedores largos son para pinchar los ingredientes y sumergirlos en el queso, los tenedores comunes son para llevar el ingrediente a la boca.

UTILIZAR *FONDUE* DE QUESO ENVASADA; SÓLO HAY QUE CALENTARLA.

PANQUEQUITOS DE MAÍZ Y CURRY

18 porciones

huevo, 1	sal, 1 cucharadita
yemas, 2	curry, 1 cucharadita
harina de maíz de cocimiento rápido, 40 g	**Varios**
	palta, limón, aceitunas negras,
harina leudante, 90 g	cebolla, anchoas, manzana,
leche, 220 cc	nueces, salsa golf, mayonesa
manteca fundida, 25 g	

PREPARACIÓN

● Batir ligeramente el huevo y la yema. Mezclar la harina de maíz con la harina leudante, incorporarla a los huevos alternando con la leche y la manteca fundida condimentada con la sal y el curry. Dejar reposar 20 minutos.

● Calentar una sartén pincelada con manteca o rociada con *spray* vegetal. Tomar pequeñas porciones, hacerlas deslizar ligeramente y cocinar hasta dorar de ambos lados. Superponerlos y mantener al calor. Servir con una tabla de quesos, fiambres y diferentes salsas.

Salsa 1

Pisar la pulpa de 1 palta con 3 cucharadas de jugo de limón, 1 cucharada de cebolla rallada y 2 cucharadas de salsa golf.

Salsa 2

Procesar 100 gramos de aceitunas negras con 3 anchoas, 1/2 pocillo de aceite y 50 gramos de nueces.

Salsa 3

Mezclar 2 cucharadas de salsa golf con 3 cucharadas de mayonesa, 1 cucharadita de mostaza, 2 cucharadas de jugo de limón y 1 manzana rallada con rallador de verdura.

LOS PANQUEQUES DE MAÍZ PUEDEN GUARDARSE EN FREEZER HASTA 3 MESES. PASARLOS A LA HELADERA UN DÍA ANTES DE UTILIZARLOS Y, EN EL MOMENTO DE SERVIRLOS, CALENTARLOS EN HORNO SUAVE, TAPADOS.

SACRAMENTOS CON POLLO AGRIDULCE

24 porciones

supremas, 2	salsa ketchup, 4 cucharadas
sal y pimienta, a gusto	vino moscato, _ vaso
mostaza, 1 cucharada	sacramentos, 24
manteca, 40 g	tomates, 4

PREPARACIÓN

• Condimentar las supremas con sal y pimienta, mezclar la mostaza con la manteca a temperatura ambiente y la mitad de la salsa ketchup. Untar las supremas por ambos lados con esta mezcla, acomodarlas en un recipiente, rociarlas con el vino y cocinarlas en horno de temperatura moderada 25 minutos. Dejar enfriar y cortarlas en cubos pequeños.

• Abrir los sacramentos por la mitad y pincelarlos con el fondo de cocción de las supremas.

• Pasar los tomates por agua caliente, pelarlos, quitarles las semillas y cubetearlos; mezclar con el pollo. Agregar la salsa ketchup y rellenar los sacramentos, cerrarlos sujetándolos con un palillo.

Las recetas son tradiciones.
no meros montones de ingredientes al azar.

ANÓNIMO

REEMPLAZAR LAS SUPREMAS POR 200 GRAMOS DE JAMÓN COCIDO PICADO,
MEZCLAR CON LOS TOMATES CUBETEADOS, 150 GRAMOS DE QUESO FONTINA RALLADO
CON RALLADOR DE VERDURA Y 2 CUCHARADAS DE SALSA GOLF.

SÁNDWICHES DE CUADRIL EN CROÛTE

24 porciones

cuadril, 1 kilo	salsa de soja, 1 cucharada
manteca, 125 g	berenjenas, 2
sal, pimienta, perejil y tomillo, a gusto	vinagreta, 1/2 taza
mostaza, 1 cucharada	pancitos alemanes, 24
queso sardo rallado, 3 cucharadas	tomatitos secos, 24

PREPARACIÓN

• Atar la carne para que mantenga la forma.

• Pisar la manteca con abundante sal, pimienta y 3 cucharadas de perejil y tomillo, agregar la mostaza, el queso rallado y la salsa de soja.

• Untar la carne, en forma abundante, con la manteca especiada de ambos lados; acomodarla en una fuente de su tamaño para retener sus jugos y cocinar primero en horno caliente 15 minutos, luego a temperatura moderada 18 minutos más.

• Pelar las berenjenas, cortarlas en rodajas finas, salarlas y asarlas de ambos lados sobre parrilla aceitada.

• Preparar una vinagreta con sal, pimienta, 2 cucharadas de aceto balsámico, 1 cucharadita de mostaza y 4 cucharadas de aceite de oliva.

• Abrir los pancitos, pincelar el interior con la vinagreta y rellenarlos con tajadas finas de carne, berenjenas asadas y tomatitos secos en aceite. Cerrarlos y pincharlos con un palillo para sujetar el relleno de los sándwiches.

UNTAR LA CARNE 1 DÍA ANTES DE UTILIZARLA Y MANTENERLA EN LA HELADERA,
LUEGO COCINARLA, DEJARLA ENFRIAR PARA QUE LOS JUGOS SE NEUTRALICEN
Y CORTARLA. ASAR LAS BERENJENAS Y MANTENER TODO EN LA HELADERA HASTA EL
DÍA SIGUIENTE PARA ARMAR LOS SÁNDWICHES.

SÁNDWICHES DE PANCITOS DE CEBOLLA

18 a 20 porciones

cebolla mediana, 1	manteca, 40 g
azúcar, 1 cucharadita	harina, 400 g
agua, 175 cc	sal, 1 cucharadita
levadura de cerveza, 30 g	aceitunas negras y verdes, 150 g
aceite de oliva, 1 cucharada	orégano, 2 cucharadas

PREPARACIÓN

● Pelar la cebolla, cortarla en trozos y procesarla o licuarla con el azúcar, el agua tibia
y la levadura.

● Aparte colocar en un bol el aceite, la manteca a temperatura ambiente, la harina con
la sal, mezclar ligeramente y añadir el licuado de cebolla. Amasar y añadir las aceitunas
fileteadas y 1 cucharada de orégano, amasar muy bien y colocar en un bol enmantecado tapado en lugar tibio.

● Cuando haya aumentado el doble de su volumen desgasificar la masa, tomar porciones, darles forma de pancitos y acomodarlos sobre una placa enmantecada. Dejarlos
leudar, pincelarlos con huevo o leche, espolvorearlos con orégano y cocinarlos en horno caliente 18 minutos.

● Rellenar los pancitos con diferentes fiambres, quesos, mayonesa, rodajas de tomate,
hojas de lechuga, pepinos, etcétera.

CUANDO LA MASA HAYA AUMENTADO EL DOBLE DE SU VOLUMEN,
AMASARLA LIGERAMENTE PARA DESGASIFICARLA, DARLE FORMA DE CILINDRO Y
COLOCARLA EN UN MOLDE DE BUDÍN INGLÉS ENMANTECADO, DEJARLO
PUNTEAR TAPADO Y LUEGO PINCELARLO CON HUEVO O LECHE, ESPOLVOREAR CON
ORÉGANO Y HORNEARLO A 180°C DE 35 A 40 MINUTOS. DEJARLO ENFRIAR,
CORTARLO EN RODAJAS Y ARMAR LOS SÁNDWICHES.

WAFFLES GRATINADOS

12 porciones

harina, 220 g	manteca fundida, 50 g
sal, 1 cucharadita	**Varios**
polvo para hornear,	mayonesa, jamón cocido,
1/2 cucharadita	mozzarella rallada, aceitunas
huevos, 2	negras, anchoas, tomates secos,
leche, 200 cc	albahaca.

PREPARACIÓN

- Cernir la harina con la sal y el polvo para hornear.
- Aparte batir ligeramente los huevos con la leche y la manteca fundida, mezclar al cernido de la harina, unir todo muy bien y dejar descansar 30 minutos.
- Calentar la *wafflera*, pincelarla con manteca fundida y colocar una porción de pasta en el centro de la *wafflera*, cerrarla y cocinar sobre llama fuerte 1 y 1/2 minuto de cada lado. Repetir hasta finalizar la pasta.
- Dividir cada *waffle* en las 4 porciones marcadas. Untarlos con mayonesa y distribuir encima de algunos jamón, una porción de mozzarella y aceitunas fileteadas, en otros anchoas y en otros tomates secos en aceite, espolvorear con albahaca. Gratinarlos en el momento de servir.

PREPARAR LOS WAFFLES, EMBOLSARLOS EN CALIENTE SEPARADOS POR
SEPARADORES Y GUARDARLOS EN EL FREEZER HASTA 3 MESES.

BROCHETTES DE BOCCONCINI

10 porciones

pepinos, 2	sal y pimienta, a gusto
sal parrillera, 2 cucharadas	ajo, 1 diente
bocconcini, 10	hojas de albahaca, 1 taza
tomates *cherry*, 10	aceite de oliva,
cubos de jamón cocido, 10	cantidad necesaria

PREPARACIÓN

● Pelar los pepinos y cortarlos en rodajas de 1 cm de espesor, colocarlos en un colador y espolvorear con la sal parrillera, dejarlos macerar 15 minutos, lavarlos y secarlos.

● Insertar en una *brochette* de madera, en forma alternada, una rodaja de pepino, un *bocconcini*, un tomate *cherry*, un cubo de jamón y finalizar con una rodaja de pepino. Alternar entre cada ingrediente una hoja de albahaca.

● Aparte colocar en un bol sal, pimienta, el ajo molido y hojas de albahaca machacadas, agregar lentamente el aceite a medida que se mezcla con un batidor hasta obtener una salsa, verter sobre las *brochettes* y mantenerlas en heladera.

Secretos para inexpertas

Es conveniente macerar los pepinos en sal para que resulten más digestivos, luego se lavan, se secan y quedan listos para utilizar.

PARA PREPARAR EL ALIÑO, COLOCAR EN LICUADORA SAL, PIMIENTA, EL AJO, LAS HOJAS
DE ALBAHACA Y LICUAR A MEDIDA QUE SE AGREGA ACEITE COMO PARA UNA MAYONESA.

CANAPÉS DE CENTENO Y CHAMPIÑONES

10 porciones

rodajas de pan de centeno, 10	vino blanco seco, 1/2 vaso
manteca, 100 g	sal, pimienta y estragón, a gusto
échalotes, 3	queso fundido fontina, 250 g
champiñones, 300 g	crema, 150 cc

PREPARACIÓN

• Descortezar el pan, fundir la manteca, pincelar las rodajas de pan y tostarlas. En el resto de la manteca saltear las *échalotes* peladas y picadas y los champiñones lavados y fileteados, es decir cortados en rodajas; rociar con el vino y condimentar con sal, pimienta y 1 cucharadita de estragón.

• Cocinar 2 minutos y agregar el queso cortado en trocitos, mezclar con cuchara de madera y añadir lentamente la crema, proseguir la cocción hasta formar una crema.

• Distribuir sobre las tostadas, espolvorear con perejil o *ciboulette*.

Secretos para inexpertas

Cuando se saltean las *échalotes*, hacerlo muy rápidamente porque se queman con facilidad y toman sabor amargo.

UTILIZAR CHAMPIÑONES DE LATA. EN ESE CASO CORTARLOS POR LA MITAD, SALTEAR LAS *ÉCHALOTES*, QUE SE PUEDEN REEMPLAZAR POR 1 CEBOLLA O 2 PUERROS, AGREGAR LOS CHAMPIÑONES CON EL VINO, EL QUESO Y LA CREMA.

FONDUE BOURGUIGNONNE

10 porciones

bola de lomo, 1 y 1/2 kilo	aceite, 1/2 litro
riñón chico, 1	sal y pimienta
vinagre, 5 cucharadas	negra de molinillo, a gusto

PREPARACIÓN

• Cortar la carne en tajadas más bien finas, luego cada tajada en tiras y cada tira en trocitos.

• Limpiar la grasa del riñón y la película que lo recubre, cortarlo en rodajas no muy gruesas y cada rodaja en cuatro, rociarlas con el vinagre, dejarlas macerar por lo menos 30 minutos y luego lavarlas bien y secarlas.

• Calentar el aceite en el caquelón (recipiente especial para *fondue*) o en una cazuela y llevarlo a la mesa sobre un calentador encendido.

• Acomodar delante de cada comensal un platito con una porción de carne y otra de riñón, la carne se debe condimentar en el momento de utilizar. Al lado de cada plato con carne acomodar el tenedor largo para pinchar la carne y cocinarla en el aceite, un tenedor y un cuchillo comunes y un platito para apoyar la carne cocida.

Sugerencias para acompañar la *fondue*

Distribuir boles con ajíes en vinagre, berenjenas en vinagre, rodajas de tomate, choclo desgranado y salsas frías (mayonesa, salsa golf, mostaza, ketchup) y calientes (pomarola con champiñones, con atún o con albahaca).

Secretos para inexpertas

Cuando se utiliza riñón es importante desodorizarlo. Para esto se debe cortar, rociar con vinagre y dejarlo así por lo menos 30 minutos; luego lavarlo con abundante agua y secarlo.

PEDIR AL CARNICERO QUE CORTE LA CARNE EN RODAJAS UN POCO MÁS GRUESAS QUE PARA MILANESAS, ES MÁS FÁCIL CORTARLA LUEGO EN TIRAS Y CADA TIRA EN TROZOS.

INVOLTINI DE SALCHICHAS

10 porciones

papas, 5	harina, 3 cucharadas
manteca, 25 g	huevos, 2
jamón cocido, 10 rodajas	pan rallado, 2 tazas
salchichas de Viena, 10	aceite, para freír

PREPARACIÓN

• Cocinar las papas en agua con sal, cuando estén tiernas, escurrirlas, pisarlas y mezclarlas con la manteca.

• Extender las rodajas de jamón, untarlas con el puré, apoyar sobre cada extremo del jamón una salchicha y arrollar.

• Pasar los rollos por harina, luego por el huevo batido y por último por el pan rallado, ajustar, freír en aceite caliente y escurrir sobre papel.

Secretos para inexpertas

Siempre que se cocine en una fritura de aceite se debe escurrir el alimento sobre papel para que absorba el exceso de aceite.

REEMPLAZAR LAS PAPAS HERVIDAS POR PURÉ EN COPOS. EN ESE CASO, HIDRATARLO CON LA MITAD DEL LÍQUIDO QUE INDIQUE EL ENVASE PARA CONSEGUIR UN PURÉ CON CUERPO.

MOZZARELLA EN CARROZA

10 porciones

rodajas de pan lácteo, 20	tomates secos en aceite,
mozzarella, 200 g	10 rodajas
sal y pimienta, a gusto	harina, 5 cucharadas
albahaca, 10 hojas	huevos, 3
anchoas, 10	aceite, para freír

PREPARACIÓN

● Descortezar el pan dejándole la forma cuadrada pero más pequeña, o con la ayuda de un cortapasta redondo, cortarlo con forma de discos.

● Cortar la mozzarella en rodajas y acomodarlas sobre la mitad de los panes; condimentar con sal y pimienta, distribuir encima una hoja de albahaca, una anchoa bien desalada y un tomate seco en aceite, cubrir el relleno con otra rodaja de pan, ajustar bien los bordes y pasarlos por la harina, sumergir en los huevos batidos y freírlos en aceite caliente hasta dorarlos de ambos lados, escurrirlos sobre papel y espolvorearlos con sal.

Secretos para inexpertas

Es muy importante pasar los bordes del pan por la harina para que luego con el huevo se forme una corteza que impide que la mozzarella salga mientras se fríe esta especie de emparedados.

LOS TOMATES REDONDOS SECOS EN ACEITE SE PUEDEN REEMPLAZAR POR JAMÓN COCIDO Y, SI NO LE AGRADAN, SUPRIMIR LAS ANCHOAS.

PANECILLOS RELLENOS DE GUACAMOLE

10 porciones

pancitos de leche, 10	pimienta blanca de molinillo,
sal, aceite y vinagre, a gusto	un toque
paltas maduras, 2	roquefort, 50 g
jugo de lima o limón,	salsa golf o crema ácida,
2 cucharadas	3 cucharadas
	tomate, 1

PREPARACIÓN

• Cortar la crema pastelera de los pancitos y ahuecarlos, colocar en un bol 1 cucharadita de sal, 1 cucharadita de vinagre y 2 cucharadas de aceite, mezclar bien y pincelar el interior de los pancitos.

• Abrir las paltas, retirar la pulpa y pisarla con el jugo de lima o limón, la pimienta, el roquefort pisado y la salsa golf.

• Pasar el tomate por agua caliente, pelarlo, partirlo por la mitad, quitarle la pulpa y las semillas y cortarlo en cubitos pequeños. Agregarlo a la preparación y rellenar con ésta los pancitos. Decorar con 1/2 almendra tostada.

Secretos para inexpertas

Si utiliza crema ácida, sólo tiene que agregar a la crema ligeramente batida unas gotas de jugo de lima o limón.

PROCESAR LA PULPA DE LA PALTA CON EL ROQUEFORT Y LA PIMIENTA.

SÁNDWICHES BURGER

20 porciones

carne picada, 300 g	hojas de lechuga mantecosa,
huevo, 1	cantidad necesaria
sopa crema de choclo o de	pancitos *chips*, 20
cebolla, 1/2 paquete	mayonesa, 2 cucharadas
panceta ahumada, 100 g	salsa ketchup, 2 cucharadas
tomates perita, 2	

PREPARACIÓN

• Colocar la carne picada en un bol, agregar el huevo y el polvo de la sopa del sabor deseado; mezclar con la mano o en procesadora para integrar bien la carne.

Tomar pequeñas porciones y formar hamburguesas de tamaño menor que el habitual; asarlas sobre la parrilla o sobre una placa en horno caliente o freírlas en sartén.

• Envolver cada feta de panceta ahumada en papel de cocina, colocarlas en microondas 1 a 2 minutos en temperatura máxima. Cortar los tomates en rodajas finas y lavar las hojas de lechuga.

• Abrir los pancitos, untarlos con mayonesa y rellenarlos con las hamburguesas, un trozo de panceta, una rodaja de tomate y un trozo de lechuga, salsear con ketchup y cerrar el pancito. Sujetar el sándwich con un palillo.

Secretos para inexpertas

• Cuando se utiliza carne picada para cualquier tipo de preparación debe mezclarse amasándola con la mano o en procesadora para poder integrarla con todos los ingredientes.

• La panceta ahumada o fresca se desgrasa y resulta crocante envolviendo las fetas en papel de cocina y colocándolas en microondas en MÁXIMO.

REEMPLAZAR LAS HAMBURGUESAS CASERAS POR HAMBURGUESAS COMPRADAS, ASARLAS Y CORTARLAS EN CUARTOS PARA PODER UTILIZARLAS DENTRO DE LOS PANCITOS *CHIPS*.

ALCAUCILES CON MOUSSE DE HONGOS

10 porciones

alcauciles, 10	champiñones, 200 g
sal marina, a gusto	hongos secos, 3 cucharadas
limón, 1	cilantro fresco picado, 3
puerros, 2	cucharadas
échalotes, 2	ricota, 150 g
aceite, 1 cucharada	

PREPARACIÓN

• Desechar las hojas duras de los alcauciles, cortar las puntas dejando sólo 2 cm sobre los corazones y los cabos adheridos, cocinarlos en agua con sal y el limón cortado en rodajas, cuando los alcauciles estén tiernos escurrirlos y cortarlos por la mitad cortando también por la mitad los cabitos, ahuecar el centro de los alcauciles.

• Cortar en rodajitas el blanco de los puerros y las *échalotes*, rehogarlas ligeramente en el aceite, agregar los champiñones fileteados y los hongos remojados en agua caliente y picados, añadir 2 ó 3 cucharadas del remojo de hongos y cocinar 2 ó 3 minutos, procesar todo hasta obtener una crema, mezclar con el cilantro y la ricota.

• Rectificar el sabor con sal, llevar a heladera 1 hora y luego distribuir dentro del hueco de los alcauciles, disponer en una bandeja y mantener en heladera. Cada comensal puede servirse los alcauciles por el cabito.

UTILIZAR CORAZONES DE ALCAUCILES ENVASADOS, EN ESE CASO, COMO POR LO GENERAL TIENEN UN SABOR FUERTE A VINAGRE, CONVIENE DARLES UN LIGERO HERVOR EN AGUA CON SAL, LUEGO ESCURRIRLOS, ABRIRLES EL CENTRO Y RELLENARLOS. COMO NO TIENEN EL CABITO SERVIRLOS SOBRE TOSTADAS DE PAN DE CENTENO.

BRUSCHETTAS CON GAZPACHO

10 porciones

baguette, 1	ají verde picado, 3 cucharadas
ajo, 8 dientes	aceto balsámico, 2 cucharadas
aceite de oliva, 4 cucharadas	sal y azúcar, a gusto
tomates, 6	salsa Tabasco, 1 cucharadita
cebolla, 1	aceitunas negras, 100 g

PREPARACIÓN

• Cortar la *baguette* a lo largo en rodajas no muy gruesas. Hervir los ajos con la piel en agua, cuando estén tiernos, pelarlos y licuar la pulpa de los dientes de ajo con el aceite, pincelar con parte de esta preparación las rodajas de pan y tostarlas muy bien en el horno.

• Pasar los tomates por agua caliente, pelarlos, desechar las semillas. Reservar 2 tomates y cortar 4 de ellos en *concassé*, es decir cubos pequeños, mezclarlos con la cebolla picada (previamente sumergida unos segundos en un jarrito con agua hirviendo y colada), el ají, el aceto, sal, 1 pizca de azúcar y la salsa Tabasco.

• Añadir el resto de ajo licuado con el aceite y mezclar bien, añadir las aceitunas fileteadas. Pisar los 2 tomates reservados, condimentarlos con sal y untar las tostadas, distribuir encima la ensalada de gazpacho.

PREPARAR LAS TOSTADAS DE *BAGUETTE* Y MANTENERLAS ENVUELTAS EN BOLSA PLÁSTICA 2 Ó 3 DÍAS ANTES DE UTILIZARLAS.

CANAPÉS DE GRANNY SMITH

10 porciones

manzanas Granny Smith, 4	avellanas, 50 g
limón, 1	salsa inglesa, 1 cucharada
ricota descremada, 300 g	pepino en vinagre, 1
sal marina, 1 cucharadita	

PREPARACIÓN

• Lavar las manzanas y, sin pelarlas, cortarlas en rodajas de 1,5 a 2 cm de grosor; con ayuda de un sacabocados retirarles el centro y rociarlas con el jugo de limón.

• Rallar la cáscara de limón hasta obtener 1 cucharada, mezclarla con la ricota, agregar la sal, las avellanas tostadas y picadas finas y la salsa inglesa.

• Distribuir una porción de ricota sobre 10 rodajas de manzana, cortar el pepino en rodajas y clavarlo sobre la ricota, cortar triángulos pequeños del resto de las manzanas y utilizarlos para decorar los canapés.

LA MEZCLA DE RICOTA SE PUEDE TENER PREPARADA EN UN RECIPIENTE RÍGIDO EN LA HELADERA Y SÓLO CORTAR LAS MANZANAS Y ARMAR LOS CANAPÉS 1 Ó 2 HORAS ANTES DE UTILIZARLOS. MANTENER EN HELADERA.

CROQUETAS DE SOJA Y ARROZ

24 porciones

porotos de soja, 1 taza	cebolla rallada, 3 cucharadas
arroz integral, 1 taza	ajo y perejil, 2 cucharadas
sal, pimienta y comino, a gusto	queso rallado, 2 cucharadas
claras de huevo, 2	copos de maíz, 2 tazas
cebada, 3 cucharadas	

PREPARACIÓN

• Remojar los porotos el día anterior y cocinarlos en abundante agua con sal hasta que estén tiernos, escurrirlos.

• Cocinar el arroz integral en agua con sal hasta que esté bien tierno, escurrirlo y reservarlo.

• Colocar en una procesadora los porotos de soja, condimentarlos con sal, pimienta de molinillo y 1/2 de cucharadita de comino, agregar las claras de huevo y la cebada cocida, procesar hasta obtener una crema.

• Mezclar con el arroz, la cebolla rallada, el ajo y perejil y el queso.

• Tomar porciones con las manos humedecidas, darles forma de pequeñas croquetas aplanadas, pasarlas por los copos de maíz triturados, acomodarlas en sartén de teflón caliente rociada con *spray* vegetal. Cocinarlas a fuego medio dorándolas de ambos lados.

CONDIMENTAR EL ARROZ INTEGRAL COCIDO CON SAL, PIMIENTA Y COMINO, MEZCLAR CON LAS CLARAS, LA CEBOLLA COCIDA, EL AJO Y PEREJIL Y EL QUESO RALLADO, AGREGAR HARINA DE SOJA POR CUCHARADAS HASTA OBTENER UNA PASTA CONSISTENTE. TOMAR PORCIONES, DARLES FORMA DE CROQUETAS APLANADAS Y COCINARLAS COMO SE INDICA EN LA RECETA.

FONDUE ORIENTAL

8 a 10 porciones

supremas, 3	tallos de apio, 6
patas y muslos, 3	hinojos, 2
sal, pimienta blanca de molinillo	champiñones y hongos shiitaki,
y ají-no-moto, a gusto	1 taza
caldo desgrasado de ave,	morrones asados, 3
1 y 1/2 litro	arroz hervido, 2 tazas
salsa de soja, 3 cucharadas	brotes de soja, 1 taza

PREPARACIÓN

• Cortar la carne de pollo sin huesos en láminas finas, condimentarlas con sal, pimienta y ají-no-moto. Distribuir el pollo en tantos boles como comensales.

• Calentar muy bien el caldo y darle sabor con la salsa de soja, mantenerlo sobre un calentador en el centro de la mesa.

• Acomodar en boles los tallos de blanco de apio cortados en trozos de 3 a 4 centímetros, los hinojos fileteados, los champiñones y los hongos bien lavados, los morrones asados cortados en cuadrados, el arroz y los brotes para acompañar el pollo.

• Distribuir los tenedores largos de *fondue* para que se pueda pinchar la carne de pollo y cocinarla dentro del caldo hirviendo, hacer lo mismo con el apio, el hinojo y los hongos.

• Acompañar esta *fondue* con una salsa picante y otra salsa agridulce.

Salsa picante

Mezclar 4 cucharadas de mostaza de Dijon con un chili molido, 1 cucharadita de miel, 2 cucharadas de vinagre de manzana y 5 cucharadas de aceite de maíz. Si quedara muy espesa aligerarla con cucharadas de agua mineral.

Salsa agridulce

Cocinar 1 taza de salsa ketchup con el jugo de 1 lima o 1 limón, sal, 3 dientes machacados, 1 cucharada de miel, 4 cucharadas de aceite de maíz y 1/2 pocillo de caldo de ave.

PREPARAR EL DÍA ANTERIOR EL POLLO CORTADO Y MARINADO, EL CALDO,
EL ARROZ COCIDO, LAS SALSAS Y LOS MORRONES ASADOS. MANTENER EN RECIPIENTES
TAPADOS EN HELADERA.

MILANESITAS DE QUESO TOFU

12 porciones

tofu, 500 g	almidón de maíz, 4 cucharadas
salsa de soja, 2 cucharadas	claras de huevo, 2
sal marina, 1/2 cucharadita	semillas de sésamo y de
jugo de lima, 1/2 cucharada	amapola, 1/2 taza
diente de ajo picado a crema, 1	tomates *cherry*, 12
aceite de nuez, 1 cucharada	

PREPARACIÓN

• Cortar el tofu en rodajas, darles luego forma de rectángulos o triángulos.

• Mezclar la salsa de soja con la sal marina, el jugo de lima o limón y el ajo y el aceite, verter sobre el tofu y dejar macerar en heladera por lo menos 1 hora, escurrirlos, pasarlos por el almidón de maíz, luego por las claras bien batidas sin llegar a nieve y por último pasar cada trocito por las semillas de sésamo y amapola mezcladas; ajustar las semillas.

• Acomodar los tofu sobre placa rociada con *spray* vegetal y dorar las milanesitas en horno muy caliente (200 a 210°C); pinchar sobre cada uno de ellos un tomatito *cherry*.

PARA NO TENER QUE PREPARARLAS A ÚLTIMA HORA, REALIZARLAS EL DÍA ANTERIOR
AL EVENTO Y DORARLAS EN HORNO CALIENTE. EN EL MOMENTO DE SERVIRLAS,
ACOMODARLAS SOBRE PAN INTEGRAL TOSTADO Y CALENTARLAS EN HORNO SUAVE,
PINCHAR SOBRE CADA UNA LOS TOMATITOS *CHERRY*.

PAPINES FINGER FOOD

12 porciones

papines, 5 a 6 por comensal	miel, 1 cucharadita
laurel, 2 hojas	mostaza en polvo, 1/2 cucharada
yogur natural, 400 g	*ciboulette* cortada, 2 cucharadas
sal marina y pimienta, a gusto	tomillo, 2 cucharadas
hojas de berro, 1 taza	

PREPARACIÓN

• Elegir papas pequeñas, lavarlas y cocinarlas en agua con sal y el laurel hasta que estén tiernas, escurrirlas y pelarlas. Licuar el yogur con la sal y la pimienta, las hojas de berro, la miel y la mostaza, colocar en un bol.

• Espolvorear los papines con la *ciboulette* y el tomillo, pincharlos con un palillo para que cada comensal los sumerja en la salsa de yogur.

UTILIZAR LOS PAPINES DE LATA, QUE YA ESTÁN COCIDOS Y PELADOS.

EMPANADITAS DE QUESO Y ALBAHACA

24 porciones

tapas de empanadas para copetín, 24	hojas de albahaca, 12
huevos, 2	queso parmesano o similar rallado, cantidad necesaria
perejil picado, 2 cucharadas	

PREPARACIÓN

- Separar las tapas de empanadas.
- Batir ligeramente los huevos y mezclarlos con el perejil, las hojas de albahaca cortadas y el queso rallado que sea necesario para formar una pasta.
- Distribuir sobre cada tapa de empanada, pincelar el borde de la masa con huevo batido y cerrar la empanada sujetando el borde con un tenedor.
- Acomodarlas sobre una placa para horno, pincelarlas con huevo y espolvorear, si se desea, con azúcar. Cocinarlas en horno caliente de 12 a 15 minutos.

LAS EMPANADAS SE PUEDEN PREPARAR Y GUARDAR EN UN RECIPIENTE RÍGIDO ENTRE SEPARADORES; SE CONSERVAN EN EL FREEZER HASTA 2 MESES.

MINIBROCHETTES CROCANTES

18 porciones

camarones, 18	sal y pimienta de molinillo, a gusto
cubitos de jamón cocido, 18	
cubitos de mozzarella, 18	huevos, 2
cubos de manzana, 18	bizcochos molidos, 1 taza
champiñones, 18	aceite para freír

PREPARACIÓN

- Pinchar en palillos un camarón, un cubo de jamón, uno de mozzarella, otro de manzana y un champiñón, espolvorear con sal y pimienta.
- Pasar las *brochettes* por los huevos batidos y luego por bizcochos molidos; para que resulten más crocantes, pasarlas por segunda vez por huevo y por bizcochos. Por último freírlas en aceite bien caliente y escurrirlas sobre papel. Servirlas calientes.

PREPARAR LAS *BROCHETTES* CON DIFERENTES ELEMENTOS; POR EJEMPLO, SUPLANTAR EL JAMÓN POR SALCHICHAS Y UTILIZAR CHAMPIÑONES DE LATA EN VEZ DE FRESCOS.

PALMITOS AL TOMILLO

24 porciones

palmitos, 1 lata	tomillo seco, 2 cucharadas
jamón crudo, 150 g	bizcochitos de grasa, 24
aceite de oliva, 4 cucharadas	salsa golf, 4 cucharadas

PREPARACIÓN

• Escurrir los palmitos y cortarlos en trozos, envolver cada uno de ellos en una tira de jamón crudo, sujetarlos con un palillo.

• Mezclar el aceite de oliva con el tomillo, verter sobre los palmitos y mezclar para que se impregnen bien.

• Pincelar cada bizcocho con la salsa golf y apoyar sobre cada uno el palmito envuelto en jamón.

SERVIR DIRECTAMENTE LOS PALMITOS ENVUELTOS EN EL JAMÓN Y SUJETOS POR PALILLOS EN UNA CAZUELA O SOBRE PLATO.

PLÁTANOS EN PANCETA

20 porciones

bananas, 5

panceta ahumada, 150 g

manteca, 50 g

mostaza de Dijon, 2 cucharadas

azúcar rubia, 2 cucharadas

PREPARACIÓN

• Pelar y cortar cada banana en 5 trozos, envolver cada uno de ellos en una tirita de panceta y sujetar con un palillo.

• Calentar la manteca con la mostaza, agregar las bananas y saltearlas 1 ó 2 mintos, espolvorear con el azúcar y cocinar unos segundos más para acaramelar.

LAS BANANAS SE PUEDEN DEJAR PREPARADAS SIN SALTEAR. EN ESE CASO, ROCIARLAS CON ABUNDANTE JUGO DE LIMÓN PARA EVITAR QUE SE OXIDEN.

SÁNDWICHES DE PIONONO

18 porciones

planchas de pionono, 2

mayonesa, 5 cucharadas

jamón cocido, 100 g

ananá, 6 rodajas

huevos duros, 2

tomate, 1

aceitunas negras, 8

nueces picadas, 50 g

PREPARACIÓN

• Extender una plancha de pionono, untarla con mayonesa, distribuir encima el jamón y rodajas finas de ananá, pincelar ligeramente con mayonesa y acomodar los huevos duros cortados finos, el tomate también cortado fino, las aceitunas fileteadas y las nueces picadas.

● Pincelar nuevamente con mayonesa la otra plancha de pionono y apoyarla sobre el relleno, ajustar ligeramente y con un cuchillo largo cortar los sándwiches en 18 porciones de la forma deseada.

PREPARAR LOS SÁNDWICHES Y ENVOLVERLOS INDIVIDUALMENTE EN PAPEL FILM,

MANTENERLOS EN RECIPIENTE RÍGIDO EN LA HELADERA 24 HORAS ANTES DE UTILIZAR.

TARTELETAS A LA TÁRTARA

24 porciones

tarteletas, 24	*ciboulette*, 2 cucharadas
queso blanco, 200 g	pepinitos en vinagre, 4
ricota, 150 g	alcaparras, 2 cucharadas
sal y pimienta, a gusto	yemas duras, 2
mostaza, 1 cucharada	claras duras, 2

PREPARACIÓN

● Distribuir las tarteletas. Mezclar muy bien el queso blanco con la ricota drenada, condimentar con poca sal, un toque de pimienta, la mostaza, la *ciboulette* cortada y los pepinos picados, distribuir por cucharaditas en las tarteletas.

● Colocar sobre cada una algunas alcaparras, espolvorear con las yemas de huevo duro rallado y las claras también ralladas.

PARA CORTAR O PICAR LA *CIBOULETTE* EN FORMA RÁPIDA, EMPLEAR UNA TIJERA,

Y PARA CONSEGUIR QUE LA YEMA Y CLARA QUEDEN BIEN SEPARADAS PARA PODER

ESPOLVOREAR, RALLARLAS POR LA PARTE FINA DEL RALLADOR DE VERDURA.

WELSH RAREBIT

18 porciones

cerveza blanca, 250 cc	sal y pimienta de Cayena, a gusto
queso cheddar rallado, 1 taza	
mostaza en grano, 1 cucharada	rodajas de pan de centeno, 18
	manteca, 40 g

PREPARACIÓN

- Calentar la cerveza y agregar el queso por cucharadas mientras se revuelve con cuchara de madera hasta obtener una crema.
- Condimentar con la mostaza, sal y pimienta.
- Fundir la manteca, pincelar las rodajas de pan y tostarlas. Distribuir sobre ellas la preparación y servir caliente.

TENER PREPARADAS LAS TOSTADAS CON EL *WELSH RAREBIT* SOBRE UNA PLACA PARA HORNO. GRATINAR EN EL MOMENTO DE SERVIR.

DULCES TENTACIONES

índice
del capítulo

dulces tentaciones

MUJER EJECUTIVA

177 Budín mágico
180 Crema de maracuyá
con avellanas
175 Crocante de chocolate
y limón
178 *Crumble* de macedonia
de frutas
179 Delicia de chocolate
y café
174 *Marquise* de chocolate
173 Pastel de masa
phila con manzanas
181 *Pie* de frutas para lucirse
172 Torta *brownie*
marmolada
176 Tulipas de nuez con
chocolate

MADRE DE FAMILIA

184 Alfajores con
tres ingredientes
182 Bizcochuelo *chiffon* de
chocolate
189 *Cheesecake*
de chocolate
185 Churros chocolatados
186 Festejos con
marshmallows
191 Flancitos de coco
187 Manzanas al caramelo
con pororó
190 *Muffins* de miel y canela
183 *Pancakes* de chocolate
188 Torta para los más
chiquitos

MUJER INEXPERTA

194 Bizcochuelo básico
200 *Crêpes Suzette* iluminadas
199 Flan básico
195 *Gâteau* goloso de chocolate
196 *Lemon pie*
197 Masitas secas para toda ocasión
202 Peras al borgoña con frambuesas
193 *Pie* tibio de manzanas y peras
201 *Scones* para la hora del té
192 Torta ternura de manzanas

MUJER FANÁTICA DE LAS DIETAS

208 *Crêpes* de trigo sarraceno
210 *Gugelhops* de harina integral
211 Isla flotante con frutos secos
204 *Käsekuchen* con cerezas
207 Panecillos con germen de trigo y miel
209 Peras a la crema de maíz y naranja
205 Sopa helada de piña y papaya
203 Tarta *cascanueces*
213 Torta imperdible de banana
214 Tortinas Ángel con compota
206 Rollo de jengibre con crema

MUJER SIN TIEMPO

215 Budín de pan sin horno
223 Budín símil castañas
224 Buñuelos de ciruelas rellenas
219 Frutas rojas, helado y avellanas
220 *Gâteau* de *mousse* de ananá
221 *Gâteau* granizado para los chicos
218 *Mousse* de limón con pistachos
216 Pastel suizo de manzana *express*
216 Porciones *streussel* para el té
217 Postre granizado merengado
222 Tentaciones en el molde

TORTA BROWNIE MARMOLADA

8 a 10 porciones

manteca, 175 g	**Relleno**
azúcar, 300 g	azúcar, 100 g
huevos, 4	huevo, 1
chocolate para taza, 4 barritas	harina leudante, 50 g
harina leudante, 250 g	esencia de vainilla, a gusto
sal, una pizca	queso blanco, 300 g

PREPARACIÓN

• Batir la manteca a temperatura ambiente con el azúcar, agregar los huevos uno a uno batiendo cada vez.

• Picar el chocolate y derretir a baño de María o en microondas; ya fundido, añadirlo al batido, agregar la harina cernida con la sal y mezclar con cuchara de madera.

• Para el relleno colocar en un bol el azúcar, el huevo, la harina y la esencia, mezclar, añadir el queso blanco bien frío y mezclar ligeramente.

• Colocar la mitad del batido de *brownie* en un molde de 22 cm de diámetro enmantecado y enharinado. Distribuir encima la mezcla de queso blanco, cubrir con el resto de batido de *brownie* y con un tenedor mezclar el batido con el queso.

• Cocinar en horno de temperatura moderada de 45 a 50 minutos.

• Dejar enfriar, desmoldar, y espolvorear con azúcar impalpable. Servir con crema batida a medio punto o borlas de helado.

REALIZAR EL BATIDO EN BATIDORA ELÉCTRICA. UNA FORMA RÁPIDA DE DILUIR EL CHOCOLATE ES PONER LAS BARRAS EN UN PLATO HONDO, CUBRIRLAS CON AGUA BIEN CALIENTE SIN MOVERLAS, VERIFICAR QUE ESTÉN BIEN TIERNAS Y VOLCAR CON CUIDADO EL AGUA. EL CHOCOLATE YA ESTARÁ FUNDIDO.

PASTEL DE MASA PHILA CON MANZANAS

8 a 10 porciones

Masa phila	Relleno
harina 0000, 200 g	manzanas, 1 kilo
vinagre de alcohol, 1 cucharada	manteca, 50 g
sal, 1 pizca	limón, 1
agua caliente, 110 cc	frutillas, frambuesas y moras, 500 g
almidón de maíz, cant. necesaria	azúcar, 200 g

PREPARACIÓN

● Mezclar la harina con el vinagre, la sal y el agua caliente, dejar entibiar y amasar bien, cortar en 8 ó 10 porciones; estirar cada trozo de masa dándole forma de círculo y espolvorearlos con abundante almidón de maíz.

● Superponer 4 discos de masa, estirar juntos los 4 discos hasta que queden bien finos, luego separarlos y estirarlos con las manos como si fuera masa de strudel. Repetir lo mismo con el resto de masa.

● Para el relleno pelar las manzanas y cortarlas en rodajas finas, colocarlas en un recipiente con la manteca, rociarlas con el jugo de limón, perfumar con 1 cucharada de ralladura de piel de limón, cocinar 10 minutos tapado a fuego bajo hasta que las manzanas comiencen a ponerse tiernas; agregar las frutillas, las frambuesas y las moras lavadas y sin los cabitos, mezclar, agregar el azúcar y cocinar 5 minutos más.

● Enmantecar un molde desarmable de 22 a 24 cm de diámetro. Acomodar tres capas de masa de manera que sobresalga de los bordes del molde, pincelar cada capa con manteca fundida, colocar dentro las frutas frías (previamente escurridas si tuvieran demasiado líquido).

● Cubrir con el resto de los discos de masa, acomodándolos en forma despareja para que resulten algo flojos e inflados.

● Hornear a 160°C durante 40 minutos. En el momento de sacarla del horno, en caliente, rociarla con el resto de la manteca fundida, espolvorear con azúcar impalpable, dejarla entibiar y retirar el aro desmontable.

PREPARAR LA MASA EN PROCESADORA PARA EVITAR AMASARLA SOBRE LA MESADA.
TAMBIÉN SE PUEDEN PREPARAR LAS FRUTAS CON ANTERIORIDAD Y RESERVARLAS EN
LA HELADERA HASTA EL MOMENTO DE UTILIZARLAS.

MARQUISE DE CHOCOLATE

8 porciones

manteca, 300 g	pimienta de Jamaica (optativo),
chocolate de taza, 400 g	1/2 cucharadita
huevos, 8	crema chantillí, 300 g
azúcar, 400 g	frambuesas rojas y negras, 200 g
harina, 3 cucharadas	azúcar impalpable, 1 cucharada

PREPARACIÓN

• Rociar con *spray* vegetal un molde de 22 cm de diámetro o enmantecarlo para que se adhiera el papel. Tapizarlo totalmente con papel manteca, colocar primero una tira de papel alrededor del molde dejando que sobresalga unos centímetros en el alto y luego acomodar un círculo de papel en la base.

• Derretir la manteca con el chocolate cortado en trocitos a fuego muy bajo, luego dejarlo enfriar.

• Separar las yemas de las claras, batir las yemas con la mitad del azúcar hasta que estén bien espumosas.

• Aparte batir las claras hasta que espumen, agregar el resto de azúcar en forma de lluvia y seguir batiendo hasta obtener punto nieve.

• Agregar el chocolate fundido con la manteca a las yemas, añadir el merengue de claras y la harina cernida con un toque de pimienta de Jamaica. Mezclar muy suavemente y en forma envolvente.

• Colocar dentro del molde y hornear a 170°C durante 40 minutos. Dejar enfriar, desmoldar y decorar la parte superior con crema chantillí y las frambuesas rojas y negras, espolvorear con azúcar impalpable con la ayuda de un cernidor.

PARA CONSEGUIR RÁPIDAMENTE UN BUEN BATIDO ES IMPRESCINDIBLE UTILIZAR BATIDORA ELÉCTRICA.

CROCANTE DE CHOCOLATE Y LIMÓN

10 a 12 porciones

Crocante de chocolate

claras de huevo, 1 pocillo de desayuno

azúcar molida, la misma medida

azúcar impalpable, la misma medida

almidón de maíz, 1 cucharada bien colmada

cacao amargo, 2 cucharadas

jengibre confitado picado, 4 cucharadas

***Mousse* de limón**

limón, 1

jengibre fresco, 1 trocito

azúcar, 200 g

yemas, 3

claras, 3

crema de leche, 200 cc

PREPARACIÓN

● Batir las claras hasta que espumen, agregar el azúcar molida en forma de lluvia y seguir batiendo hasta obtener un merengue bien firme.

● Cernir sobre el merengue el azúcar impalpable cernida con el almidón de maíz y el cacao, revolver con el batidor en forma envolvente sin batir.

● Colocar en manga con boquilla lisa o rizada y sobre la placa con sil-pat o tapizada con papel manteca enmantecado, trazar líneas de 6 a 8 cm de largo y 6 cm de ancho, una al lado de otra. Formar 8 porciones, cocinar en horno muy suave a 150° C durante 1 hora o 1 y 1/2 hora.

Mousse de limón

• Cortar el limón en rodajas finas, colocarlo en un recipiente junto con el jengibre y la mitad del azúcar, cubrir con agua y hacer hervir 3 ó 4 minutos; taparlo y dejarlo unos minutos en reposo como una infusión.

• Filtrarlo, verterlo sobre las yemas, cocinar a baño de María revolviendo con cuchara de madera hasta que la preparación nape la cuchara, y retirar del fuego.

• Batir las claras hasta que espumen, añadir el resto del azúcar en forma de lluvia y seguir batiendo hasta obtener un merengue. Mezclar con la preparación de yemas revolviendo en forma envolvente y añadir, por último, la crema batida a medio punto mezclando suavemente. Llevar a la heladera por lo menos una hora. Servir los cuadrados de merengue de chocolate cubiertos con la *mousse* de limón y espolvorear con cacao. Si se desea, decorar con frutillas y hojas de menta.

PREPARAR LOS CROCANTES DE CHOCOLATE HASTA UNA SEMANA ANTES DE UTILIZARLOS. COCINARLOS, DEJARLOS ENFRIAR Y GUARDARLOS EN RECIPIENTES HERMÉTICOS SEPARADOS ENTRES SÍ CON SEPARADORES DE PAPEL.

TULIPAS DE NUEZ CON CHOCOLATE

6 porciones

manteca, 50 g	*Ganache*
azúcar impalpable, 50 g	crema de leche, 300 cc
clara, 1	chocolate cobertura de leche,
harina 0000, 50 g	200 g
nueces tostadas y molidas,	*boysenberries* o damascos,
2 cucharadas	1 taza

PREPARACIÓN

• Batir la manteca a temperatura ambiente con el azúcar impalpable hasta obtener una crema, agregar la clara, mezclar y añadir la harina con las nueces molidas, unir muy bien.

• Sobre placa enmantecada y enharinada o sobre sil-pat distribuir la preparación por cucharadas, con las yemas de los dedos humedecidas con agua extender la masa dándole forma circular y bien fina. Cocinar en horno caliente sobre la parte exterior de una compotera.

Ganache
Calentar la crema junto con el chocolate fileteado hasta que el chocolate esté totalmente fluido, dejar enfriar y batir hasta que tome cuerpo. Limpiar las *boysenberries* o cortar los damascos, distribuir la crema dentro de las tulipas y salpicar con las frutas.

REEMPLAZAR LA CREMA *GANACHE* POR BOCHAS DE HELADO.

BUDÍN MÁGICO

10 porciones

manteca, 200 g	harina leudante, 300 g
azúcar, 400 g	esencia de vainilla, 1 cucharadita
cacao amargo, 2 cucharadas	leche, 450 cc
cacao dulce, 1 cucharada	agua, 400 cc

PREPARACIÓN

• Batir la manteca a temperatura ambiente con la mitad del azúcar. Cernir la mitad del cacao amargo y la mitad del cacao dulce con la harina, incorporar al batido de manteca alternando con la leche, perfumar con la esencia y colocar el batido en un molde térmico enmantecado.

• Mezclar el resto de azúcar y de los cacaos, cernir sobre la preparación, por último verter lentamente agua sobre la preparación y sin revolver colocar en horno de temperatura moderada de 40 a 45 minutos. Servir caliente con 200 gramos de crema batida a medio punto bien fría.

NOTA

Lo mágico de este budín es que se separa en dos partes, la superior es el bizcochuelo de chocolate y en la inferior se forma una especie de salsa. Debe comerse enseguida de sacado del horno porque al enfriarse el bizcochuelo absorbe la salsa.

SE PUEDE PREPARAR EL BATIDO CON ANTERIORIDAD Y MANTENERLO EN HELADERA HASTA DOS DÍAS. EN EL MOMENTO DE UTILIZARLO AGREGAR EL AGUA Y COCINAR.

 CRUMBLE DE MACEDONIA DE FRUTAS

6 porciones

ananá, 5 rodajas	canela, 1 cucharadita
peras, 2	jengibre rallado, 1 cucharadita
manzanas deliciosas, 2	bizcochos molidos, 5 cucharadas
limón, 1	almendras, 50 g
mango, 1	manteca bien fría, 150 g
frutillas, 400 g	harina, 200 g
azúcar, 200 g	esencia de vainilla, 1 cucharadita

PREPARACIÓN

• Retirar el centro duro a las rodajas de ananá, cortarlas en cubos, pelar las peras y las manzanas, cortarlas también en cubos y rociar con el jugo de limón; agregar el mango pelado y cortado en cubos y las frutillas lavadas y sin el pedúnculo.

• Espolvorear con la mitad del azúcar, la canela, el jengibre, los bizcochos y las almendras molidas, acomodar en un molde térmico que pueda llevarse a la mesa. Desmigar la manteca con el resto de azúcar, la harina y la esencia, distribuir sobre la fruta y cocinar en horno de temperatura moderada a 180°C de 35 a 40 minutos. Servir tibio con 200 cc de crema semibatida mezclada con 1/2 cucharada de azúcar y 1 cucharadita de miel.

UTILIZAR MACEDONIA DE FRUTAS ENLATADA. EL *CRUMBLE* SE PUEDE COCINAR EL DÍA ANTERIOR. AL UTILIZARLO CORTAR LAS PORCIONES, ACOMODARLAS EN PLATOS Y ENTIBIAR EN MICROONDAS.

DELICIA DE CHOCOLATE Y CAFÉ

12 porciones

bizcochuelo de chocolate, 1	jugo de naranja, 150 cc
crema de leche, 1 y 1/2 litro	café soluble, 1 cucharada colmada
azúcar, 8 cucharadas	caco amargo, 3 cucharadas
leche en polvo, 3 cucharadas	tapas de merengue, 8
esencia de vainilla, 1 cucharada	frambuesas en almíbar, 1 frasco
gelatina sin sabor, 10 g	

PREPARACIÓN

- Tapizar con acetato o papel film el molde donde se cocinó el bizcochuelo.
- Cortar el bizcochuelo en 3 capas, acomodar una de ellas en el fondo del molde. La capa central del bizcochuelo mezclarla con crema bien fría y con el azúcar, la leche en polvo y la esencia.
- Diluir la gelatina con el jugo de naranja y calentarla en microondas o sobre fuego siempre revolviendo, dejarla entibiar, agregar a la crema, mezclar muy bien y distribuir la crema en 3 boles. Añadir a uno de los boles el café soluble y a otro el cacao y batir por separado hasta conseguir una crema chantillí bien sostenida.
- Colocar dentro del molde la crema chantillí al café, distribuir trozos de bizcochuelo cortado, acomodar la crema chantillí blanca y algunas frambuesas, colocar trozos de

bizcochuelo cortado y por último la crema chantillí al chocolate mezclada con las tapas de merengue trituradas.

- Tapar con el otro disco de bizcochuelo, ajustar ligeramente, tapar y colocar en el freezer por lo menos 3 horas, luego desmoldar y servir bien fría bañada con salsa de chocolate caliente.

UTILIZAR MACEDONIA DE FRUTAS ENLATADA. EL CRUMBLE SE PUEDE COCINAR EL DÍA ANTERIOR. AL UTILIZARLO CORTAR LAS PORCIONES, ACOMODARLAS EN PLATOS Y ENTIBIAR EN MICROONDAS.

CREMA DE MARACUYÁ CON AVELLANAS

5 a 6 porciones

pulpa de maracuyá, 350 g	**Crocante de avellanas**
azúcar, 150 g	azúcar, 150 g
chocolate blanco, 150 g	jugo de limón, unas gotas
crema de leche, 200 cc	avellanas, 50 g
yogur de vainilla, 225 g	

PREPARACIÓN

- Colocar la pulpa de maracuyá sobre fuego, agregar el azúcar y cocinar unos segundos revolviendo con cuchara de madera.
- Aparte filetear el chocolate y fundirlo junto con la crema sobre fuego suave, cuando se haya integrado bien, mezclar con el maracuyá, dejar enfriar y agregar el yogur de vainilla.
- Distribuir en 5 ó 6 copas de boca ancha (pueden ser de champaña) y llevar a heladera.
- Para el crocante colocar el azúcar en un recipiente, cubrir con 50 cc de agua, mezclar, colocar sobre fuego hasta que rompa el hervor y agregar unas gotas de jugo de limón, cocinar hasta que tome punto caramelo, incorporar las avellanas tostadas y picadas gruesas, extender sobre mármol aceitado o sil-pat, dejar enfriar y cortar en trozos para insertarlos en la crema en el momento de servir.

EL CROCANTE SE PUEDE REEMPLAZAR POR AVELLANAS TOSTADAS Y PICADAS
ESPOLVOREADAS SOBRE LAS COPAS.

PIE DE FRUTAS PARA LUCIRSE

10 porciones

Masa	arándanos o cualquier
harina, 225 g	fruta roja, 300 g
azúcar, 1 cucharada	almidón de maíz, 1 cucharada
sal, 1 pizca	azúcar, 1 cucharada
manteca, 125 g	limón, 1
almendras molidas, 2 cucharadas	**Cubierta**
Relleno	crema de leche, 250 g
chocolate de taza, 4 barritas	azúcar, 2 cucharadas
postre de vainilla, 1 paquete	esencia de vainilla, 1 cucharadita

PREPARACIÓN

• Colocar en la procesadora la harina, el azúcar, la sal, la manteca en trozos y las almendras, pulsar en forma intermitente para que la masa no se apelmase y, si fuera necesario, agregar 2 ó 3 cucharadas de agua fría.

• Estirar la masa entre dos hojas de papel manteca dándole un diámetro mayor que el de una tartera de 24 cm de diámetro, doblar la masa por la mitad y transportarla a la tartera enmantecada. Cortar el excedente de masa de los bordes de la tartera (utilizarla para cortar hojitas para decorar), luego realizar cortes cada 5 cm alrededor del borde, pinchar la base de la masa, colocarla en heladera por lo menos 30 minutos, cocinarla 18 minutos en horno de temperatura moderada, dejarla enfriar y desmoldar.

• Para el relleno colocar las barritas de chocolate en un plato hondo, cubrirlas con agua caliente y no mover el plato. Cuando al pinchar el chocolate esté tierno, retirar con cuidado casi toda el agua, mezclar el chocolate y colocarlo en el fondo de la masa.

● Preparar el postre de vainilla siguiendo las indicaciones del paquete, dejar pasar el calor fuerte y colocar sobre el chocolate.

● Reservar algunas frutas para decorar y colocar el resto de ellas sobre fuego junto con el almidón de maíz, el azúcar y el jugo y ralladura de limón, cocinar revolviendo tratando de romper las frutas y cuando la preparación espese, verter sobre el postre.

● Batir la crema con el azúcar y la esencia hasta punto sostenido, distribuir en el *pie* y decorar con las frutas reservadas y hojitas preparadas con los restos de masa de la tarta.

SUPLANTAR LA MASA DE ALMENDRAS POR UN DISCO DE PASCUALINA COMPRADO. ACOMODARLO EN LA TARTERA, REALIZAR LOS CORTES, PINCELAR CON CLARA DE HUEVO Y ESPOLVOREAR CON LAS ALMENDRAS. COCINAR, POR ÚLTIMO, EN HORNO DE TEMPERATURA MODERADA, DE 18 A 20 MINUTOS.

BIZCOCHUELO CHIFFON DE CHOCOLATE

10 porciones

harina 0000, 125 g	huevos, 5
polvo para hornear, 1 cucharadita	aceite neutro, 70 cc
cacao amargo, 30 g	agua, 70 cc
sal, 1/2 cucharadita	esencia de vainilla, 2 cucharaditas
azúcar, 175 g	

PREPARACIÓN

● Cernir dos veces la harina con el polvo de hornear, el cacao, la sal y 100 gramos de azúcar.

● Aparte, separar las yemas de las claras, batir las yemas con el aceite y el agua hasta que estén espumosas y agregar la esencia.

● Batir las claras con el resto del azúcar hasta punto merengue firme. Mezclar en forma alternada el batido de yemas con el cernido de la harina y el merengue.

● Tapizar el fondo de un molde de 20 cm de diámetro con tubo central con papel manteca, no enmantecar las paredes del molde. Colocar el batido y cocinar en horno suave 45 minutos, dejar enfriar en el mismo molde invertido en una rejilla.

● Para desmoldar pasar un cuchillo entre las paredes del molde y el bizcochuelo. Antes de servir, salsear el bizcochuelo con salsa sabayón.

Salsa sabayón

Batir 5 yemas con 5 cucharadas de azúcar a baño de María sin que hierva el agua, hasta obtener punto cinta, es decir, que aumente al doble de su volumen y al levantar el batidor la preparación caiga en forma de cinta. Perfumar con 3 cucharadas de vino marsala y batir unos segundos más.

UNA VARIANTE MÁS RÁPIDA PARA LA SALSA ES MEZCLAR 250 CC DE CREMA CON 4 CUCHARADAS DE POLVO DE POSTRE DE VAINILLA, AÑADIR 3 CUCHARADAS DE VINO MARSALA Y BATIR HASTA QUE LA CREMA TOME CONSISTENCIA.

PANCAKES DE CHOCOLATE

10 porciones

huevos, 3	sal, 1 pizca
azúcar, 2 cucharadas	café instantáneo, 1/2 cucharada
canela, 1 cucharadita	leche, 3/4 de taza
cacao dulce, 2 cucharadas	manteca, 30 g
harina leudante, 1 taza	

PREPARACIÓN

● Separar las yemas de las claras y batir ligeramente las yemas con el azúcar.

● Aparte cernir la canela con el cacao, la harina, la sal y el café, mezclar con las yemas alternando con la leche y la manteca fundida y agregar por último las claras batidas a nieve.

● Calentar una sartén o panquequera con un trocito de manteca, verter en el centro una porción de la mezcla y cocinar a fuego lento sin deslizar de un lado a otro. Servir los *pancakes* con crema batida, miel, bochas de helado o dulce de leche.

LOS *PANCAKES* SE PUEDEN PREPARAR CON ANTICIPACIÓN Y CONSERVAR EN EL FREEZER HASTA 30 DÍAS. PARA ESTO, SUPERPONERLOS CUANDO ESTÉN TIBIOS, COLOCANDO ENTRE ELLOS SEPARADORES DE PAPEL, ENVOLVERLOS Y LLEVARLOS AL FREEZER. PARA UTILIZARLOS DESCONGELAR A TEMPERATURA AMBIENTE O EN MICROONDAS Y ENTIBIARLOS ANTES DE SERVIRLOS.

ALFAJORES CON TRES INGREDIENTES

10 porciones

yemas, 5	harina 0000, 8 cucharaditas
leche, 3 cucharadas	

PREPARACIÓN

● Mezclar las yemas ligeramente batidas con la leche, agregar la harina, mezclar y tomar la masa que tiene que tener una consistencia tierna pero que no se pegue en las manos.

● Formar un cilindro y cortar 5 partes, estirar cada uno de los bollitos de masa hasta que resulte bien fino dándole forma circular con ayuda de un plato, pinchar la superficie en forma despareja y cocinar todos de 6 a 7 minutos en horno caliente.

● Armar el alfajor untando dulce de leche entre capa y capa, salsear la última capa con glasé y espolvorear con grageas de colores o coco.

REEMPLAZAR LA MASA POR DISCOS DE EMPANADAS ESTIRADOS HASTA QUE RESULTEN BIEN FINOS Y PINCHARLOS ANTES DE COCINARLOS EN HORNO CALIENTE.

CHURROS CHOCOLATADOS

12 porciones

Churros	Salsa de chocolate
harina, 2 tazas	azúcar impalpable, 3/4 de taza
sal, 1/2 cucharadita	cacao amargo, 3/4 de taza
agua hirviendo, 1 taza	manteca, 40 g
aceite, para freír	agua hirviendo, cantidad necesaria

PREPARACIÓN

● Mezclar la harina con la sal, agregar el agua hirviendo a medida que se bate con energía. Colocar la pasta en la churrera, formar los churros, freírlos en aceite caliente y escurrirlos en papel.

● Mezclar el azúcar y el cacao, agregar la manteca y el agua hirviendo por cucharadas hasta que la salsa tome consistencia. Si se agrega agua de más, añadir azúcar impalpable y cacao por partes iguales. Sumergir los churros en la salsa hasta las 3/4 partes y dejarlos secar sobre papel manteca.

PREPARAR LA PASTA DE LOS CHURROS EN BATIDORA O PROCESADORA Y FORMARLOS MIENTRAS LA PASTA ESTÉ CALIENTE, YA QUE FRÍA SE ENDURECE Y CUESTA MUCHO MÁS PASARLA POR LA CHURRERA.

FESTEJOS CON MARSHMALLOWS

35 porciones

azúcar, 500 g	esencia de vainilla, 2 cucharaditas
agua, 125 cc	agua, 125 cc
gelatina sin sabor, 15 g	colorantes vegetales, a gusto
sal, 1 pizca	

PREPARACIÓN

• Hacer hervir el azúcar cubierta con los 125 cc de agua hasta que alcance punto de hilo fuerte, o sea que al tomar un poco de almíbar con dos dedos y separarlos, se forme entre ellos un hilo que no se rompa.

• Aparte mezclar en batidora la gelatina con la sal, la esencia y los otros 125 cc de agua, agregar el almíbar hirviente a medida que se bate hasta que la preparación se vuelva blanca.

• Colocar partes iguales de la pasta en 3 boles y darles colores diferentes con los colorantes vegetales.

• Disponer la preparación en manga con boquilla lisa o rizada y trazar líneas del largo deseado y de distintos colores, dejarlas entibiar y entrelazarlas de a 2 o de a 3. También se pueden formar rosetas con la misma manga o verter en asadera espolvoreada con azúcar impalpable, coco o fécula de maíz, alisar bien y cubrir la preparación con más azúcar, coco o fécula. Dejar enfriar, cortar en cubos y acomodar en pirotines.

NOTA

Los *marshmallows* se deben trabajar en caliente porque cuando se enfrían toman cuerpo.

SE PUEDEN PREPARAR HASTA UNA SEMANA ANTES DEL FESTEJO.

MANZANAS AL CARAMELO CON PORORÓ

8 porciones

manzanas pequeñas, 8	**Pororó o pochoclo**
azúcar, 300 g	maíz pizingallo, 300 g
agua, 150 cc	aceite, 2 cucharadas
jugo de limón, 1 cucharada	azúcar, 4 cucharadas
colorante vegetal rojo y verde, cantidad necesaria	

PREPARACIÓN

- Insertar las manzanas en palitos de *brochette*.
- Colocar el azúcar en un recipiente con el agua y el jugo de limón, hacer hervir sin revolver hasta que tome punto caramelo claro. Colocar partes iguales de caramelo en tres recipientes; dejar uno del color natural del caramelo y a los restantes incorporarles el colorante rojo a uno y el verde al otro.
- Sumergir las manzanas en el caramelo caliente, luego pasarlas por el pororó y pincharlas en telgopor.
- Para preparar el pororó calentar el aceite en una cacerola, colocar el maíz y taparlo, retirar la tapa recién cuando deje de oírse el ruido del maíz golpeando en la tapa. Espolvorear con azúcar, mezclar con cuchara de madera y cocinar 1 minuto más.

PREPARAR EL PORORÓ O POCHOCLO UN DÍA ANTES Y CONSERVARLO EN UNA LATA TAPADA.

TORTA PARA LOS MÁS CHIQUITOS

12 a 14 porciones

manteca, 200 g	esencia de vainilla, 2 cucharaditas
azúcar impalpable, 100 g	barritas de chocolate de taza, 5
dulce de leche repostero, 150 g	**Para decorar**
huevos, 5	dulce de leche repostero, 4
harina leudante, 200 g	cucharadas
almidón de maíz, 100 g	queso blanco, 3 cucharadas
sal, 1 pizca	pororó o pochoclo, 3 tazas

PREPARACIÓN

● Batir la manteca a temperatura ambiente con el azúcar impalpable hasta obtener una crema, añadir el dulce de leche, mezclar bien.

● Separar las yemas de las claras, agregar las yemas al batido una a una batiendo cada vez, incorporar la harina cernida con el almidón de maíz y la sal, alternando con las claras batidas a nieve, perfumar con la esencia y añadir el chocolate cortado en trocitos pequeños.

● Colocar en molde de 24 a 26 cm de diámetro enmantecado, enharinado y cubierto el fondo con un disco de papel manteca para no tener problemas al desmoldar. Cocinar en horno de temperatura moderada de 40 a 45 minutos. Dejar pasar el calor fuerte y desmoldar sobre rejilla.

● Cuando la torta esté fría untarla con la mezcla de dulce de leche y queso blanco, adherirle en los bordes y en la parte superior el pochoclo azucarado y, si se desea, finalizar la decoración con adornos, globos inflados con gas o velitas.

PREPARAR LA TORTA HASTA DOS MESES ANTES DEL EVENTO. EL ALMIDÓN DE MAÍZ NO SE PUEDE CONGELAR; REEMPLAZARLO POR 100 G DE HARINA LEUDANTE. LA TORTA COCIDA Y TIBIA SE DEBE ENVOLVER EN FILM Y LUEGO PONERLA EN BOLSA O CUBRIRLA CON PAPEL METALIZADO. DESCONGELAR A TEMPERATURA AMBIENTE.

CHEESECAKE DE CHOCOLATE

10 a 12 porciones

Base

huevos, 3

azúcar, 3 cucharadas

miel, 1 cucharadita

harina leudante, 2 cucharadas

cacao amargo, 1 cucharada

Relleno

queso mascarpone, 500 g

queso crema, 200 g

azúcar, 200 g

esencia de vainilla,

1 cucharadita

huevos, 3

ralladura de limón, 1 cucharada

crema de leche, 200 cc

chocolate blanco, 150 g

grosellas y arándanos, 250 g y

100 g más para la cubierta

PREPARACIÓN

● Batir los huevos con el azúcar y la miel en batidora hasta que doblen su volumen, cernir sobre el batido la harina con el cacao y mezclar en forma envolvente.

● Tapizar con papel manteca el fondo de un molde desarmable de 24 cm de diámetro, colocar el batido, cocinar en horno caliente de 15 a 18 minutos y desmoldar.

● Para el relleno mezclar el queso mascarpone con el queso crema y el azúcar, perfumar con la esencia, separar las yemas de las claras e incorporar las yemas una a una y agregar la ralladura de limón.

● Calentar la crema, añadir el chocolate fileteado, mezclar hasta disolver el chocolate y agregarlo al batido.

● Batir las claras a nieve y añadirlas mezclando en forma envolvente. En el mismo molde donde se cocinó el bizcochuelo colocar el disco de chocolate, la mitad de la preparación, salpicar con algunos frutos rojos, cubrir con el resto de la preparación y cocinar en horno de temperatura moderada de 50 a 55 minutos. Dejar enfriar, cubrir con las frutas y llevar a heladera unos minutos.

PARA LA BASE SE PUEDE REEMPLAZAR EL DISCO DE BIZCOCHUELO POR
UN PIONONO COMPRADO O POR 400 GRAMOS DE GALLETITAS DE CHOCOLATE MOLIDAS
MEZCLADAS CON 150 GRAMOS DE MANTECA. EN CUALQUIER CASO ACOMODAR EN LA
BASE DEL MOLDE, AJUSTAR LIGERAMENTE, DISTRIBUIR EL *CHEESECAKE* Y COCINAR.

MUFFINS DE MIEL Y CANELA

16 a 18 porciones

manteca, 200 g	sal, 1/4 de cucharadita
azúcar, 100 g	polvo para hornear, 1 cucharada
miel, 4 cucharadas	bicarbonato, 1 cucharadita
huevos, 4	canela, 1/2 cucharada
harina, 350 g	esencia de vainilla, 2 cucharaditas

PREPARACIÓN

• Batir la manteca a temperatura ambiente con el azúcar y la miel, agregar los huevos uno a uno batiendo cada vez, añadir la harina cernida con la sal, el polvo para hornear, el bicarbonato y la canela, mezclar y perfumar con la esencia.

• Distribuir en moldes de *muffins* enmantecados, llenándolos hasta las 3/4 partes. Cocinar de 20 a 25 minutos en horno de temperatura moderada (180° C).

REEMPLAZAR LA HARINA COMÚN CON SAL, POLVO PARA HORNEAR Y BICARBONATO,
POR HARINA LEUDANTE. PARA COCINAR UTILIZAR PIROTINES DE PAPEL, EN ESTE
CASO, PARA QUE NO SE DEFORMEN LOS *MUFFINS* COLOCAR LOS PIROTINES DOBLES.

FLANCITOS DE COCO

7 porciones

coco seco, 150 g	leche, 2 medidas de la misma
leche condensada, 1 lata	lata de leche condensada
huevos, 3	**para el caramelo**
yemas, 2	azúcar, 200 g

PREPARACIÓN

• Rociar la sartén con *spray* vegetal o pincelarla ligeramente con manteca, colocar el coco y sobre fuego mover el coco para tostarlo muy ligeramente.

• Mezclar la leche condensada con los huevos y yemas apenas batidos, agregar las dos medidas de leche y por último el coco.

• Colocar el azúcar sobre fuego suave y, con la ayuda de una cuchara de madera, mover el azúcar hasta conseguir un caramelo claro.

• Verter el caramelo en moldecitos individuales y hacerlo correr por las paredes de los moldes, distribuir el flan en los moldes.

• Acomodarlos en una asadera con una base de papel y 3 cm de agua y cocinar en horno de temperatura moderada de 35 a 40 minutos. Para verificar la cocción pinchar con una varilla de brochette: si sale seca, los flancitos están listos. Dejar enfriar y desmoldar.

PREPARAR EL CARAMELO Y VERTER EN UNA FLANERA O BUDINERA CON CAPACIDAD PARA 1 Y 1/3 LITRO, COLOCAR LA PREPARACIÓN Y COCINAR A BAÑO DE MARÍA EN HORNO DE TEMPERATURA MODERADA DE 55 A 60 MINUTOS; VERIFICAR LA COCCIÓN, DEJAR ENFRIAR Y DESMOLDAR.

TORTA TERNURA DE MANZANAS

8 a 10 porciones

manteca, 200 g	sal, 1 pizca
azúcar, 200 g	especias para tortas,
miel, 1 cucharada	2 cucharaditas
huevos, 4	manzanas Rome, 5
harina leudante, 250 g	limón, 1

PREPARACIÓN

● Batir la manteca a temperatura ambiente con el azúcar y la miel, cuando se haya conseguido una crema, agregar los huevos uno a uno batiendo cada vez.

● Cernir la harina con la sal y las especias para tortas, agregar al batido revolviendo con cuchara de madera. Pelar las manzanas y cortarlas en cubos más bien pequeños, rociarlas con el jugo de limón, espolvorear ligeramente con harina y agregar a la preparación.

● Enmantecar y enharinar un molde de 22 a 24 cm de diámetro, cubrir la base con papel manteca, verter la mezcla, espolvorear con 3 cucharadas de azúcar molida y hornear a temperatura media de 45 a 50 minutos. Dejar enfriar y desmoldar.

Secretos para inexpertas

● Cuando las tortas y batidos de manteca se espolvorean con azúcar, al cocinarlos forman una cubierta crocante y decorativa.

● Colocar siempre papel manteca enmantecado en la base de los moldes, para no tener problemas al desmoldar.

COCINAR EN MOLDE CON TUBO CENTRAL, DE ESTA MANERA LOS
TIEMPOS DE COCCIÓN SON MÁS BREVES: CALCULAR UNOS 10 Ó 15 MINUTOS
MENOS DE TIEMPO QUE EN LA RECETA CENTRAL.

ROULÉES DE ABADEJO CON CAVIAR | REF. PÁGINA 131

LOMITOS DE CERDO ACARAMELADOS | REF. PÁGINA 98

LEMON PIE | REF. PÁGINA 196

FRUTAS ROJAS, HELADO Y AVELLANAS | REF. PÁGINA 219

PIE TIBIO DE MANZANAS Y PERAS

10 porciones

manzanas Granny Smith, 1/2 kilo	azúcar, 150 g
peras, 1/2 kilo	huevos, 2
limón, 1	esencia de vainilla, 2 cucharaditas
jugo de naranja, 1 vaso	harina leudante, 200 g
miel, 2 cucharadas	canela, 1 cucharadita
manteca, 100 g	

PREPARACIÓN

• Pelar las frutas, quitarles sus centros y semillas, cortar las manzanas en rodajas no muy finas y las peras en cuartos. Ponerlas en una fuente térmica que pueda ir a la mesa, rociar con los jugos de limón y naranja, la miel y hornear a temperatura moderada de 12 a 15 minutos.

• En ese tiempo batir la manteca a temperatura ambiente con el azúcar, agregar los huevos uno a uno batiendo cada vez, perfumar con la esencia y añadir la harina cernida con la canela. Distribuir por cucharadas sobre la fruta tratando de colocarlas lo más juntas posible.

• Hornear 20 minutos a 170/180°. Retirar, espolvorear con azúcar impalpable y servir tibio.

Secretos para inexpertas

Al batir manteca a temperatura ambiente con azúcar, la preparación parece cortarse cuando se agregan los huevos, pero al añadir la harina vuelve a integrarse.

UTILIZAR DURAZNOS Y PERAS EN ALMÍBAR, EN ESE CASO ESCURRIR
EL ALMÍBAR, CORTAR LA FRUTA EN RODAJAS GRUESAS, ROCIARLAS
CON EL JUGO DE LIMÓN Y 1 VASO DEL ALMÍBAR DE LAS FRUTAS Y DIRECTAMENTE
ACOMODAR SOBRE ELLAS EL BATIDO DE MANTECA. COCINAR EN HORNO
DE TEMPERATURA MODERADA DE 18 A 20 MINUTOS.

BIZCOCHUELO BÁSICO

8 porciones

huevos, 6	harina 0000, 200 g
azúcar, 200 g	polvo para hornear, 1 cucharadita
esencia de vainilla, 1 cucharadita	

PREPARACIÓN

• Batir los huevos con el azúcar, en batidora o a baño de María sin que hierva el agua, hasta que aumenten al doble de su volumen y perfumar con la esencia.

• Cernir la harina mezclada con el polvo para hornear directamente sobre el batido, revolviendo suavemente y en forma envolvente.

• Enmantecar y enharinar un molde de 22 a 24 cm de diámetro, colocar en el fondo del molde un disco de papel manteca del mismo tamaño que el molde. Cocinar en horno de temperatura moderada de 35 a 40 minutos.

Secretos para inexpertas

• Cuando se agrega en un batido un elemento pesado como la harina, se debe cernir directamente sobre el batido y mezclar y en forma envolvente y suave.

• Otro detalle importante es no abrir el horno hasta que haya pasado el tiempo que indica la receta.

NOTA

Para preparar un bizcochuelo de chocolate, medir 200 gramos de harina, retirarle 2 cucharadas y reemplazarlas por 2 cucharadas de cacao amargo.

COCINAR EN MOLDE CON TUBO CENTRAL, DE ESTA MANERA
LOS TIEMPOS DE COCCIÓN SON MÁS BREVES: CALCULAR UNOS 10 Ó 15 MINUTOS
MENOS DE TIEMPO QUE EN LA RECETA CENTRAL.

GÂTEAU GOLOSO DE CHOCOLATE

8 porciones

bizcochuelo de chocolate, 1	esencia de vainilla 2 cucharaditas
crema de leche, 500 cc	cacao, 3 cucharadas
azúcar, 5 cucharadas	tapas de merengue, 8
leche en polvo, 3 cucharadas	frutillas o frambuesas, 1 taza

PREPARACIÓN

• Cortar el bizcochuelo en 3 partes. Batir la crema con el azúcar, la leche en polvo y la esencia hasta que tome punto chantillí bien sostenido. Dividir la crema en dos partes y mezclar una de ellas con el cacao.

• Tapizar con papel film o papel manteca el mismo molde donde se cocinó el bizcochuelo, acomodar un disco de bizcochuelo; si se desea, con la ayuda de un pincel humedecerlo con café azucarado o algún licor, distribuir una parte de la crema chantillí al chocolate.

• Romper en trozos el disco del medio del bizcochuelo de chocolate, mezclarlo con la crema chantillí blanca y los merengues trozados, agregar algunas frutillas o frambuesas, colocar encima el resto de la crema chantillí al chocolate, tapar con el otro disco de bizcochuelo, humedecer como se hizo con el primero. Ajustar bien, tapar con el mismo papel y llevarlo a heladera por lo menos 4 ó 5 horas y, con preferencia, dejarlo de un día para otro.

• Desmoldar y salsear con baño de chocolate al dulce de leche y frutas rojas.

Baño de chocolate al dulce de leche

Colocar sobre fuego 3 barritas de chocolate trozadas y un pocillo de café, revolver con cuchara de madera y fuera del fuego agregar 3 cucharadas de dulce de leche repostero.

Secretos para inexpertas

• Para no tener problemas en el batido de la crema, colocar el bol con la crema sobre otro bol con hielo. El agregado de leche en polvo es importante para darle más cuerpo.

• Si la crema llegara a cortarse, seguir batiéndola hasta obtener manteca, luego lavarla debajo de la canilla para quitar el suero y, por último añadirle chocolate derretido para utilizarla como crema para las tortas.

LEMON PIE

8 a 10 porciones

Masa

manteca, 100 g

azúcar, 100 g

ralladura de piel de limón, 1
cucharada

yema, 1

harina, 250 g

Relleno

mermelada ácida, 3 cucharadas

yemas, 3

azúcar, 6 cucharadas

jugo de limón, 1 vaso

ralladura de limón, 1 cucharada

almidón de maíz, 1 cucharada

Merengue

claras de huevo, 4

azúcar, 12 cucharadas

PREPARACIÓN

• Mezclar la manteca con el azúcar, perfumar con la ralladura, añadir la yema y, por último la harina. Tomar la masa sin amasar.

• Enmantecar una tartera de 22 a 24 cm de diámetro, colocar la masa y extenderla con los dedos para que cubra el fondo y los bordes de la tartera, llevar a heladera de 25 a 30 minutos por lo menos, luego cocinar en horno de temperatura moderada de 20 a 25 minutos. Untar el fondo de la masa con la mermelada.

• Para el relleno colocar en un recipiente las yemas con el azúcar, el jugo de limón, la ralladura y el almidón, cocinar revolviendo hasta formar una crema. Verterla dentro de la tarta.

• Colocar las claras en un bol, llevarlas sobre fuego a baño de María, batirlas hasta que comiencen a espumar, agregar el azúcar por cucharadas en forma de lluvia, seguir batiendo sin que hierva el agua hasta que se forme una crema sostenida y brillante.

- Acomodar sobre la tarta, espolvorear con el azúcar impalpable y gratinar en grill o con soplete.

Secretos para inexpertas

Las claras batidas a baño de María se deben cocinar hasta que se entibien. Llegado ese punto, retirar del fuego y proseguir batiendo hasta enfriarla. Lo ideal es realizar el batido con batidora eléctrica manual.

SUPLANTAR LA CREMA DE LIMÓN POR UN POSTRE DE VAINILLA DE PAQUETE.
COCINARLO CON UN POCO MENOS DE LECHE DE LO QUE INDICA EL ENVASE Y
PERFUMARLO CON 2 CUCHARADAS DE RALLADURA DE PIEL DE LIMÓN.

MASITAS SECAS PARA TODA OCASIÓN

30 porciones

azúcar impalpable, 100 g	**Varios**
manteca, 200 g	dulce de membrillo, cacao,
yemas, 2	coco, nueces picadas, chocolate
esencia de vainilla 2 cucharaditas	cobertura
harina 0000, 300 g	

PREPARACIÓN

Batir el azúcar con la manteca, agregar las yemas, perfumar con esencia y por último añadir la harina. Tomar la masa sin amasarla, envolverla y dejarla en heladera por lo menos 1 hora. Después formar las distintas masitas, según se indica a continuación.

Pepitas

Tomar una porción de masa, formar un cilindro y cortar porciones de 2 a 3 cm de espesor, darles forma de esferas, aplanarlas ligeramente y hundirles el centro. Colocarlas sobre placas enmantecadas y enharinadas algo separadas una de otra. Rellenar los centros de las pepitas con dulce de membrillo pisado. Cocinar en horno caliente (200 a 210°C) durante 12 minutos.

Rueditas

Tomar dos porciones iguales de masa, a una de ellas agregarle 1 cucharada de cacao amargo, amasarla hasta que tome color parejo. Estirar las 2 masas dándoles forma rectangular, apoyar una sobre la otra y arrollarlas, envolverlas algo ajustadas en papel film, llevarlas a heladera 20 minutos. Cortar luego el rollo en rodajas de 1,5 cm de espesor, acomodar en placa enmantecada y enharinada y cocinar en horno caliente 12 minutos.

Corazones, estrellas, lunitas

Estirar un trozo de masa y con ayuda de cortapastas cortar las piezas de la forma deseada, acomodarlas sobre placa enmantecada y enharinada, pincelarlas con clara de huevo y espolvorearlas con coco o nueces molidas. Cocinar en horno caliente 12 minutos. También se pueden decorar después de cocidas con chocolate cobertura.

Secretos para inexpertas:

Siempre que se preparan masas con gran contenido de materia grasa, ya sea para masitas, tartas o pasteles, no se debe amasar porque al cocinar se endurece. Solamente se debe unir los ingredientes y mantener en heladera para que la manteca tome cuerpo nuevamente.

PREPARAR EL DOBLE DE LA PORCIÓN DE MASA INDICADA, UTILIZAR UNA PARTE Y GUARDAR LA OTRA EN BOLSA PARA FREEZER. SE MANTIENE HASTA 3 MESES. PARA UTILIZARLA PASARLA A LA HELADERA 48 HORAS ANTES.

FLAN BÁSICO

8 porciones

leche, 1 litro	yemas, 3
chaucha de vainilla, 1	**Caramelo**
azúcar, 200 g	azúcar, 100 g
huevos, 4	

PREPARACIÓN

• Hervir unos segundos la leche con la chaucha cortada por la mitad a lo largo y filtrar la leche por un colador.

• Batir ligeramente los huevos, las yemas y el azúcar, verter lentamente la leche tibia a medida que se sigue batiendo.

• Acaramelar una budinera, verter la preparación y hornear a baño de María a temperatura media 1 hora. Verificar la cocción; desmoldar frío. Servir con salsa de dulce de leche.

Salsa de dulce de leche

Colocar sobre fuego 5 cucharadas de dulce de leche repostero con 5 ó 6 cucharadas de leche caliente. Mezclar hasta conseguir la consistencia de una salsa.

Secretos para inexpertas

• Para caramelo sin agua revolver con cuchara de madera hasta lograr un caramelo claro. Conviene verterlo sobre el tubo central y hacerlo deslizar por el molde.

• En cambio, cuando se prepara caramelo con azúcar cubierto con agua y unas gotas de jugo de limón, se debe mezclar bien antes de colocar sobre fuego, luego cocinarlo sin revolver porque si no, se azucara. Cocinarlo a fuego lento hasta que tome punto de caramelo claro.

DISTRIBUIR LA PREPARACIÓN EN MOLDECITOS METALIZADOS DESCARTABLES ROCIADOS CON *SPRAY* VEGETAL Y ESPOLVOREADOS CON AZÚCAR. HORNEAR A BAÑO DE MARÍA A TEMPERATURA MODERADA 35 MINUTOS. SERVIR FRÍOS EN LOS MISMOS MOLDES.

CREPES SUZETTE ILUMINADAS

18 porciones

Crêpes

huevos, 3

yemas, 2

leche, 450cc

harina 0000, 200 g

sal, 1 pizca

manteca, 30 g

Relleno

mermelada de naranja,
5 cucharadas

manteca, 40 g

azúcar, 150 g

naranjas, 8

ralladura de piel de naranja,
3 cucharadas

Grand Marnier, 1 copita

coñac, 1 copita

PREPARACIÓN

• Licuar los huevos, las yemas, la leche, la harina, la sal y la manteca fundida y dejar reposar la preparación por lo menos 30 minutos. Rociar son manteca o rocío vegetal una panquequera o sartén chica, verter en el centro una porción de la preparación, mover la panquequera o sartén para que la pasta se deslice, cocinar de un lado y luego del otro. Apilar los panqueques a medida que se cocinan.

• Untar las *crêpes* con mermelada y doblarlas en cuatro. Fundir la manteca, agregar el azúcar, mezclar y añadir el jugo de naranja, la ralladura y cocinar 2 ó 3 minutos.

• Agregar el Grand Marnier y calentar. Pasar las *crêpes* por la salsa y acomodarlas en una fuente de metal, llevar a la mesa, calentar el coñac y encender las *crêpes*.

Secretos para inexpertas

• La masa de *crêpes* siempre se debe dejar reposar por lo menos 30 minutos antes de utilizarla para dar tiempo a que el gluten de la harina se esponje.

• Para flamear sin quemarse, mojar terrones de azúcar o azúcar en cubitos en el coñac mezclado con alcohol fino, distribuirlos entre las *crêpes* y encender al llevar a la mesa.

UTILIZAR *CRÊPES* COMPRADAS.

SCONES PARA LA HORA DEL TÉ

24 porciones

manteca, 150 g	sal, 1 pizca
azúcar, 60 g	yema, 1
harina leudante, 350 g	huevo, 1
polvo para hornear,	esencia de vainilla, 1 cucharadita
1 cucharadita colmada	leche, 50 cc

PREPARACIÓN

• Desmigar la manteca bien fría con el azúcar y la harina cernida con el polvo de hornear y la sal.

• Cuando se haya conseguido un granulado, agregar la yema, el huevo, la esencia y la leche, tomar la masa con cuchara de madera, formar un bollo con ayuda de las manos, envolver y colocar en heladera por lo menos 20 minutos.

• Estirar la masa con ayuda de un palote, dejándola de 2 ó 3 cm de espesor. Con un cortapastas de 5 a 6 cm de diámetro cortar los *scones*, acomodarlos en placas limpias, pincelarlos con huevo o leche y espolvorear con azúcar. Cocinarlos en horno caliente (200°C) durante 18 minutos.

Secretos para inexpertas

Los *scones* son deliciosos si se sirven tibios. Para esto, cortar la masa, acomodar en placas y mantener tapado en heladera hasta 24 horas antes de utilizar, cocinar los *scones* en el momento que se necesitan.

PERAS AL BORGOÑA CON FRAMBUESAS

6 porciones

peras bien firmes, 6	pimienta de Cayena (optativo),
limón, 1	1 cucharadita
azúcar, 250 g	frambuesas, 250 g
vino borgoña o similar, 750 cc	**Crema inglesa**
clavo de olor, 2	Leche, 300 cc
canela en rama, un trozo	Yemas, 4
	Azúcar, 100 g

PREPARACIÓN

● Pelar las peras y partirlas por la mitad, retirarles el centro y las semillas y rociarlas con el jugo de limón.

● Elegir un recipiente donde puedan colocarse las peras sin superponerlas demasiado, colocar en él el azúcar, el vino, los clavos de olor, la canela, la pimienta y un trozo de cáscara de limón y cocinar hasta que rompa el hervor, acomodar las peras y cocinarlas hasta que estén tiernas pero no se deshagan, retirarlas con una espumadera, filtrar el almíbar de cocción para retirar los clavos de olor, la canela, la pimienta y la cáscara de limón.

● Agregar las frambuesas y proseguir la cocción hasta que se forme un almíbar a punto jarabe. Verter sobre las peras y dejar reposar en heladera, con preferencia de un día para otro. Servirlas con crema inglesa.

Crema inglesa

Hervir la leche. En un bol batir ligeramente las yemas con el azúcar. Verter lentamente la leche sobre las yemas, colocar el bol a baño de María y revolver con cuchara de madera hasta que la preparación nape la cuchara. No dejar hervir. Perfumar con la esencia de vainilla.

Secretos para inexpertas

Cuando se preparan salsas con yemas y azúcar y no tienen espesantes (harina o fécula), no deben hervir porque se cortan. Ése es el motivo por el que se deben cocinar revolviendo con cuchara de madera. Cuando la salsa cubra la cuchara, retirar del fuego.

REEMPLAZAR LAS PERAS FRESCAS POR PERAS EN ALMÍBAR. ANTES DE USARLAS ESCURRIRLAS Y SECARLAS CON PAPEL DE COCINA. PREPARAR EL ALMÍBAR DE VINO CON LAS FRAMBUESAS HASTA LLEGAR A PUNTO JARABE Y VERTER EL ALMÍBAR CALIENTE SOBRE LAS PERAS. DEJAR REPOSAR EN HELADERA DE UN DÍA PARA OTRO.

TARTA CASCANUESES

10 porciones

Masa	Relleno
harina integral, 100 g	miel de maíz, 150 g
harina 0000, 100 g	melaza, 75 g
sal, 1 pizca	azúcar rubia, 2 cucharadas
polvo para hornear,	huevos, 1
1 cucharadita colmada	jugo de naranja, 150 cc
azúcar rubia, 2 cucharadas	almidón de maíz, 1 cucharadita
queso blanco, 75 g	nueces pecanas, avellanas, nue-
aceite neutro, 1 cucharada	ces mariposa, 300 g
agua helada, cantidad necesaria	
mermelada de damascos,	
4 cucharadas	

PREPARACIÓN

- Mezclar en un bol la harina integral, la harina 0000, la sal, el polvo para hornear, el azúcar, el queso blanco y el aceite, agregar agua helada hasta formar una masa tierna que no se pegue en las manos.
- Distribuir la masa en una tartera desmontable de 26 a 28 cm de diámetro rociada con *spray* vegetal y distribuir la mermelada sobre el fondo. Colocar la tarta 15 minutos en el freezer.
- Mezclar la miel de maíz, la melaza, el azúcar, los huevos, el jugo de naranja y el almidón y cocinar revolviendo hasta que rompa el hervor.
- Acomodar sobre la tarta las frutas secas formando círculos concéntricos, verter encima la cocción anterior y llevar a horno de temperatura moderada de 25 a 30 minutos.

REEMPLAZAR LA PREPARACIÓN DE MASA POR UN DISCO DE PASCUALINA DE MASA INTEGRAL.

KÄSEKUCHEN CON CEREZAS

10 porciones

müesli, 225 g	cerezas abrillantadas, 100 g
manzana deliciosa, 1	**Falsa chantillí**
manteca fundida, 25 g	queso crema, 150 g
ricota descremada, 250 g	azúcar impalpable, 2 cucharadas
queso cottage, 250 g	esencia de vainilla, 1 cucharadita
azúcar rubia, 125 g	clara, 1
huevos, 2	azúcar, 1 cucharada
ralladura de piel de limón, 2 cucharadas	

PREPARACIÓN

• Mezclar el *müesli* con la manzana rallada con rallador de verdura y la manteca.

• Rociar con *spray* vegetal un molde desarmable de 22 a 24 cm de diámetro, acomodar la mezcla ajustándola con una cuchara y llevar a horno de temperatura moderada de 12 a 15 minutos.

• Aparte mezclar muy bien la ricota con el queso cottage, el azúcar rubia, los huevos ligeramente batidos, la ralladura y las cerezas. Distribuir en el molde y hornear a temperatura moderada (180°C) durante 60 minutos. Verificar la cocción y retirar del horno. Dejar enfriar, retirar el aro del molde y decorar con copos de crema falsa chantillí y cerezas en almíbar.

Falsa chantillí

Mezclar el queso crema con 2 cucharadas de azúcar impalpable, la esencia y la clara batida con el azúcar a punto merengue bien firme. Colocar en manga con boquilla rizada y decorar el käsekuchen.

REALIZAR LA PREPARACIÓN COMO EN LA RECETA ANTERIOR PERO SIN LOS HUEVOS: DILUIR 10 GRAMOS DE GELATINA SIN SABOR EN 2 Ó 3 CUCHARADAS DE AGUA O JUGO DE LIMÓN, CALENTAR SOBRE FUEGO O EN MICROONDAS Y AGREGAR A LA PREPARACIÓN. DISTRIBUIR EN EL MOLDE Y LLEVAR A HELADERA POR LO MENOS 4 HORAS. RETIRAR EL ARO Y DECORAR.

SOPA HELADA DE PIÑA Y PAPAYA

6 porciones

ananá, 1	mango, 1
papaya, 1	fruta estrella o carambola, 1
limas, 2	kiwis, 2
naranja, 1	pistachos, 100 g
miel de maíz, 4 cucharadas	

- Pelar el ananá, quitarle el centro duro y cortarlo en trozos, pelar y cortar la papaya, licuarlos juntos con el agregado del jugo de 1 lima, el jugo de la naranja y 2 cucharadas de la miel de maíz. Colocar en la heladera.

- Aparte pelar el resto de las frutas y cortarlas en cubos pequeños, salvo la carambola que debe cortarse en rodajas. Rociarlas con el jugo de lima y miel de maíz restantes.

- Distribuir en seis boles, acomodar en cada uno de ellos las frutas cortadas y los pistachos picados gruesos. Servir bien helada.

SIMPLIFICAR ESTA SOPA UTILIZANDO FRUTAS MÁS FÁCILES DE CONSEGUIR.
REEMPLAZAR LA LIMA POR LIMONES Y POMELOS ROSADOS. UTILIZAR DURAZNOS,
DAMASCOS O CUBITOS DE MELÓN.

ROLLO DE JENGIBRE CON CREMA

6 porciones

huevos, 5	**Crema de moras y frambuesas**
cremor tártaro, 1/4 de cucharadita	moras y frambuesas, 400 g
azúcar, 150 g	miel, 3 cucharadas
harina, 75 g	almidón de maíz, 1 cucharada
canela, 2 cucharaditas	colmada
jengibre seco molido,	jugo de naranja, 250 cc
1 cucharadita	

PREPARACIÓN

- Separar las yemas de las claras. Batir las claras hasta que espumen, agregar el cremor tártaro y la mitad del azúcar en forma de lluvia, seguir batiendo hasta obtener un merengue firme.

- Aparte batir las yemas con el resto de azúcar hasta que doblen su volumen, cernir sobre las yemas la harina mezclada con la canela y el jengibre alternando con el merengue de claras, mezclar con movimientos envolventes.
- Tapizar una placa de 38 cm de largo con papel manteca rociado con *spray* vegetal, acomodar la preparación y cocinar en horno caliente de 12 a 15 minutos. Retirar del horno y desmoldar sobre papel manteca espolvoreado con azúcar, tapar con un lienzo para que se forme humedad en la masa.

Crema de moras y frambuesas

- Colocar sobre fuego las 3/4 partes de las frutas y 2 cucharadas de miel, cocinar a fuego suave de 7 a 8 minutos, agregar el almidón de maíz diluido en el jugo de naranja y cocinar revolviendo hasta espesar. Extender la crema fría sobre la masa de jengibre y arrollar.
- Licuar el resto de moras y frambuesas con 1 cucharada de miel y el jugo de una naranja. Pasar por un colador para desechar las semillas de moras y frambuesas y salsear el arrollado.

RELLENAR EL ARROLLADO CON UNA MEZCLA DE 300 GRAMOS DE QUESO BLANCO Y 150 GRAMOS DE DULCE DE FRAMBUESA.

PANECILLOS CON GERMEN DE TRIGO

24 porciones

harina de salvado, 250 g	aceite de maíz, 1 cucharada
agua caliente, 100 cc	miel de maíz, 3 cucharadas
levadura de cerveza, 30 g	harina 000, 400 g
agua tibia, 200 cc	sal, 1/2 cucharadita
azúcar, 1 cucharada	germen de trigo, 3 cucharadas

PREPARACIÓN
- Remojar la harina de salvado con el agua caliente.

- Aparte diluir la levadura en el agua tibia y el azúcar y dejar espumar.
- Mezclar el aceite con la miel de maíz, agregar a la harina de salvado, incorporar la harina 000 con la sal y amasar hasta obtener un bollo suave, tapar y dejar leudar.
- Colocar el germen de trigo en una sartén rociada con *spray* vegetal, saltearlo hasta dorar e incorporarlo a la masa leudada. Cortar porciones y darles forma de pancitos, acomodarlos en una placa aceitada, dejarlos puntear, pincelarlos con leche y, si se desea, espolvorearlos con germen de trigo o semillas de sésamo o de amapola.
- Cocinarlos en horno caliente de 18 a 20 minutos. Al retirarlos del horno, en caliente, pincelarlos con miel. Servirlos con jaleas, queso blanco o mermeladas.

DESPUÉS DEL AGREGADO DE GERMEN DE TRIGO COLOCAR LA MASA EN UN MOLDE DE PAN, DEJARLO PUNTEAR, PINCELARLO CON LECHE, ESPOLVOREARLO CON SEMILLAS Y COCINARLO 35 A 40 MINUTOS EN HORNO DE TEMPERATURA MODERADA.

CRÊPES DE TRIGO SARRACENO

8 a 10 porciones

huevo, 1	**Crema de frutas**
clara de huevo, 1	bananas, 2
leche descremada o leche de coco o de soja, 300 cc	peras, 2
	frambuesas, 1 taza
azúcar rubia, 1 cucharada	frutillas, 1 taza
harina 0000, 75 g	jugo de limón, 2 cucharadas
harina de trigo sarraceno, 75 g	azúcar rubia, 2 cucharadas
aceite neutro, 1 cucharada	yogur de vainilla, 1 taza
esencia de vainilla, 1 cucharadita	queso blanco, 200 g
ralladura de piel de naranja, 1 cucharada	

PREPARACIÓN

● Colocar en la licuadora el huevo, la clara, la leche elegida, el azúcar rubia, las dos harinas, el aceite, la esencia y la ralladura, licuar y dejar reposar por lo menos 30 minutos.

● Rociar con *spray* vegetal o aceite una sartén o panquequera, calentarla y verter una porción de preparación, hacerla deslizar para obtener un panqueque fino, cocinarlo unos segundos de cada lado hasta dorarlo. Apilar las *crêpes* separadas entre sí con separadores de papel encerado.

● Colocar en un bol las bananas cortadas en rodajas finas, las peras fileteadas, las frambuesas y las frutillas fileteadas, rociar con el jugo de limón, el azúcar, el yogur y el queso; mezclar y distribuir una porción de esta crema de frutas sobre cada *crêpe*, doblarlas por la mitad, arrollarlas o doblarlas como un pañuelo y espolvorear con azúcar impalpable, *müesli* tostado o rociar con salsa de frutas rojas.

PREPARAR LAS *CRÊPES* HASTA CON 3 MESES DE ANTICIPACIÓN. PARA CONSERVARLAS, SEPARARLAS ENTRES SÍ CON PAPEL MANTECA, ENVOLVERLAS PRIMERO EN PAPEL FILM CUIDANDO QUE NO QUEDE AIRE DENTRO Y POR ÚLTIMO EN PAPEL METALIZADO. GUARDAR EN FREEZER.

PERAS A LA CREMA DE MAÍZ Y NARANJA

6 porciones

peras, 6	miel, 2 cucharadas
limón, 1	pasas rubias, 100 g
canela en rama, 1 trozo	hilos de piel de naranja,
clavo de olor, 1	2 cucharadas
jugo de naranja, 500 cc	harina de maíz de cocimiento
hojas de menta, 10	rápido, 1 cucharada

PREPARACIÓN

- Pelar las peras y cortarlas por la mitad, retirarles el centro con las semillas, colocarlas en un recipiente con el jugo de limón, la canela, el clavo de olor, el jugo de naranja y las hojas de menta y hacer hervir lentamente hasta que las peras estén tiernas pero firmes, retirarlas y acomodarlas en una fuente profunda.
- Filtrar el jugo de cocción con un colador y colocarlo nuevamente sobre fuego, incorporar la miel, las pasas y la piel de las naranjas, hacer hervir, agregar en forma de lluvia la harina de maíz, revolver con batidor y cocinar 2 ó 3 minutos hasta obtener una crema fluida. Si la crema quedara espesa agregar más jugo de naranja. Verter sobre las peras, salpicar con frambuesas y decorar con hojas de menta.

SUPLANTAR LAS PERAS FRESCAS POR PERAS ENVASADAS EN ALMÍBAR. EN ESE CASO COCINAR DIRECTAMENTE EL JUGO DE NARANJA CON LA CANELA, EL CLAVO DE OLOR Y LA MENTA DURANTE 3 Ó 4 MINUTOS, FILTRARLO Y AÑADIR LA MIEL, LAS PASAS, LA PIEL DE NARANJA Y LA HARINA DE MAÍZ.

GUGELHOPS DE HARINA INTEGRAL

12 a 14 porciones

Fermento

levadura de cerveza, 40 g

azúcar rubia, 1 cucharada

agua, 100 cc

harina 000, 2 cucharadas

Masa

ralladura de limón y de naranja, 3 cucharadas

harina integral superfina, 200 g

harina 000, 350 g

harina de centeno, 3 cucharadas

sal, 1/2 cucharadita

miel, 3 cucharadas

azúcar rubia, 3 cucharadas

queso blanco, 150 g

huevos, 2

frutas secas, 400 g

canela y nuez moscada, 1 cucharada colmada

PREPARACIÓN

• Diluir la levadura con el azúcar, el agua tibia y la harina y dejar tapada en lugar tibio.

• Aparte mezclar en un bol las ralladuras de frutas, la harina integral, la harina 000, la harina de centeno y la sal.

• Unir la miel con el azúcar rubia, el queso blanco y los huevos, agregar las harinas e incorporar el fermento. Tomar la masa, si fuera necesario añadir agua o jugo de naranja, y trabajarla hasta lograr una masa tierna que no se pegue en las manos y dejar leudar tapada en lugar tibio.

• Incorporar luego pasas rubias y negras, avellanas y dátiles cortados y dejar leudar nuevamente.

• Rociar con *spray* vegetal o enmantecar una budinera, adherir a las paredes y el fondo almendras fileteadas, acomodar la preparación, espolvorear con canela y nuez moscada y dejar puntear.

• Hornear 40 minutos a temperatura moderada (180°C). Verificar la cocción, dejar pasar el calor fuerte y desmoldar.

NO AGREGAR LAS FRUTAS A LA MASA. TOMAR PORCIONES DE MASA, RELLENARLAS CON UN TROZO DE DULCE DE MEMBRILLO, FORMAR BOLLITOS Y ACOMODARLOS EN PLACA ROCIADA CON *SPRAY* VEGETAL, DEJARLOS PUNTEAR, ESPOLVOREARLOS CON CANELA Y NUEZ MOSCADA Y COCINARLOS EN HORNO CALIENTE DE 18 A 20 MINUTOS.

ISLA FLOTANTE CON FRUTOS SECOS

8 a 10 porciones

claras de huevo, 8	**Sabayón**
azúcar, 9 cucharadas	yemas, 5
Caramelo	azúcar, 5 cucharadas
azúcar, 150 g	vino marsala o similar,
	4 cucharadas

PREPARACIÓN

- Batir las claras hasta que comiencen a espumar, agregar el azúcar por cucharadas y en forma de lluvia, siempre batiendo.
- Preparar el caramelo (véase nota en página 199), acaramelar un molde de 22 cm de diámetro y colocar la preparación dentro de él, por cucharadas, ajustando ligeramente. Al terminar de llenar el molde, golpearlo para evitar las burbujas en el merengue.
- Cocinar en horno de temperatura moderada a baño de María, 1 y 1/2 hora. Dejar enfriar y desmoldar, salpicar la parte superior con nueces, avellanas y almendras picadas gruesas.

NOTA

La isla, al cocinarse, levanta 7 u 8 cm del borde del molde y al enfriarse baja al ras de él. Salsearla son sabayón.

Sabayón

Batir las yemas con el azúcar a baño de María, sin que hierva el agua, hasta obtener un punto sostenido; perfumar con el vino, retirar del fuego y batir unos segundos.

REEMPLAZAR EL SABAYÓN POR UNA SALSA DE YOGUR AL AZAFRÁN.
PREPARARLA BATIENDO 300 G DE YOGUR DE VAINILLA CON 1 CUCHARADA DE MIEL,
1 CUCHARADITA DE AZAFRÁN EN POLVO Y 1 CUCHARADA DE RALLADURA
FINA DE PIEL DE NARANJA.

TORTA IMPERDIBLE DE BANANA

10 a 12 porciones

bananas, 4	bicarbonato, 1 cucharadita
manteca, 20 g	leche, 250 cc
azúcar rubia, 2 cucharadas	esencia de vainilla, 2 cucharaditas
huevos, 3	nueces de para, 100 g
azúcar molida, 150 g	**Merengue rápido**
jarabe de maíz, 2 cucharadas	claras, 3
aceite neutro, 5 cucharadas	azúcar, 2 cucharadas
harina leudante, 300 g	

PREPARACIÓN

• Pelar y cortar las bananas en rodajitas, saltearlas con la manteca y el azúcar rubia hasta dorarlas.

• Batir los huevos con el azúcar molida y el jarabe hasta que aumenten al doble de su volumen, agregar el aceite, la harina cernida con el bicarbonato alternando con la leche y las bananas acarameladas y perfumar con la esencia. Colocar en un molde savarin con la base tapizada con papel manteca, cocinar en horno de temperatura moderada de 40 a 45 minutos, servir espolvoreado con azúcar impalpable y canela o cubrir con merengue rápido y gratinarlo.

Merengue rápido

Batir las claras hasta que espumen, a baño de María, sin que hierva el agua. Añadir lentamente, en forma de lluvia y siempre batiendo, el azúcar. Cuando el batido esté caliente retirar del fuego y seguir batiendo hasta que se enfríe; distribuir sobre la torta, espolvorear con azúcar impalpable, gratinar en grill o con soplete y salsear, si se desea, con parte de las bananas acarameladas.

UTILIZAR LAS BANANAS PISADAS A PURÉ Y ROCIADAS CON EL JUGO DE 1/2 LIMÓN.

TORTINAS ÁNGEL CON COMPOTA

6 a 8 porciones

claras de huevo, 1 taza

cremor tártaro, 1 cucharadita

sal, 1 pizca

azúcar molida bien fina, 200 g

esencia de vainilla, 1 cucharadita

harina 0000, 180 g

ralladura de naranja o limón,
1 cucharada

**Compota de
ruibarbo y naranja**

tallos de ruibarbo, 400 g

jugo de naranja, 150 cc

naranjas, 2

miel de maíz, 100 g

PREPARACIÓN

• Batir las claras hasta que estén bien espumosas, agregar en forma de lluvia el cremor tártaro y la sal, seguir batiendo y añadir por cucharadas 3/4 partes del azúcar, seguir batiendo y perfumar con la esencia.

• Cernir aparte la harina con el resto de azúcar y la ralladura, incorporar al batido de modo muy lento mientras se pasa por el cernidor nuevamente y se mezcla en forma envolvente.

• En la base de moldes individuales colocar un disco de papel manteca, distribuir la preparación hasta las 3/4 partes de los moldes, cocinar 35 minutos en horno suave (150/160° C).

• Verificar la cocción, retirarlos del horno, colocarlos boca abajo sobre una rejilla y dejarlos reposar 10 a 15 minutos. Para desmoldarlos, pasar un cuchillo alrededor para despegar los bordes. Servir con la compota de ruibarbo y naranja.

Compota de ruibarbo y naranja

Cortar los tallos de 3 cm de largo. Colocar en un recipiente el jugo de naranja, la ralladura de piel de naranja, la miel de maíz y 200 cc de agua; cocinar a fuego lento hasta que el ruibarbo esté tierno. Pelar las naranjas a vivo, separar los casquitos, agregarlos a la compota, dejar que retome el hervor y retirar del fuego. Napar con esta compota los platos y salsear las tortinas Ángel.

COLOCAR UN FONDO DE PAPEL MANTECA EN UN MOLDE SAVARIN DE 22 A 24 CM DE DIÁMETRO. HORNEAR A 140°C DURANTE 90 MINUTOS.

BUDÍN DE PAN SIN HORNO

8 porciones

leche, 1 litro	pasas de uva, 50 g
miga de pan, 3 tazas	manzana, 1
flan de vainilla, 1 paquete	bananas, 2

PREPARACIÓN

• Colocar en un recipiente la leche con la miga de pan cortada en trocitos y el polvo del flan, cocinar revolviendo hasta que rompa el hervor, agregar las pasas, la manzana cortada en cubitos y las bananas en rodajas. Colocar en una budinera acaramelada o rociada con *spray* vegetal y espolvoreada con azúcar.

• Llevar a la heladera y, cuando esté frío y firme, desmoldar. Servir, si se desea, salseado con dulce de leche o crema batida a medio punto.

COLOCAR EN UNA PIZZERA 4 Ó 5 CUCHARADAS DE AZÚCAR, LLEVAR A FUEGO MEDIO Y REVOLVER CON CUCHARA DE MADERA HASTA QUE TOME PUNTO CARAMELO CLARO. DESLIZAR POR LA PIZZERA Y VERTER LA PREPARACIÓN. LLEVAR A HELADERA Y DESMOLDAR FRÍO. PARA NO PREPARAR CARAMELO SE PUEDE ROCIAR LA PIZZERA CON SPRAY Y ESPOLVOREAR CON AZÚCAR.

PASTEL SUIZO DE MANZANA EXPRESS

8 porciones

discos de pascualina, 1 paquete

mermelada ácida, 3 cucharadas

manzanas Rome, 1 kilo

postre de vainilla, 1 paquete

canela, 1 cucharada

PREPARACIÓN

• Tapizar una tartera enmantecada con un disco de pascualina, untar la base con la mermelada.

• Pelar las manzanas y cortarlas en rodajas finas. Acomodar en la tartera una capa de manzanas espolvoreadas con el postre y canela, repetir manzanas, postre y canela hasta finalizar los ingredientes.

• Cubrir con el otro disco de masa, unir los rebordes de la masa, pinchar ligeramente la superficie, pincelarla con leche o huevo y espolvorear con abundante azúcar. Cocinar en horno de temperatura moderada (180°C) durante 35 minutos.

CORTAR LAS MANZANAS CON AYUDA DE LA MANDOLINA.

PORCIONES STREUSSEL PARA EL TÉ

18 porciones

bizcochuelo de vainilla, 1

pan rallado o bizcochos molidos, 1 y 1/2 taza

azúcar, 4 cucharadas colmadas

canela, 1 cucharadita

manteca fría, 100 g

PREPARACIÓN

- Preparar el bizcochuelo siguiendo las indicaciones del envase. Enmantecar y espolvorear con harina una asadera de 28 a 30 cm de largo y extender la preparación.

- Mezclar en un bol el pan rallado o los bizcochos molidos, el azúcar, la canela y agregar la manteca. Con un desgranador o un cuchillo formar un granulado, con ayuda de una cuchara de madera, extenderlo sobre el bizcochuelo. Cocinar en horno de temperatura moderado 25 a 30 minutos, dejar enfriar y cortar en porciones.

COLOCAR EL PAN RALLADO O LOS BIZCOCHOS, EL AZÚCAR Y LA CANELA EN LA PROCESADORA, AGREGAR LA MANTECA FRÍA CORTADA EN TROCITOS Y PULSAR EL BOTÓN INTERMITENTEMENTE UNOS SEGUNDOS, HASTA OBTENER UN GRANULADO.

POSTRE GRANIZADO MERENGADO

6 porciones

bizcochos vainillas, 10	chocolate de taza, 3 barritas
oporto u otro vino dulce, 1/2 vaso	claras, 3
duraznos en almíbar, 1 lata	azúcar, 6 cucharadas
postre de vainilla, 1 paquete	cacao, 1 cucharada
leche, 3/4 litro	

PREPARACIÓN

- Humedecer ligeramente las vainillas en el oporto mezclado con el almíbar de los duraznos, acomodarlas en una fuente que pueda llevarse a la mesa.

- Preparar el postre de vainilla con la leche siguiendo las indicaciones del envase, cuando rompa el hervor y espese mezclarlo con los duraznos cortados en cubos y el chocolate fileteado; distribuirlo sobre las vainillas.

- Batir las claras hasta que espumen, agregar el azúcar en forma de lluvia y seguir batiendo hasta obtener un merengue firme, acomodarlo sobre la crema, espolvorear con el cacao y llevarlo a heladera. Servir bien frío.

BATIR LAS CLARAS CON BATIDOR O SUPRIMIR EL MERENGUE, ESPOLVOREAR LA CREMA CON AZÚCAR Y GRATINAR EN GRILL O QUEMAR EL AZÚCAR CON UNA PLANCHITA AL ROJO.

MOUSSE DE LIMÓN CON PISTACHOS

6 porciones

gelatina de limón, 1 paquete	claras de huevo, 3
ralladura de piel de limón, 1 cucharada	azúcar, 6 cucharadas
	tapas de merengue, 6
queso blanco, 300 g	pistachos, 50 g

PREPARACIÓN

• Preparar la gelatina de limón siguiendo las indicaciones del envase pero con 1/2 taza menos de líquido, agregar la ralladura de limón, dejar enfriar y verter lentamente sobre el queso blanco bien frío.

• Batir las claras hasta que espumen, agregar el azúcar en forma de lluvia y seguir batiendo hasta obtener un merengue no muy firme. Mezclar suavemente y en forma envolvente con la preparación de gelatina.

• Distribuir en seis copas o compoteras, espolvorear con las tapas de merengue trituradas y con trocitos de pistacho y llevar a heladera antes de servir.

EN VEZ DE UTILIZAR COMPOTERAS INDIVIDUALES, COLOCAR LA PREPARACIÓN EN UNA ENSALADERA, ESPOLVOREAR CON LAS TAPAS DE MERENGUE TRITURADAS Y LOS TROCITOS DE PISTACHO.

FRUTAS ROJAS, HELADO Y AVELLANAS

6 porciones

frutillas, 400 g	pimienta rosa de molinillo,
frambuesas, 150 g	1 cucharadita
grosellas, 150 g	jugo de naranja, 1/2 vaso
cerezas en almíbar, 200 g	coñac, 1 copa
vino jerez, 1/2 copa	Grand Marnier, 3 cucharadas
manteca, 40 g	helado, 1 y 1/2 kilo
azúcar, 150 g	avellanas, 100 g

PREPARACIÓN

● Lavar las frutas y quitarles los cabitos, colocarlas en un bol junto con las cerezas y su almíbar, rociarlas con el jerez y dejarlas macerar unos minutos.

● Derretir la manteca, agregar el azúcar, un toque de pimienta rosa, si es posible de molinillo, rociar con el jugo de naranja, cocinar 1 minuto, agregar las frutas con todo sus jugos y cocinar de 4 a 5 minutos.

● Calentar aparte el coñac con el Grand Marnier, cuando se encienda verter sobre las frutas, moviéndolas para que se apague la llama. Servir el helado en copas, con la salsa de frutas tibia y espolvorear con las avellanas tostadas y picadas.

UTILIZAR FRUTAS EN ALMÍBAR O AL NATURAL ENVASADAS. EN ESTE CASO NO MACERARLAS CON EL JEREZ Y SEGUIR LUEGO EL RESTO DEL PROCEDIMIENTO.

GÂTEAU DE MOUSSE DE ANANÁ

12 porciones

bizcochuelo de chocolate, 1 paquete	crema, 250 cc
	azúcar, 3 cucharadas
ananá en almíbar, 1 lata	**Varios**
gelatina de limón, 1 paquete	cerezas, 100 g
ricota, 1/2 kilo	copos de arroz, 2 tazas

PREPARACIÓN

• Preparar el bizcochuelo siguiendo las indicaciones del envase, cocinarlo en un molde de 24 cm de diámetro, dejarlo enfriar, cortarle la tapa superior y ahuecarlo.

• Con ayuda de un pincel, remojar el interior del bizcochuelo con el almíbar del ananá. Preparar la gelatina siguiendo las indicaciones del envase pero con 1 taza menos de líquido, cuando la gelatina se entibie y comience a tomar punto de jarabe, mezclarla con la ricota.

• Batir la crema con el azúcar hasta que espese, mezclar con la preparación anterior y rellenar el bizcochuelo con unas cucharadas de la crema, 1 tajada de ananá cortada en trocitos y algunas migas de bizcochuelo; repetir crema, ananá y bizcochuelo hasta llegar al borde y cubrir con la tapa que se había cortado, previamente humedecida con el almíbar de ananá.

• Untar toda la torta con el resto de la crema, cubrir la parte superior con rodajas de ananá y cerezas y adherir en el reborde los copos de arroz. Mantener en heladera desde el día anterior a utilizarla o, por lo menos, 4 ó 5 horas antes.

SUSTITUIR LA PREPARACIÓN DEL BIZCOCHUELO DE CAJA POR UN BIZCOCHUELO DE VAINILLA COMPRADO.

GÂTEAU GRANIZADO PARA LOS CHICOS

10 a 12 porciones

bizcochuelo de vainilla, 1	queso blanco, 150 g
azúcar, 1/2 taza	chocolate de taza, 8 barritas
agua, 1/4 de taza	pochoclo azucarado, 3 tazas
dulce de leche, 400 g	

PREPARACIÓN

• Cortar el bizcochuelo en 3 capas.

• Colocar sobre fuego el azúcar cubierta con agua, hacer hervir 3 ó 4 minutos, dejarlo entibiar y humedecer el primer disco de bizcochuelo con almíbar.

• Reservar 3 cucharadas de dulce de leche, el resto mezclarlo con el queso blanco y 3 barritas de chocolate fileteado, extender una parte de este relleno sobre el disco de biz-cochuelo, tapar con otro disco, volver a humedecerlo con almíbar, untar con más relle-no, cubrir con la última parte de bizcochuelo y humedecer con almíbar.

• Cortar las 5 barritas de chocolate restantes y derretirlas a baño de María con 3 ó 4 cucharadas de leche o de café, mezclar con el dulce de leche y verter sobre el bizco-chuelo, extender con espátula y adherir el pochoclo en los bordes y la parte superior.

SE PUEDE PREPARAR EL GÂTEAU SIN EL BAÑO Y CONSERVARLO EN EL FREEZER HASTA DOS MESES ENVUELTO EN PAPEL FILM Y LUEGO EN UNA BOLSA PARA FREEZER. EL DÍA ANTERIOR A UTILIZARLO PASARLO A LA HELADERA.

10 a 12 porciones

harina leudante, 300 g

azúcar, 300 g

cacao dulce, 7 cucharadas

sal, 1/2 cucharadita

café instantáneo, 1 cucharada

aceite neutro, 5 cucharadas

vinagre blanco, 3 cucharadas

agua tibia, 225 cc

esencia de vainilla, 2 cucharaditas

nueces, avellanas, pistachos y

almendras, 200 g

Baño rápido de chocolate

azúcar impalpable, 5 cucharadas

cacao amargo, 5 cucharadas

manteca, 40 g

café caliente, cantidad necesaria

PREPARACIÓN

- Enmantecar y enharinar un molde de 20 a 22 cm de diámetro.
- Cernir en él la harina, el azúcar, el cacao y la sal, realizar 3 huecos en esta mezcla y colocar en uno el café, en otro el aceite y en el último el vinagre, agregar lentamente el agua tibia mezclando muy bien con cuchara de madera y perfumar con la esencia.
- Picar las frutas secas no muy finas, espolvorearlas con 2 cucharadas de harina y agregarlas a la preparación. Mezclar y cocinar en horno de temperatura moderada (180°) durante 35 minutos; dejar pasar el calor fuerte y desmoldar sobre rejilla.

Baño rápido de chocolate

Mezclar en un bol el azúcar impalpable y el cacao, añadir la manteca a temperatura ambiente y, en muy pequeñas cantidades, el café caliente revolviendo con cuchara de madera hasta conseguir que tome consistencia de salsa espesa.

Verter sobre la torta, extender con una espátula, dejarla secar y decorar con flores naturales, moño o velas largas y finas, según sea el motivo a festejar.

SE PUEDE UTILIZAR UN SOLO TIPO DE FRUTAS SECAS Y PICARLAS EN PROCESADORA PULSANDO INTERMITENTEMENTE EL BOTÓN PARA NO MOLERLAS DEMASIADO.

BUDÍN SÍMIL CASTAÑAS

6 a 8 porciones

leche, 1 litro

dulce de batata, 500 g

postre de vainilla, 1 paquete

cacao amargo, 1 cucharada

nueces molidas, 5 cucharadas

canela, 1/2 cucharadita

azúcar, 125 g

PREPARACIÓN

• Licuar o procesar la leche con el dulce de batata, el postre de vainilla y el cacao. Colocar sobre fuego revolviendo siempre hasta que rompa el hervor, mezclar con las nueces y la canela.

• Colocar el azúcar sobre fuego, mezclar de vez en cuando con cuchara de madera hasta formar un caramelo claro. Verter sobre el molde elegido, hacer deslizar el caramelo por los bordes del molde.

• Colocar la preparación y llevar a heladera hasta que solidifique, desmoldar y servir bien frío con salsa de chocolate o crema batida a medio punto.

COLOCAR EL AZÚCAR EN UN RECIPIENTE, AGREGAR 1/2 CUCHARADITA DE JUGO DE LIMÓN Y 3 Ó 4 CUCHARADAS DE AGUA. MEZCLAR PARA QUE EL AZÚCAR SE HUMEDEZCA, COLOCAR EN MICROONDAS A NIVEL DE POTENCIA "MÁXIMO" DURANTE 2 MINUTOS, RETIRAR, MEZCLAR Y RETORNAR A "MÁXIMO" DURANTE 1 MINUTO MÁS HASTA QUE TOME PUNTO DE CARAMELO CLARO. SI NO SE DESEA ACARAMELAR, SE PUEDE HUMEDECER EL MOLDE CON AGUA, COLOCAR LA PREPARACIÓN Y DEJAR QUE SOLIDIFIQUE EN HELADERA. LUEGO, DESMOLDAR Y SALSEAR CON CHOCOLATE.

BUÑUELOS DE CIRUELAS RELLENAS

24 porciones

ciruelas pasas descarozadas, 24

mermelada ácida o dulce de

leche pastelero, 2 cucharadas

almendras, 24

harina leudante, 200 g

huevos, 2

azúcar, 3 cucharadas

ralladura de limón, 1 cucharada

leche, 85 cc

canela, 1 cucharadita

aceite, para freír

PREPARACIÓN

• Si fuera necesario, remojar las ciruelas en agua hasta ablandarlas, luego escurrirlas, rellenarlas con la mermelada o el dulce de leche pastelero, y las almendras y cerrarlas bien.

• Preparar una pasta con la harina, los huevos, el azúcar, la ralladura, la leche y la canela, sumergir las ciruelas en la pasta y luego freírlas en aceite caliente hasta que resulten bien doradas. Escurrirlas sobre papel y espolvorear con azúcar. Servirlas tibias.

REEMPLAZAR LAS CIRUELAS RELLENAS POR RODAJAS DE MANZANAS O TROZOS DE BANANA, PASARLAS POR LA PASTA Y FREÍR LOS BUÑUELOS EN EL ACEITE.

MENÚES PARA

LA SEMANA

6

índice
del capítulo

menúes
para la semana

MUJER EJECUTIVA

230 Sopa cremosa de berros
231 Supremas rellenas
231 Pomelos azucarados
tibios al jerez

232 Sopa de cebollas
233 *Entrecôte*
a la maître d'hotel
234 Aspic de frutas

235 Huevos en
cocotte con hierbas
236 Canelones a los
tres quesos
237 Manzanas asadas al vino

238 Alcauciles rellenos
pocheados
239 *Risotto* con *funghi*
y pecorino
240 Crema de limoncello

240 *Bocconcini* de mozzarella
241 Cazuela de lomo a
la húngara
242 Budín de coco y
chocolate

MADRE DE FAMILIA

243 Ñoquis florentinos
al instante
244 *Soufflès* de pan
al chocolate

---

245 Cazuelita de huevos y
espinaca
245 *Tagliatelle all'Alfredo*
246 Fruta de la estación

---

246 Sopa de vegetales
al pesto
247 Pastel de papas
hojaldrado
248 Duraznos en almíbar

---

248 Tortilla de
espinaca rellena
249 Matambritos de
carne picada
250 Bananas asadas
con dulce de leche

---

251 Sopa crema de tomate
252 *Panzottini* fritos
253 Flan de dulce de leche

MUJER INEXPERTA

253 Tarta de zanahorias
y brócoli
254 Pollo con salsa de paté
255 Cintas de crêpes con miel

---

256 Arrollado
con crema de espinaca
257 *Saltimbocca* de ternera
257 Fruta de la estación

---

258 Filetes a la milanesa
con papas
259 *Mousse* marmolada

---

260 *Spaghetti
alla carbonara*
261 Duraznos
crocantes rellenos

---

262 *Omelette* de
champiñones con queso
263 Albondigones
con salsa perfumada
264 Fruta de la estación

índice
del capítulo

menúes
para la semana

**MUJER FANÁTICA DE
LAS DIETAS**

264 Ensalada saludable
265 Emparedados de
    lenguado
266 Crema especiada de
    manzanas

267 Minitortillas al horno
267 Pollo al pomelo en
    croûte de copos
268 Gelatina de manzanas

268 Tarta cremosa
    de puerros
269 Hamburguesas de soja
270 Fruta de la estación

270 Ensalada de habas, arroz
    y pistachos
271 Postas de salmón
    con hierbas
272 Duraznos asados
    en almíbar

273 *Crêpes* de harina
    integral y tofu
274 Cazuela de vegetales
    y porotos
275 Frutas cítricas

MUJER SIN TIEMPO

275 Papines salteados
con huevos
276 Bastoncitos de pescado
al gratín
276 Fruta de la estación

276 Milhojas de pan de
centeno
277 Humita gratinada
278 Tarta Tatin de peras
y ciruelas

279 Matambre a la crema de
almendras
280 Arrollado de batata al
chocolate

281 *Roast beef* a las tres
pimientas
282 Semifrío de chocolate
y café

282 *Croque monsieur*
283 Supremas tapenade
284 Tarta *express* de
damascos

SOPA CREMOSA DE BERROS

entrada | 4 porciones

puerros, 2	caldo de ave, 2 cubos
cebolla, 1	hojas de berro, 3 tazas
manteca, 30 g	crema de leche, 200 cc
aceite de maíz, 1 cucharada	pimienta de Cayena y sal,
papas, 300 g	una pizca
jugo de limón, 2 cucharadas	

PREPARACIÓN

• Cortar en rodajas el blanco de los puerros y la parte verde tierna, picar la cebolla y cocinar todo en la manteca y aceite, agregar las papas peladas, ralladas con rallador de verdura, el jugo de limón, los cubos de caldo y 750 cc de agua.

• Cocinar durante 2 ó 3 minutos, incorporar las hojas de berro y cocinar 5 minutos más. Luego, licuar junto con la crema, rectificar el sabor con sal y un toque de pimienta. Se puede servir caliente o fría.

CONGELAR LA SOPA DURANTE 3 MESES EN UN RECIPIENTE RÍGIDO,
SIN LLEGAR AL BORDE DEL RECIPIENTE, YA QUE LOS LÍQUIDOS, AL CONGELARSE,
AUMENTAN EL VOLUMEN Y PUEDEN LEVANTAR LA TAPA Y VOLCARSE.
DESCONGELAR EN MICROONDAS O SOBRE FUEGO.

SUPREMAS RELLENAS

plato principal | 4 porciones

supremas, 4	vino blanco, 1 vaso
panceta ahumada, 100g	sal, pimienta rosa y eneldo,
tomates confitados, 8	a gusto
hongos secos, 2 cucharadas	aceite, 3 cucharadas
queso parmesano rallado, 100g	

PREPARACIÓN

• Abrir las supremas sin separarlas del todo formando una especie de bolsa. Cortar la panceta en tiras finas y saltearla junto con los tomates confitados cortados en trozos.

• Retirar del fuego y mezclar con los hongos remojados en el vino y picados (reservar el vino) ligar la mezcla con el queso. Distribuir dentro de las pechugas y cerrarlas. Condimentar con sal, pimienta rosa y eneldo.

• Calentar el aceite, dorar las supremas de ambos lados, rociarlas con el vino de los hongos y colocarlas tapadas en el horno a temperatura moderada 25 minutos.

• Acompañar, si se desea, con arvejas salteadas en manteca.

RELLENAR LAS SUPREMAS CON 4 TROZOS DE QUESO DE CABRA O CUARTIROLO
ENVUELTOS EN 4 RODAJAS DE JAMÓN COCIDO.

POMELOS AZUCARADOS TIBIOS AL JEREZ

postre | 4 porciones

pomelos, 2	jerez, 4 cucharadas
azúcar o jarabe de melaza,	
4 cucharadas	

• Abrir los pomelos por la mitad, retirar el centro duro con un sacabocados y separar los casquitos con un cuchillo de punta, endulzar con el azúcar o con el jarabe, rociar con el jerez y llevar a horno caliente de 12 a 15 minutos. Servir tibios.

SOPA DE CEBOLLAS

entrada | 4 porciones

cebollas grandes, 2	caldo de carne, 500 cc
manteca, 30 g	leche, 150 cc
sal, azúcar y pimienta blanca, a gusto	tostadas, 4
	huevos, 4
harina, 2 cucharadas	queso *gruyère* o similar, 100 g
vino blanco, 1/2 vaso	

PREPARACIÓN

• Pelar y cortar las cebollas por la mitad y luego en rodajas finas, rehogarlas en la manteca. Condimentar con poca sal, 1/2 cucharadita de azúcar y un toque de pimienta, espolvorear con la harina y rociar con el vino, el caldo y la leche. Cocinar revolviendo hasta que rompa el hervor y se forme una crema.

• En 4 cazuelitas distribuir las tostadas, agregar la sopa y cascar un huevo, espolvorear con el queso y llevar a horno más bien caliente de 12 a 15 minutos.

PREPARAR UN PAQUETE DE SOPA CREMA DE CEBOLLAS CON 500 CC DE AGUA Y 300 CC DE LECHE. DISTRIBUIR LAS TOSTADAS EN LAS CAZUELITAS Y COMPLETAR EL PROCEDIMIENTO COMO SE INDICA EN LA RECETA.

ENTRECÔTE A LA MAÎTRE D'HOTEL

plato principal | 4 porciones

entrecôtes, 4

panceta ahumada, 100 g

sal y pimienta, a gusto

aceite de oliva, 1 cucharada

PREPARACIÓN

- Bordear los *entrecôtes* con las tiras de panceta, sujetar atando con piolín de cocina.
- Calentar la plancha, pincelarla con aceite de oliva. Cocinar los bifes primero de un lado, hacerlos girar 180° y seguir cocinando del mismo lado para que se marquen cuadrados con las líneas de la plancha.
- Cuando esté dorado darlo vuelta, salarlo y realizar la misma operación de marcado. Servirlos cubiertos por una rodaja de limón y manteca pisada con perejil y acompañarlos con la juliana de puerros.

Juliana de puerros

Cortar 4 puerros a lo largo en tiras muy finas. Colocarlos en agua helada con sal de 10 a 15 minutos. Escurrirlos, secarlos y sumergirlos unos segundos en aceite caliente. Colocarlos sobre papel de cocina para escurrirlos.

TENER EN EL FREEZER LA MANTECA CON PEREJIL. PARA PREPARARLA, PISAR 200 G DE MANTECA A TEMPERATURA AMBIENTE CON 4 CUCHARADAS DE PEREJIL, COLOCAR SOBRE PAPEL FILM Y ARROLLAR FORMANDO UN CILINDRO. CONGELAR HASTA 2 MESES. PARA UTILIZARLA, CORTAR EN RODAJAS.

ASPIC DE FRUTAS

postre | 4 porciones

duraznos en almíbar, 1 lata	manzana, 1
vino blanco, 1 copa	frambuesas, 1/2 taza
damascos secos, 12	gelatina de frambuesas,
pasas rubias, 50 g	1 paquete
pera, 1	

PREPARACIÓN

• Escurrir el almíbar de los duraznos, agregar el vino y remojar los damascos por lo menos una hora. Luego cocinarlos con las pasas, 10 minutos, añadir la pera y la manzana peladas y cortadas en cubos pequeños.

• Cocinar 5 minutos y agregar las frambuesas, los duraznos cortados en cubos y la gelatina mezclada, dejar que retome el hervor y retirar del fuego.

• Agregar 300 cc de agua helada, mezclar y distribuir en 4 compoteras o boles. Llevar a heladera hasta que solidifique.

MEZCLAR EL ALMÍBAR DE LOS DURAZNOS CON EL VINO, AGREGAR LA PERA Y LA MANZANA CORTADAS EN CUBOS, COCINAR 5 MINUTOS Y AÑADIR LAS FRAMBUESAS Y LA GELATINA. DEJAR QUE RETOME EL HERVOR Y AGREGAR 400 CC DE AGUA HELADA. DISTRIBUIR EN CUATRO COMPOTERAS O BOLES. LLEVAR A HELADERA HASTA QUE SOLIDIFIQUE.

HUEVOS EN COCOTTE CON HIERBAS

entrada | 4 porciones

manteca, 30 g	huevos, 4
tomate perita, 1	sal y pimienta, a gusto
cebolla de verdeo, 1	rodajas de pan lácteo, 8
hierbas frescas, 4 cucharadas	aceite de oliva, 2 cucharadas

PREPARACIÓN

• Enmantecar en forma abundante cuatro moldes térmicos, cubrir el fondo con rodajas finas de tomate y de cebolla, espolvorear con la mitad de las hierbas, cascar un huevo en cada molde, condimentar con sal y pimienta y espolvorear con el resto de hierbas.

• Cocinar en horno de temperatura moderada a baño de María de 14 a 16 minutos, las claras deben estar cocidas y las yemas tiernas. Descortezar el pan y pincelarlo con el aceite, espolvorear con sal y cortarlos en tiras, tostarlos en horno o en el grill. Acompañar los huevos con las tiras de pan tostado.

DISTRIBUIR EL CONTENIDO DE UNA LATA DE SALSA POMAROLA
EN CUATRO CAZUELITAS, AGREGAR 50 GRAMOS DE
JAMÓN PICADO, CASCAR CUATRO HUEVOS, ESPOLVOREAR CON HIERBAS Y
COCINAR EN HORNO CALIENTE DE 12 A 15 MINUTOS.

CANELONES A LOS TRES QUESOS

plato principal | 4 porciones

crêpes, 12	queso gruyère rallado, 5
jamón cocido, 100 g	cucharadas
espárragos cocidos, 24	queso gorgonzola u otro queso
queso fresco, 150 g	azul, 125 g
crema de leche, 300 cc	pimienta blanca y nueces
leche, 200 cc	picadas, a gusto
queso parmesano rallado,	nueces picadas, 4 cucharadas
5 cucharadas	

PREPARACIÓN

• Distribuir sobre cada crêpe una porción de jamón, de espárragos y una tira de queso fresco, arrollarlos y acomodarlos en una fuente para horno.

• Calentar la crema con la leche, agregar los quesos por cucharadas revolviendo con una cuchara de madera hasta conseguir una salsa homogénea.

• Condimentar con un toque de pimienta blanca de molinillo, verter sobre los canelones y espolvorear con cuatro cucharadas de nueces picadas. Gratinar en horno caliente.

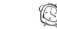

ARMAR LOS CANELONES CON CRÊPES COMPRADAS, SALSEARLOS CON 250 CC DE CREMA CONDIMENTADA CON SAL, PIMIENTA, NUEZ MOSCADA Y 100 GRAMOS DE QUESO PARMESANO RALLADO, DISTRIBUIR ENCIMA 125 GRAMOS DE ALGÚN QUESO AZUL CORTADO EN TROCITOS. GRATINAR EN HORNO CALIENTE.

MANZANAS ASADAS AL VINO

postre | 4 porciones

manzanas Granny Smith, 4	canela en rama, un trozo
limón, 1	azúcar, 150 g
vino tinto, 300 cc	pasas rubias, 100 g
bebida cola, 250 cc	

PREPARACIÓN

● Pelar las manzanas y con la ayuda de un sacabocados retirarles el centro, rociarlas con el jugo de limón.

● Cocinar el vino con la bebida cola, la canela, el azúcar, las pasas y un trozo de cáscara de limón, de 7 a 8 minutos.

● Acomodar las manzanas bien juntas y cubrirlas con el almíbar de vino. Cocinarlas en horno de temperatura moderada de 18 a 20 minutos.

RETIRAR LOS CENTROS A LAS MANZANAS, RELLENAR LOS HUECOS CON
LAS PASAS, REALIZAR UN CORTE EN EL CONTORNO SUPERIOR DE
CADA MANZANA, ACOMODARLAS EN UNA FUENTE PARA HORNO BIEN JUNTAS.
ROCIARLAS CON UN VASO DE VINO TINTO, UN VASO DE BEBIDA COLA
Y 150 GRAMOS DE AZÚCAR. COCINARLAS EN HORNO DE TEMPERATURA MODERADA
HASTA QUE AL PINCHARLAS ESTÉN TIERNAS.

ALCAUCILES RELLENOS POCHEADOS

entrada | 4 porciones

alcauciles, 8	curry, 1 cucharadita
limón, 1	huevo, 1
sal gruesa, 1 cucharada	queso rallado, 2 cucharadas
lemon grass, un trozo	aceite de oliva, 3 cucharadas
ajo y perejil, 2 cucharadas	pimienta verde de molinillo,
miga de pan, 1/2 taza	a gusto

PREPARACIÓN

• Retirar las hojas duras a los alcauciles, cortarles el tronco y limpiarlos con el pelapapas, cortarlos en rodajas. Con ayuda de la cucharita de *noisette* o una cucharita común quitar el centro plumoso de los alcauciles, cortarles también las puntas.

• Colocar en una cacerola o sartén algo profunda 2 tazas de agua con el limón cortado en rodajas, la sal y el *lemon grass* (esto último es optativo), hacer hervir.

• Aparte mezclar el ajo y perejil con la miga de pan, el curry, el huevo y el queso, distribuir dentro de los alcauciles.

• Acomodarlos sin superponerlos en el recipiente, rociar con el aceite y un toque de pimienta, incorporar los cabitos cortados. Tapar y cocinar a fuego bajo con el recipiente tapado que puede ser con una tapa o con papel metalizado.

UTILIZAR ALCAUCILES DE LATA, RELLENARLOS Y COCINARLOS
8 A 10 MINUTOS EN EL CONTENIDO DE UNA LATA DE SALSA POMAROLA Y
100 GRAMOS DE CREMA DE LECHE.

RISOTTO CON FUNGHI Y PECORINO

plato principal | 4 porciones

cebolla, 1	*funghi* (hongos secos), 1/2 taza
manteca, 100 g	caldo, 1 y 1/2 litro
aceite de oliva, 1 cucharada	azafrán, 1 cucharadita
arroz arborio, 400 g	sal y pimienta, a gusto
vino blanco, 1/2 vaso	queso pecorino, 60 g

PREPARACIÓN

• Picar la cebolla bien fina, rehogarla en la mitad de la manteca y el aceite, agregar el arroz y saltearlo revolviendo con cuchara de madera hasta que resulte transparente.

• Tener remojados los hongos en el vino, retirar los hongos y picarlos. Verter el vino sobre el arroz, cocinar 1 ó 2 minutos para que se evapore, añadir de a poco el caldo caliente, a medida que el arroz lo absorba agregar más caldo.

• Cuando falten unos minutos para que el arroz esté a punto añadir los hongos, el azafrán diluido en un poco de caldo, incorporar el resto de manteca, sal y pimienta y por cucharadas el queso rallado. Mezclar con cuchara de madera para integrar todo muy bien.

• Mantener tapado 7 a 8 minutos antes de servir dentro de las cazuelas de queso.

Cazuelas de queso

Calentar una sartén de 26 centímetros de diámetro rociada con *spray* vegetal, acomodar 250 gramos de queso sardo rallado y calentar sobre llama baja hasta que el queso esté fundido y los bordes ligeramente dorados. Con ayuda de una espátula levantarlo y deslizarlo sobre la parte externa de un bol rociado con *spray*, darle la forma del bol y dejarlo enfriar.

CAZUELITAS DE *CRÊPES* PARA SERVIR RISOTTO U OTRA PREPARACIÓN: ROCIAR CON *SPRAY* 4 CAZUELITAS, DENTRO DE CADA UNA ACOMODAR UNA *CRÊPE* QUE SOBRESALGA DEL BORDE, LLEVAR A HORNO DE TEMPERATURA MODERADA 15 MINUTOS PARA SECARLAS BIEN. DESMOLDARLAS Y UTILIZAR.

CREMA DE LIMONCELLO

postre | 4 porciones

yogur de vainilla, 400 g	ralladura de piel de limón,
crema de leche, 250 cc	3 cucharadas
azúcar, 125 g	azúcar y jengibre fresco, a gusto
limoncello, 150 cc	

PREPARACIÓN

- Colocar el yogur en un bol.
- Batir la crema con la mitad del azúcar hasta punto casi chantillí, mezclar la crema con el yogur.
- Distribuir el *limoncello* en 4 copas flautas, colocar encima la crema, espolvorear con la ralladura de limón mezclada con 1 cucharada de azúcar y 1 cucharada del jengibre fresco rallado. Servirlo bien frío.

DISTRIBUIR EL *LIMONCELLO* EN COPAS DE CHAMPAÑA, RELLENARLAS CON BOCHAS DE HELADO DE CREMA AMERICANA. ESPOLVOREAR CON LA RALLADURA DE LIMÓN MEZCLADA CON EL AZÚCAR Y RALLADURA DE JENGIBRE FRESCO.

BOCCONCINI DE MOZZARELLA

entrada | 4 porciones

bocconcini de mozzarella, 16	aceite, cantidad necesaria
harina, 2 cucharadas	tomates, 1/2 kilo
huevos, 2	sal, pimienta, azúcar y albahaca,
pan rallado, 1 taza	a gusto
queso rallado, 1/2 taza	

- Separar los *bocconcini* y pasarlos por la harina, luego sumergirlos en los huevos batidos. Condimentarlos con sal, por último pasarlos por el pan rallado mezclado con el queso rallado, ajustarlos bien y freírlos en aceite bien caliente.
- Pasar los tomates por agua caliente, pelarlos, estrujarlos ligeramente para quitarles parte de las semillas y picarlos. Cocinarlos en 2 cucharadas de aceite y condimentar con sal, pimienta, 1/2 cucharadita de azúcar y 1 cucharada de hojas de albahaca, cocinar de 6 a 7 minutos.
- Agregar los *bocconcini* y servir acompañados con tostadas de pan pinceladas con aceite de oliva.

PREPARAR LOS *BOCCONCINI* Y UTILIZAR EL CONTENIDO DE 1 LATA DE SALSA POMAROLA, CONDIMENTADA CON HOJAS DE ALBAHACA Y 1 CUCHARADA DE VERMUT.

 ## CAZUELA DE LOMO A LA HÚNGARA

plato principal | 4 porciones

lomo, 800 g	azúcar, 1 cucharada
aceite, cantidad necesaria	vino blanco, 1 vaso
cebollas, 2	sal, pimienta y páprika, a gusto
cebollitas chicas, 8	champiñones de París, 400 g
manteca, 40 g	caldo de carne, 1 pocillo

PREPARACIÓN

- Cortar el lomo en bifes y luego en cubos. Saltearlos en 4 cucharadas de aceite, retirar el lomo y en el mismo recipiente con un poco más de aceite rehogar las cebollas picadas.
- Pelar las cebollitas y colocarlas en una sartén con la manteca, espolvorear con el azúcar y cocinar a fuego bajo, rociar con el vino y cocinar de 6 a 7 minutos. Agregarlas a las cebollas rehogadas, incorporar el lomo y condimentar con sal, pimienta y 1 cucharadita de páprika.

- Rociar con el caldo, cocinar 5 minutos y agregar los champiñones fileteados gruesos, cocinar de 5 a 6 minutos más y servir en cazuelitas; si se desea, con arroz blanco a la manteca.

BUDÍN DE COCO Y CHOCOLATE

postre | 6 porciones

huevos, 4	coco seco, 100 g
leche condensada, 1 lata	cacao amargo, 3 cucharadas
leche común, la medida de una lata de leche condensada	caramelo de 150 g de azúcar

PREPARACIÓN

- Batir ligeramente los huevos con la leche condensada, medir de la misma lata una medida de leche común, agregar a la preparación. Por último incorporar el coco mezclado con el cacao.
- Acaramelar una budinera o moldes individuales, verter la preparación y cocinar a baño de María en horno de temperatura moderada 45 minutos. Verificar la cocción pinchando el budín; si el palillo sale seco, dejar enfriar y desmoldar.
- Servir con salsa de chocolate.

ÑOQUIS FLORENTINOS AL INSTANTE

plato principal | 4 a 5 porciones

hojas de espinaca cruda, 2 tazas	manteca, 30 g
leche, 2 tazas	harina leudante, 2 tazas
sal, pimienta y nuez moscada,	colmadas
a gusto	queso rallado, 3 cucharadas

PREPARACIÓN

• Lavar la espinaca y hervirla en la leche durante 3 a 4 minutos con sal, pimienta, nuez moscada y manteca. Pasar todo por procesadora, agregar la harina mezclada con el queso sin dejar enfriar la leche, procesar unos segundos hasta obtener el bollo de masa.

• Colocar sobre la mesada, dejar entibiar, cortar porciones, formar un cilindro y cortar los ñoquis de 2 cm, darles forma pasándolos por un tenedor o el aparato especial.

• Cocinarlos en abundante agua hirviendo con sal y 1 cucharada de aceite, cuando suban a la superficie, escurrirlos y servirlos con manteca, crema o salsa al filetto.

FORMAR CILINDROS FINOS. PARA HACER MÁS ÁGIL LA TAREA, COLOCAR TRES O CUATRO TIRITAS DE MASA BIEN ENHARINADAS UNA AL LADO DE LA OTRA, Y CORTAR LOS ÑOQUIS DE 1 CM. COCINARLOS DIRECTAMENTE SIN AHUECARLOS, PORQUE AL CORTARLOS BIEN PEQUEÑOS NO HAY NECESIDAD DE PASARLOS CADA UNO POR TENEDOR O EL APARATO DE ÑOQUIS.

SOUFFLÉS DE PAN AL CHOCOLATE

postre | 4 porciones

miga de pan cortado en cubos,
2 tazas

nueces, 50 g

bananas, 2

leche, 400 cc

azúcar, 4 cucharadas

cacao, 3 cucharadas

almidón de maíz, 1 cucharada
colmada

esencia de vainilla, 1 cucharadita

huevos, 4

PREPARACIÓN

• Distribuir el pan en una tartera térmica enmantecada, mezclado con las nueces picadas y las bananas cortadas en rodajitas.

• Cocinar la leche con el azúcar, el cacao y el almidón revolviendo siempre hasta que
rompa el hervor y espese ligeramente.

• Retirar del fuego, perfumar con la esencia y mezclar con las yemas y por último con
las claras batidas a nieve. Distribuir en la tartera sobre la mezcla de pan. Cocinar en horno de temperatura moderada 25 minutos.

DISTRIBUIR EL PAN, NUECES Y BANANAS EN LA TARTERA. COCINAR 1/2 POSTRE DE
VAINILLA CON 500 CC DE LECHE Y EL JUGO DE 2 NARANJAS, MEZCLAR CON
2 CLARAS BATIDAS A NIEVE; VERTER SOBRE LA PREPARACIÓN DE PAN Y COCINAR EN
HORNO MÁS BIEN CALIENTE 18 MINUTOS.

CAZUELITAS DE HUEVOS Y ESPINACA

entrada | 4 a 5 porciones

espinaca congelada, 1 paquete	manteca, 25 g
cebolla, 1	sal y queso rallado, a gusto
aceite de maíz, 2 cucharadas	huevos, 4 ó 5
salchichas de Viena, 4 ó 5	

PREPARACIÓN

• Picar ligeramente la espinaca.

• Picar la cebolla y rehogarla en el aceite, agregar las salchichas cortadas en rodajas y saltearlas. Añadir la espinaca y la manteca. Condimentar con poca sal y 2 cucharadas de queso parmesano o similar.

• Distribuir en 4 ó 5 cazuelitas, cascar un huevo en cada una y condimentar con sal.

• Cocinar en horno caliente hasta que la clara esté cocida o en microondas, pinchando previamente la yema, durante 2 minutos en MÁXIMO; en la mitad de la cocción hacer girar las cazuelas, verificar que las claras estén coaguladas.

CASCAR LOS HUEVOS EN LAS CAZUELAS, CONDIMENTAR Y DEJAR QUE CADA MIEMBRO DE LA FAMILIA, AL LLEGAR, FINALICE LA COCCIÓN.

TAGLIATELLE ALL'ALFREDO

plato principal | 4 a 5 porciones

tagliatelle, 500 g	queso parmesano rallado, 100 g
sal gruesa, a gusto	sal, pimienta y nuez moscada,
crema de leche, 400 cc	a gusto
jamón en un trozo, 150 g	

PREPARACIÓN

● Cocinar la pasta en abundante agua hirviendo con sal hasta que esté cocida pero al dente. Escurrirla y refrescarla con agua.

● Cocinar 1 ó 2 minutos la crema con el jamón (crudo o cocido) cortado en cubitos, la mitad del queso y poca sal, pimienta y nuez moscada. Mezclar con la pasta, espolvorear con el resto de queso.

LAS PASTAS PUEDEN CALENTARSE POR PORCIONES EN EL PLATO DE CADA COMENSAL. TENERLAS COCIDAS BIEN AL DENTE, EN EL FREEZER, HASTA 2 MESES. COCINAR LA SALSA Y DESCONGELAR EN ELLA LA PASTA, MOVIÉNDOLA DE VEZ EN CUANDO HASTA CALENTARLA.

FRUTA DE LA ESTACIÓN

postre

● Servir las frutas peladas y fileteadas para comodidad de los comensales.

SOPA DE VEGETALES AL PESTO

entrada | 4 porciones

zanahorias y calabaza cubeteadas, 2 tazas

papas cortadas en cubos, 4 tazas

cebolla picada, 1

cubos de caldo de carne, 2

zucchini cortados en cubos, 2

albahaca, ajo, aceite de oliva, sal y pimienta, cantidad necesaria

fideos cortos, 1 taza

PREPARACIÓN

● Colocar en un recipiente las zanahorias, la calabaza, las papas y la cebolla, cubrir con 1 y 1/2 litro de agua, añadir los cubos de caldo y hacer hervir durante 15 minutos. Agregar los *zucchini* y seguir cocinando.

● Procesar o licuar 8 hojas de albahaca con 1 diente de ajo, 2 cucharadas de aceite, sal y pimienta, incorporar a la sopa junto con los fideos, proseguir la cocción de 10 a 12 minutos más.

UTILIZAR LAS BANDEJAS CON VEGETALES CORTADOS O RALLADOS GRUESOS QUE SE VENDEN EN LOS SUPERMERCADOS Y VERDULERÍAS EN GENERAL

PASTEL DE PAPAS HOJALDRADO

plato principal | 4 porciones

cebolla, 1	aceitunas verdes, 50 g
ají rojo, 1	disco de pascualina, 1
aceite, 3 cucharadas	huevos duros, 2
carne picada, 600 g	papas, 600 g
tomate perita, 1/2 lata	manteca, 40 g
sal, pimienta, pimentón y	queso rallado, 3 cucharadas
tomillo, a gusto	

PREPARACIÓN

● Picar la cebolla y el ají, rehogar en el aceite, agregar la carne y saltearla ligeramente moviéndola con una cuchara de madera.

● Incorporar el tomate picado y condimentar con sal, pimienta, 1 cucharadita de pimentón y 1/2 cucharadita de tomillo. Añadir las aceitunas descarozadas, cocinar durante 2 minutos y retirar del fuego.

● Tapizar una tartera desmontable con el disco de pascualina, colocar la mitad de la carne y distribuir los huevos cortados en cuartos. Cubrir con el resto de carne, llevar a horno de temperatura moderada durante 20 minutos.

● Aparte, cocinar las papas en agua con sal, cuando estén tiernas, escurrirlas, pisarlas y mezclarlas con la manteca y la mitad del queso. Extender el puré sobre el pastel, espolvorear con el resto de queso y finalizar la cocción en horno bien caliente hasta dorar el puré.

TAPIZAR EL MOLDE DESARMABLE CON EL DISCO DE PASCUALINA Y HORNEAR A TEMPERATURA MEDIA DE 15 A 18 MINUTOS. COLOCAR LA MITAD DE LA CARNE Y LOS HUEVOS CORTADOS EN CUARTOS. CUBRIR CON EL RESTO DE LA CARNE, HORNEAR A TEMPERATURA MEDIA 20 MINUTOS. PREPARAR EL PURÉ CON UN PAQUETE DE COPOS SEGÚN INDIQUE EL ENVASE; COLOCAR SOBRE EL PASTEL, ESPOLVOREAR CON EL QUESO Y DORAR EN HORNO CALIENTE.

DURAZNOS EN ALMÍBAR

postre

● Servir bien fríos, acompañados con crema o dulce de leche.

TORTILLA DE ESPINACA RELLENA

entrada | 5 porciones

cebolla, 1	sal, pimienta, nuez moscada y
aceite, 3 cucharadas	tomillo, a gusto
espinaca, 3 paquetes	miga de pan, 1 taza
huevos, 4	jamón cocido, 100 g
queso rallado, 4 cucharadas	queso de máquina, 100 g

PREPARACIÓN

- Picar la cebolla y rehogarla en 1 cucharada de aceite.
- Blanquear la espinaca, escurrirla muy bien, picarla y saltearla con la cebolla. Mezclar con los huevos ligeramente batidos, el queso rallado y condimentar con sal, pimienta, nuez moscada y tomillo.
- Agregar la miga de pan remojada en leche, agua o caldo bien exprimida y picada, unir todo muy bien.
- Pincelar con el resto de aceite una tartera, acomodar la mitad de la preparación y distribuir encima el jamón y el queso cortados en juliana. Cubrir con el resto de preparación, rociar con aceite y cocinar en horno de temperatura moderada 30 minutos.

NOTA

El agregado de miga de pan da fuerza a la preparación y aumenta el volumen, calcular 1 taza después de rehogada y exprimida.

PARA BLANQUEAR LAS HOJAS DE ESPINACA, LAVARLAS Y COLOCARLAS EN UNA BOLSA PARA MICROONDAS. CERRAR FLOJA LA BOLSA Y COCINAR EN MÁXIMO DE 2 A 3 MINUTOS.

MATAMBRITOS DE CARNE PICADA

plato principal | 5 porciones

carne picada, 1 kilo	queso rallado, 4 cucharadas
cebolla picada, 1	ajo y perejil, 3 cucharadas
ají rojo, 1	huevo crudo, 1
aceite, 1 cucharada	huevos duros, 2
gelatina sin sabor, 7 g	aceitunas negras, 100 g

- Mezclar la carne picada con la cebolla y el ají picados y rehogados ligeramente en el aceite. Agregar la gelatina, el queso rallado el ajo y perejil y el huevo crudo, condimentar con sal y pimienta y unir muy bien amasando la preparación con la mano.

- Cortar cinco rectángulos de papel metalizado y distribuir sobre el papel la preparación, aplanarla con una espátula formando rectángulos de 1 centímetro de espesor.

- Acomodar encima cuartos de huevos duros y aceitunas negras, arrollar la carne con ayuda del papel ajustando bien. Cerrar los extremos y colocar en una asadera con 2 centímetros de agua. Cocinar en horno moderado el mismo tiempo que la tortilla, 30 minutos.

COLOCAR LA PREPARACIÓN COMPLETA EN LA BATIDORA O PROCESADORA; ASÍ TODO SE MEZCLARÁ EN UNOS SEGUNDOS.

BANANAS ASADAS CON DULCE DE LECHE

postre | 5 porciones

bananas, 5	azúcar rubia, 5 cucharaditas
manteca fundida, 50 g	dulce de leche, 5 cucharadas
limón, 1	nueces picadas, 5 cucharadas

PREPARACIÓN

- Cortar los dos extremos a las bananas y retirar una tira de las cáscaras, pincelar la pulpa de las bananas con la manteca, rociarlas con el jugo de limón y espolvorearlas con el azúcar rubia.

- Envolver cada banana con papel metalizado y acomodarlas en una asadera, cocinarlas en horno bien caliente (220°C) de 12 a 15 minutos. Abrir el papel por el lugar donde se retiró la tira de cáscara de cada banana. Cortar en rodajas sin sacarlas de las cáscaras y rociarlas con el dulce de leche aligerado con algo de leche y espolvorear con las nueces.

PELAR LAS BANANAS, CORTARLAS EN RODAJAS Y PONERLAS EN UNA
FUENTE PARA HORNO, ROCIAR CON EL JUGO DE LIMÓN Y LA MANTECA,
ESPOLVOREAR CON EL AZÚCAR Y GRATINAR EN HORNO CALIENTE 6 Ó 7 MINUTOS.
SERVIR TIBIAS, EN COPAS, CON DULCE DE LECHE Y NUECES.

SOPA CREMA DE TOMATE

entrada | 5 porciones

cebolla, 1	tomates, 1/2 kilo
puerros, 2	leche, 1/2 litro
apio, 2 ramitas	sal y azúcar, a gusto
hinojo, 1	almidón de maíz, 2 cucharadas
manteca, 40 g	colmadas

PREPARACIÓN

- Picar la cebolla, los puerros, el apio y el hinojo, rehogarlos en la manteca.
- Pasar los tomates por agua caliente unos minutos, pelarlos y presionar para retirar las semillas; picar y agregar a los vegetales rehogados. Cocinar 4 ó 5 minutos, añadir la mitad de la leche, 1/2 cucharada de azúcar y sal; cocinar 5 minutos y licuar o procesar la preparación.
- Filtrar con colador o chino y llevar sobre fuego, agregar el almidón diluido en el resto de la leche y cocinar revolviendo hasta que rompa el hervor y espese.
- Servir con cubos de pan tostado y, si lo desea, hojas de albahaca picadas.

PICAR LOS VEGETALES Y REHOGARLOS EN LA MANTECA. AGREGAR EL
CONTENIDO DE UNA LATA DE TOMATES PERITA Y EL DE UNA DE PURÉ DE TOMATE,
SAL, AZÚCAR Y UN CUBO DE CALDO DE VERDURA; COCINAR 10 MINUTOS, FILTRAR
Y CONTINUAR CON LOS PASOS INDICADOS EN LA RECETA.

PANZOTTINI FRITOS

plato principal | 5 porciones

Masa	sal, 1 cucharadita
levadura de cerveza, 20 g	**Relleno**
harina, 300 g	salame, 150 g
azúcar, 1 cucharadita	mozzarella, 200 g
aceite de oliva, 2 cucharadas	queso sardo rallado, 100 g
agua tibia, 175 cc	aceite para freír

PREPARACIÓN

• Para preparar la masa, desmigar la levadura con la harina y el azúcar, añadir el aceite y el agua tibia con la sal. Tomar la masa y amasar bien, debe obtenerse una masa tierna que no se pegue en las manos.

• Dejarla descansar tapada 15 minutos. Luego estirarla y cortar medallones de 12 cm de diámetro, distribuir sobre cada uno de ellos salame picado y cubos de mozzarella, espolvorear con el queso sardo. Pincelar el borde de la masa con agua y cerrar como si fuera una empanada pero sin hacerle repulgo, ajustar bien los bordes y freírlos en aceite hasta dorarlos, escurrirlos sobre papel. Servirlos calientes.

EN VEZ DE AMASAR, UTILIZAR LOS BOLLOS DE MASA PARA PIZZA QUE SE VENDEN EN SUPERMERCADOS O PIZZERÍAS.

FLAN DE DULCE DE LECHE

plato principal | 8 porciones

huevos, 6	dulce de leche, 250 g
yemas, 2	leche, 1 litro
azúcar, 150 g	caramelo de 125 g de azúcar

PREPARACIÓN

- Batir ligeramente los huevos con las yemas, el azúcar y el dulce de leche.
- Hervir aparte la leche, dejarla entibiar y agregar al batido de huevos, mezclar bien.
- Preparar un caramelo con 125 g de azúcar, extender en el interior de una budinera. Colocar la preparación y cocinar a baño de María en horno de temperatura moderada de 55 a 60 minutos. Dejar enfriar y desmoldar.

PREPARAR UN FLAN DE VAINILLA DE PAQUETE SEGÚN INDIQUE EL ENVASE. RETIRAR DEL FUEGO Y AGREGAR 250 G DE DULCE REPOSTERO; MEZCLAR POCO PARA LOGRAR UNA PREPARACIÓN VETEADA. HUMEDECER UNA BUDINERA, VERTER EL FLAN, LLEVAR A HELADERA Y DESMOLDAR FRÍO.

TARTA DE ZANAHORIAS Y BRÓCOLI

entrada | 5 porciones

disco de pascualina, 1	huevos, 4
mostaza, 1 cucharada	aceite, 4 cucharadas
pan rallado o bizcochos molidos, 2 cucharadas	sal, pimienta y nuez moscada, a gusto
zanahorias, 1/2 kilo	queso parmesano rallado, 1/2 taza
cebolla, 1	brócoli cocido, 2 tazas

PREPARACIÓN

- Tapizar una tartera rociada con *spray* con el disco de pascualina. Untar la base de la masa con la mostaza y espolvorear con el pan rallado.
- Cocinar las zanahorias peladas y cortadas en trozos en agua con sal, cuando estén tiernas escurrirlas y colocarlas en la procesadora o licuadora.
- Agregar la cebolla pelada y cortada en trozos, los huevos y el aceite, procesar o licuar hasta tener una crema, condimentar con sal, pimienta, nuez moscada y el queso.
- Verter dentro de la tarta y distribuir los ramitos de brócoli. Cocinar en horno de temperatura moderada de 40 a 45 minutos.

Secretos para inexpertas

Cuando se preparan tartas o pasteles es importante aislar la masa untándola con mostaza y colocando sobre ésta pan o bizcochos rallados, para que el relleno no humedezca la masa.

UTILIZAR RAMITOS DE BRÓCOLI CONGELADOS A LOS QUE SÓLO HAY QUE DESCONGELARLOS Y ACOMODARLOS DENTRO DE LA TARTA. TAMBIÉN SE PUEDE UTILIZAR ZANAHORIAS DE LATA PARA PROCESAR DIRECTAMENTE JUNTO CON LA CEBOLLA, HUEVOS Y ACEITE.

POLLO CON SALSA DE PATÉ

plato principal | 5 porciones

pollo chico, 1	paté *de foie* o jamón del diablo,
sal y pimienta, a gusto	1 lata
aceite, 3 cucharadas	mayonesa, 3 cucharadas
manteca, 20 g	vino blanco, 200 cc
cebolla, 1	caldo de ave, 200 cc

PREPARACIÓN

- Cortar el pollo en presas chicas, condimentarlo con sal y pimienta.
- Calentar en un recipiente el aceite y la manteca, rehogar la cebolla cortada por la mitad y luego en rodajas finas, agregar el pollo y saltearlo para cerrar las fibras.
- Mezclar en un bol el paté o jamón del diablo, la mayonesa y el vino, verter sobre el pollo y agregar el caldo.
- Cocinar tapado a fuego lento 25 minutos.

Secretos para inexpertas

Es conveniente trabajar con las presas de pollo sin la piel para que no se peguen en el recipiente. Si se trabaja con el pollo sin piel, pasar las presas por harina o fécula antes de saltearlo, para cerrar las fibras.

HACER TROZAR EL POLLO POR EL CARNICERO O UTILIZAR 2 SUPREMAS Y 2 PATAS Y MUSLOS, QUE RESULTAN MUCHO MÁS FÁCILES PARA TROZAR EN CASA.

CINTAS DE CRÊPES CON MIEL

postre | 5 porciones

crêpes, 10

manteca, 30 g

azúcar rubia, 2 cucharadas

Miel, 3 cucharadas

canela, 2 cucharaditas

PREPARACIÓN

- Envolver las *crêpes* formando un rollito con cada una y cortarlas en tiras.
- Fundir la manteca, agregar las cintas de *crêpes*, espolvorear con el azúcar y rociar con la miel, mover con 2 tenedores para que se integren y se calienten.
- Espolvorear con la canela. Servirlos tibios con una bocha de helado o con duraznos en almíbar.

Secretos para inexpertas

Cuando se acaramelan frutas o en este caso *crêpes*, deben moverse continuamente para que el caramelo que se forma no las queme.

ARROLLADO CON CREMA DE ESPINACA

entrada | 4 porciones

pionono, 1	queso parmesano, 6 cucharadas
espinaca cocida, 2 tazas	nueces picadas, 6 cucharadas
queso blanco, 250 g	sal y pimienta, a gusto
mayonesa, 2 cucharadas	curry, 1 cucharadita

PREPARACIÓN

● Extender el pionono.

● Mezclar la espinaca bien exprimida y picada con la mitad del queso blanco, la mayonesa y la mitad del queso rallado, distribuir sobre el arrollado, espolvorear con la mitad de las nueces y arrollarlo.

● Acomodarlo sobre una fuente para horno y cubrirlo con el resto de queso blanco condimentado con la sal, la pimienta y el curry. Espolvorear con el resto de queso rallado y calentar en horno de temperatura moderada 10 minutos.

Secretos para inexpertas

El curry se prepara con diversas especias y da a las comidas un color similar al del azafrán, pero su sabor es más intenso, por eso debe usarse con moderación.

USAR ESPINACA CONGELADA: SUMERGIR LA BOLSA EN AGUA CALIENTE, ESCURRIR LA ESPINACA Y PICARLA. SI SE USA ESPINACA FRESCA, BLANQUEARLA: CORTAR LOS TRONQUITOS, LAVAR, SUMERGIR EN AGUA HIRVIENDO CON SAL 2 MINUTOS, ESCURRIR Y PONER EN AGUA CON HIELO; EXPRIMIR Y PICAR.

TULIPAS DE NUEZ CON CHOCOLATE | REF. PÁGINA 176

SALTIMBOCCA DE TERNERA

plato principal | 4 porciones

bifes finos de ternera, 4	aceite de oliva, 3 cucharadas
sal, pimienta y salvia, a gusto	cubo de caldo de carne, 1
jamón crudo, 4 tajadas	salsa de tomate, 1/2 taza
manteca, 25 g	crema, 75 cc

PREPARACIÓN

• Condimentar la carne con poca sal y un toque de pimienta, colocar sobre cada bife 1 ó 2 hojitas de salvia fresca y una tajada de jamón, pinchar con un palillo.

• Calentar en una sartén la manteca y el aceite, colocar los bifes con el jamón hacia abajo, dorar de un lado y luego del otro, rociar con el cubo de caldo diluido en un pocillo de agua caliente y cocinar de 6 a 7 minutos.

• Mezclar la salsa con la crema, calentarla y napar los platos, colocar encima los *saltimbocca*, rociar con el jugo de cocción y espolvorear con hojitas de salvia.

Secretos para inexpertas

Es conveniente agregar aceite a las frituras en manteca porque ésta se quema a temperaturas más bajas. Como los aceites aceptan temperaturas altas, al mezclarse no hay peligro de que la manteca se queme y malogre el plato.

USAR EL CONTENIDO DE UNA LATA DE SALSA POMAROLA. YA CONDIMENTADA

FRUTA DE LA ESTACIÓN

postre |

Preparar una fuente con las frutas peladas y fileteadas, rociadas con jugo de limón.

FILETES A LA MILANESA CON PAPAS

plato principal | 4 porciones

filetes de merluza, 4	huevos, 2
sal, pimienta y jugo de limón, a gusto	perejil picado, 2 cucharadas
	pan rallado, 2 tazas
harina, 2 cucharadas	aceite para freír

PREPARACIÓN

• Elegir filetes de merluza sin espinas; condimentarlos con sal, pimienta y jugo de limón. Pasarlos ligeramente por la harina.

• Batir los huevos con sal y el perejil, sumergir los filetes en el huevo y luego pasarlos por el pan rallado ajustando bien.

• Por último cocinarlos en una fritura de aceite no demasiado caliente hasta dorarlos de ambos lados. Escurrirlos sobre papel.

• Servirlos con papas fritas crocantes y rodajas de limón.

Papas fritas crocantes

Pelar 4 papas, lavarlas y cortarlas en bastones o rodajas, colocarlas en un bol con agua, bastante sal y cubos de hielo, dejar las papas en remojo por lo menos 20 minutos. Luego escurrirlas, secarlas y freírlas en abundante aceite caliente.

Secretos para inexpertas

• Es conveniente condimentar los filetes con sal, pimienta y jugo de limón y mantenerlos tapados en heladera 1 hora antes de prepararlos para endurecer la carne del pescado.

• Cuando se salan las papas después de fritas al poco tiempo se ablandan porque se deshidratan con la sal. Colocándolas en agua fría con sal antes de freírlas, resultan crocantes ya que absorben la sal antes de cocinarse.

PREPARAR LOS FILETES A LA ROMANA. PARA ESTO PASARLOS POR LA HARINA, LUEGO POR LOS HUEVOS BATIDOS Y CONDIMENTADOS CON SAL Y PEREJIL Y DIRECTAMENTE SUMERGIRLOS EN ACEITE CALIENTE HASTA DORARLOS DE AMBOS LADOS.

MOUSSE MARMOLADA

postre | 4 porciones

queso blanco, 250 g	azúcar molida, 2 cucharadas
azúcar impalpable, 2 cucharadas	dulce de leche repostero,
esencia de vainilla, 1 cucharadita	4 cucharadas colmadas
claras, 2	

PREPARACIÓN

• Mezclar el queso blanco con el azúcar impalpable y la esencia.

• Batir las claras hasta que espumen, añadir el azúcar molida en forma de lluvia, batir hasta obtener un merengue firme.

• Mezclar el dulce de leche con el queso blanco en forma despareja, añadir por último el merengue de claras revolviendo en forma envolvente.

• Distribuir en 4 boles, espolvorear con nueces o almendras picadas y servir bien frío.

Secretos para inexpertas

Cuando se batan claras para obtener merengue, el recipiente y el batidor no deben tener vestigios de manteca o crema y en las claras no debe haber nada de yema.

SPAGHETTI ALLA CARBONARA

plato principal | 5 porciones

spaghetti, 700 g	jamón cocido, 200 g
sal gruesa, 1 cucharada	huevos, 4
aceite de oliva, 4 cucharadas	crema de leche, 200 cc
manteca, 75 g	queso pecorino o similar, 4
ajo, 2 dientes	cucharadas

PREPARACIÓN

• Cocinar los *spaghetti* en abundante agua hirviendo con sal hasta que estén tiernos pero bien al dente, es decir que al morderlos presenten una pequeña resistencia.

• Calentar el aceite y la manteca, agregar los dientes de ajo enteros, dorarlos y retirarlos, añadir el jamón cortado en tiras y los *spaghetti*, mezclar bien con dos tenedores.

• Batir ligeramente los huevos con la crema y el queso, verter sobre los fideos y removerlos hasta que los huevos coagulen pero quede una preparación jugosa.

• Agregar un toque de pimienta negra de molinillo y servir enseguida.

Secretos para inexpertas

Para que los *spaghetti* (o cualquier tipo de pasta) no se pasen de cocción, después de colarlos, enjuagarlos debajo del chorro de agua fría, escurrirlos y mezclarlos en la sartén o cacerola con los ingredientes que se indican para que tengan buen sabor y no resulten lavados.

COCINAR LA PASTA EN ABUNDANTE AGUA HIRVIENDO CON SAL Y 1 CUCHARADITA DE ACEITE HASTA QUE ESTÉ CASI TIERNA. ENJUAGAR CON AGUA FRÍA Y GUARDAR EN RECIPIENTE RÍGIDO EN FREEZER HASTA 3 MESES. PARA USARLOS, DESCONGELAR Y TERMINAR DE COCINAR CON MANTECA, ACEITE, AJO Y JAMÓN. AÑADIR LOS HUEVOS, LA CREMA Y EL QUESO, MEZCLAR HASTA QUE LOS HUEVOS COAGULEN.

DURAZNOS CROCANTES RELLENOS

postre | 5 porciones

duraznos en almíbar, 1 lata	almidón de maíz, 1 cucharada colmada
bizcochos *amaretti*, 100 g	
dulce de leche pastelero, 4 cucharadas	miel, 2 cucharadas
	ralladura de limón, 1 cucharada
	crema chantillí, 200 g

PREPARACIÓN

- Escurrir los duraznos del almíbar, acomodarlos en una fuente para horno.
- Moler los bizcochos, mezclarlos con el dulce de leche y distribuir dentro de los duraznos, gratinarlos en horno caliente.
- Colocar el almíbar de los duraznos en un recipiente sobre fuego con el almidón de maíz, la miel y la ralladura, cocinar revolviendo hasta que rompa el hervor y espese.
- Verter en una fuente, acomodar los duraznos, dejar enfriar y colocar sobre cada uno una cucharada de crema chantillí.

Secretos para inexpertas

Para no correr riesgo de que la crema se corte cuando se bate para obtener chantillí, utilizar crema bien fría, agregarle 1 cucharada de azúcar por cada 100 cc de crema, un chorrito de esencia de vainilla y 1 cucharadita de leche en polvo por cada 100 cc de crema. La leche en polvo da más cuerpo a la crema.

LICUAR LOS DURAZNOS CON PARTE DEL ALMÍBAR Y EL ALMIDÓN DE MAÍZ; COCINAR HASTA QUE ESPESE. DISTRIBUIR EN COMPOTERAS, ESPOLVOREAR CON LOS BIZCOCHOS AMARETTI MOLIDOS Y DECORAR CON UN COPETE DE DULCE DE LECHE.

OMELETTE DE CHAMPIÑONES CON QUESO

entrada | 4 porciones

champiñones, 200 g	sal y pimienta, a gusto
manteca, 30 g	queso fundido fontina, 150 g
aceite, 3 cucharadas	huevos, 6

PREPARACIÓN

• Lavar los champiñones y filetearlos, es decir cortarlos en láminas, saltearlos en la mitad de la manteca y el aceite, condimentarlos con sal y pimienta, retirarlos del fuego y mezclarlos con el queso fundido cortado en trocitos, reservar.

• Batir ligeramente 2 huevos, calentar la sartén con un poco de la manteca y aceite sobrante. Verter los huevos batidos, bajar la llama y esperar que comience a coagular en los bordes y forme piso; distribuir una cuarta parte de los champiñones y queso fundido sin llegar a los bordes.

• Cuando se haya coagulado gran parte del huevo pero todavía quede algo sin coagular alrededor del relleno, con ayuda de una espátula doblar la *omelette* por la mitad o, si se desea, doblar dos bordes tapando el relleno. Mantener al calor y repetir lo mismo con las otras tres *omelettes*.

Secretos para inexpertas

• No es conveniente batir demasiado los huevos porque forman espuma, la espuma no coagula y se separa del resto del huevo.

• Es imprescindible utilizar sartén de teflón o las viejas sartenes negras que no se deben lavar con abrasivos. Las *omelettes* deben resultan jugosas, los franceses llaman a ese punto "*baveuse*".

REEMPLAZAR LOS CHAMPIÑONES FRESCOS POR CHAMPIÑONES DE LATA. EN ESE CASO, ESCURRIRLOS Y MEZCLARLOS CON EL QUESO FUNDIDO.

ALBONDIGONES CON SALSA PERFUMADA

plato principal | 4 porciones

carne picada, 1/2 kilo	**Salsa**
ajo y perejil, 2 cucharadas	cebolla, 1
miga de pan, 1/2 taza	ají, 1
leche o caldo, 1/2 taza	tomates pelados, 1/2 kilo
sal, pimienta y orégano, a gusto	vermut, 1/2 vaso
huevo, 1	sal, pimienta, a gusto
cebolla rallada, 3 cucharadas	albahaca, 8 hojas
queso rallado, 3 cucharadas	tomillo, 1 ramita
harina, 1 taza	laurel, 1 hoja
	aceitunas descarozadas verdes o negras, 100 g

PREPARACIÓN

• Colocar la carne en un bol con el ajo y perejil, la miga de pan remojada en leche o caldo, exprimida y picada, condimentar con sal, pimienta y 1 cucharadita de orégano, agregar el huevo, la cebolla y el queso, amasar con la mano o en procesadora para ligar muy bien todos los ingredientes.

• Tomar porciones del tamaño de un huevo chico, pasarlas por la harina, ajustarlas bien y dorarlas ligeramente en aceite caliente.

• Para la salsa licuar o procesar la cebolla y el ají cortados en trozos con los tomates pasados por agua caliente y pelados y el vermut, colocar en una cazuela y condimentar con sal, pimienta, albahaca, tomillo, laurel y una pizca de azúcar.

• Cocinar a fuego lento 10 minutos, acomodar los albondigones y las aceitunas.

Secretos para inexpertas

• Para armar los albondigones, pasarlos por harina y ajustar muy bien para que no se abran durante la cocción. Mezclar la carne picada con el resto de los ingredientes amasándola con la mano o en batidora; si se hace con cuchara no llega a integrarse.

FRUTA DE LA ESTACIÓN

postre

- Si se sirven manzanas o peras, presentarlas peladas y fileteadas, rociadas con jugo de limón y miel.

ENSALADA SALUDABLE

entrada | 2 porciones

lechuga mantecosa, 1 planta chica	castañas de Cajú saladas, 3 cucharadas
espárragos cocidos, 10 ó 12	tomates, 2
jamón cocido cortado en cubitos, 100 g	yogur natural, 200 g
	sal, jugo de limón y mostaza,
manzana, melón o duraznos, 1 taza cortados en cubos	a gusto
	cebolla rallada, 1 cucharada

PREPARACIÓN

- Lavar y cortar con la mano la lechuga, acomodarlas en una fuente y distribuir encima los espárragos, el jamón, la fruta elegida, las castañas picadas gruesas y los tomates pasados por agua caliente, pelados, sin centros ni semillas y cortados en cubitos.
- Condimentar el yogur con 3 cucharadas de jugo de limón y 1/2 cucharadita de ralladura de piel de limón, sal, pimienta 1 cucharadita de mostaza y la cebolla. Si se desea, agregar 1 cucharada de aceite, batir para emulsionar bien y verter sobre la ensalada.

BLANQUEAR LOS ESPÁRRAGOS, ES DECIR, SUMERGIRLOS EN AGUA HIRVIENDO
CON SAL DURANTE 4 MINUTOS, ESCURRIRLOS Y COLOCARLOS EN AGUA HELADA
PARA DETENER LA COCCIÓN. SECARLOS Y GUARDARLOS EN PEQUEÑAS CANTIDADES
EN BOLSAS PARA FREEZER. SE PUEDEN DESCONGELAR EN MICROONDAS O
A TEMPERATURA AMBIENTE. TAMBIÉN SE PUEDEN USAR ESPÁRRAGOS ENVASADOS.

EMPAREDADOS DE LENGUADO

plato principal | 2 porciones

filetes de lenguado, 2

sal marina, jugo de limón, eneldo y perejil, a gusto

berenjena, 1

tomate, 1

miga de pan rallado, 1/2 taza

queso parmesano rallado, 2 cucharadas

aceite de maíz, 2 cucharadas

PREPARACIÓN

• Condimentar los filetes con sal marina, jugo de limón, eneldo y perejil, reservarlos en la heladera.

• Pelar la berenjena y cortarla en rodajas a lo largo, asarlas en la parrilla de ambos lados; cortar el tomate en rodajas finas. En una fuente para horno rociada con *spray* vegetal colocar las rodajas de berenjena, acomodar encima los filetes, cubrirlos con el resto de berenjenas y rodajas de tomate.

• Mezclar el pan rallado con el queso y 1 cucharada de eneldo y perejil, distribuir sobre los emparedados, rociar con aceite.

• Cocinar en horno caliente de 12 a 15 minutos.

CONDIMENTAR LOS FILETES, ACOMODARLOS EN UNA FUENTE PARA HORNO ROCIADA CON *SPRAY* VEGETAL, CUBRIRLOS CON RODAJAS DE TOMATE Y ESPOLVOREARLOS CON LA MEZCLA DE MIGA DE PAN RALLADO, QUESO Y HIERBAS. COCINAR EN HORNO CALIENTE DE 12 A 15 MINUTOS.

CREMA ESPECIADA DE MANZANAS

postre | 2 a 4 porciones

manzanas Rome, 1 kilo
limón, 1
naranjas, 2
miel, 2 cucharadas

jengibre y canela, a gusto
queso blanco, cantidad
necesaria

PREPARACIÓN

• Pelar las manzanas y cortarlas en octavos, desechar las semillas y los centros, colocarlas en un recipiente con el jugo del limón y de las naranjas, agregar la miel y un trocito de jengibre y de canela en rama.

• Tapar el recipiente y cocinar a fuego suave, revolviendo de vez en cuando hasta que las manzanas se deshagan, retirar el jengibre y la canela y servir en compoteras con un copete de queso blanco.

UTILIZAR UNA LATA DE PURÉ DE MANZANAS, ESPOLVOREAR CON JENGIBRE RALLADO Y CANELA EN POLVO. SERVIR CON UN COPETE DE QUESO BLANCO.

266

MINITORTILLAS AL HORNO

entrada | 2 porciones

zanahoria rallada, 1/2 taza	queso parmesano rallado, 2
cebolla rallada, 2 cucharadas	cucharadas
tomate cubeteado, 1	sal marina y perejil, a gusto
arvejas cocidas, 1/2 taza	claras, 2
queso blanco, 50 g	huevo, 1

PREPARACIÓN

• Mezclar la zanahoria, la cebolla, el tomate, las arvejas, el queso blanco y el queso rallado. Condimentar con sal marina y dos cucharadas de perejil. Por último agregar las claras y el huevo ligeramente batido, unir todo muy bien.

• Rociar una placa para horno con *spray* vegetal, distribuir por cucharadas la preparación y cocinar en horno caliente 12 minutos, darlas vuelta con una espátula y proseguir la cocción en horno caliente de 10 a 12 minutos más.

UTILIZAR LAS BANDEJAS DE VEGETALES RALLADOS O CORTADOS EN JULIANA QUE SE VENDEN EN LOS SUPERMERCADOS.

POLLO AL POMELO EN CROÛTE DE COPOS

plato principal | 2 porciones

supremas, 2	copos de maíz o de arroz, 1 taza
pomelos rosados, 2	nueces picadas gruesas, 4
sal y pimienta verde, a gusto	cucharadas
romero y tomillo, 2 cucharadas	aceite o glicerina, 1 cucharada

PREPARACIÓN

● Cortar las supremas en cubos del tamaño de un bocado. Condimentarlas con el jugo de 1/2 pomelo, sal, pimienta y 1 cucharada del romero y tomillo.

● Acomodar las supremas sobre dos cuadrados de papel metalizado, cubrirlos con la mezcla de copos y nueces, colocar alrededor los pomelos pelados a vivo y separados en gajos, rociar con aceite y levantar los bordes del papel para conservar los jugos.

● Cocinar en horno a 180º/200ºC aproximadamente durante 20 minutos. Servirlos sobre el mismo papel en los platos.

CONSERVAR EN EL FREEZER HASTA 2 MESES. PARA USAR, DESCONGELAR Y HORNEAR A 150°C 20 MINUTOS, ABRIR EL PAPEL Y HORNEAR 12 MINUTOS MÁS A 180°C.

GELATINA DE MANZANAS

postre

● Preparar según indique el envase y enriquecerla con cubitos de manzana fresca.

TARTA CREMOSA DE PUERROS

entrada | 4 porciones

Masa	Relleno
harina integral superfina, 100 g	puerros cocidos, 1/2 kilo
harina de trigo 0000, 100 g	jamón cocido, 50 g
sal, 1 cucharadita	huevo, 1
queso blanco, 50 g	claras, 2
aceite de maíz, 2 cucharadas	salsa bechamel dietética, 250 cc
agua o leche, 2 cucharadas	queso parmesano rallado, 3 cucharadas

PREPARACIÓN

● Mezclar las dos harinas y la sal, agregar el queso blanco, el aceite y el agua o la leche. Tomar la masa sin amasar y tapizar con ella una tartera con preferencia desmontable, rociada con *spray* vegetal. Precocinarla a blanco 10 minutos en horno de temperatura moderada.

● Escurrir muy bien los puerros y picarlos ligeramente, mezclarlos con el jamón cortado en juliana, el huevo, las claras, la salsa bechamel y el queso rallado. Rectificar el sabor, distribuir dentro de la masa y proseguir la cocción en horno de temperatura moderada a caliente (190°C) de 15 a 18 minutos.

Salsa bechamel dietética

Colocar en un recipiente 250 cc de leche, 1 cucharada de aceite de maíz, 1 cucharada de harina y 1/2 cucharada de almidón de maíz, condimentar con sal, pimienta y nuez moscada. Cocinar revolviendo siempre hasta que rompa el hervor y se forme una crema, cocinar 1 ó 2 minutos más.

SUPLANTAR LA SALSA BECHAMEL POR 250 GRAMOS DE QUESO BLANCO.

UTILIZAR UN DISCO DE MASA INTEGRAL COMPRADO.

HAMBURGUESAS DE SOJA

plato principal | 12 hamburguesas

porotos de soja,	aceite, 1 cucharadita
1 taza desayuno colmada	queso *gruyère* rallado, 3
sal, a gusto	cucharadas
arroz cocido, 1 taza	harina integral superfina, canti-
cebolla rallada, 4 cucharadas	dad necesaria

PREPARACIÓN

- Remojar los porotos de soja la noche anterior, luego cocinarlos en agua con sal hasta que estén bien tiernos, escurrirlos y procesarlos.
- Mezclarlos con el arroz cocido y bien escurrido, la cebolla cocida en el aceite y el queso, rectificar el sabor y unir muy bien formando una pasta.
- Tomar 12 porciones, darles forma de hamburguesas, pasarlas por la harina integral ajustándolas muy bien.
- Llevarlas a heladera por lo menos 2 horas, luego asarlas sobre plancha o en horno muy caliente.
- Servirlas con ensalada de zanahoria rallada, cubos de manzana y tomate *concassé*.

SI NO SE UTILIZAN TODAS LAS HAMBURGUESAS SE PUEDEN CONSERVAR EN EL FREEZER HASTA 3 MESES APILADAS ENTRE SEPARADORES Y EMBOLSADAS.

FRUTA DE LA ESTACIÓN

postre

- Si se sirven bananas, rociarlas con jugo de limón para que no se oxiden y salsearlas con dulce de leche o chocolate.

ENSALADA DE HABAS Y ARROZ

entrada | 2 porciones

habas frescas, 1 kilo	jugo y ralladura de naranja,
sal gruesa, a gusto	1 cucharada
arroz basmati, 1/2 pocillo	mostaza en polvo, 1 cucharadita
caldo, 1 y 1/2 pocillo	curry, 1 cucharadita
aceite de maíz, 2 cucharadas	pistachos, 2 cucharadas

PREPARACIÓN

• Pelar las habas retirándolas de las vainas, luego quitar a cada haba la película que la recubre, cocinarlas en agua con sal hasta que estén tiernas.

• Colocar el arroz en el caldo hirviente, mezclar y, cuando rompa el hervor taparlo y colocarlo en horno caliente 18 minutos.

• Retirarlo y agregar el aceite, mezclar bien para despegar los granos y agregar las habas y el jugo y ralladura de naranja con la mostaza y el curry. Unir todo y espolvorear con los pistachos tostados y pisados. Distribuir en dos boles.

REEMPLAZAR LAS HABAS FRESCAS POR HABAS ENVASADAS O CUALQUIER OTRA LEGUMINOSA EN LATA.

POSTAS DE SALMÓN CON HIERBAS

plato principal | 2 porciones

postas de salmón, 2	piñones, 2 cucharadas
sal parrillera, 1 cucharada	cúrcuma, 1/2 cucharadita
hojas de cilantro, tomillo, granos	harina, 1 cucharada
de pimienta verde, 3 cucharadas	

PREPARACIÓN

• Secar las postas de salmón.

• Procesar o moler en mortero la sal con las hojas de cilantro, el tomillo, la pimienta, los piñones y la cúrcuma. Mezclar con la harina y pasar el pescado por esta preparación ajustándola bien.

• Calentar la parrilla, rociarla con el *spray* vegetal y asar el pescado de ambos lados.

EMPANAR EL PESCADO, ENVOLVERLO EN PAPEL METALIZADO Y COCINARLO
EN HORNO CALIENTE DE 16 A 18 MINUTOS.

DURAZNOS ASADOS EN ALMÍBAR

postre | 2 porciones

duraznos sin pelar, 4	granos de pimienta de Cayena,
miel, 2 cucharadas	1/2 cucharada
azúcar rubia, 2 cucharadas	limón, 1
jugo de naranja, 200 cc	canela en rama, un trozo

PREPARACIÓN

• Lavar los duraznos y acomodarlos en una fuente chica, bien juntos. Mezclar la miel, con el azúcar dentro del jugo de naranja. Verter sobre los duraznos. Distribuir los granos de pimienta y los gajitos de limón pelados a vivo, agregar el trozo de canela.

• Tapar con papel metalizado y cocinar en horno suave de 30 a 35 minutos.

PREPARAR DOBLE O TRIPLE PROPORCIÓN DE DURAZNOS Y DEJARLOS ENFRIAR.
SE PUEDEN GUARDAR EN FREEZER EN RECIPIENTE RÍGIDO O EN BOLSAS PARA FREEZER
DURANTE 6 MESES.

CRÊPES DE HARINA INTEGRAL Y TOFU

entrada | 4 porciones

harina integral superfina,
1/2 taza

harina de trigo 0000, 1/2 taza

aceite de maíz, 2 cucharaditas

sal, 1 cucharadita

ralladura de piel de limón, 1
cucharadita

huevo, 1

clara de huevo, 1

agua con gas, 1 taza

queso tofu, 250 g

salsa de tomate natural, 1 taza

hojas de salvia para decorar

PREPARACIÓN

• Licuar las dos harinas con el aceite de maíz, la sal, la ralladura, el huevo, la clara y el agua con gas, dejar reposar de 20 a 30 minutos y realizar las *crêpes* en sartén para que resulten de un diámetro más importante.

• Calcular 2 *crêpes* por persona, rellenarlas con una tajada de queso tofu, doblarlas en cuatro y acomodarlas en una fuente para horno con la salsa de tomate, distribuir encima hojas de salvia.

• Calentar las *crêpes* en el momento de servir.

SUPERPONER LAS *CRÊPES* RESTANTES SEPARADAS ENTRE SÍ POR SEPARADORES, EMBOLSARLAS Y GUARDARLAS EN EL FREEZER HASTA 3 MESES.

CAZUELA DE VEGETALES Y POROTOS

plato principal | 4 porciones

porotos aduki, 1 taza	zanahorias, 2
sal, laurel y comino, a gusto	berenjenas, 2
ajo, 1 diente	tomates pelados y picados,
cebolla, 1	1 taza
aceite, 2 cucharadas	orégano y perejil, a gusto
zucchini, 4	castañas de Cajú, 100 g
ají rojo, 1	

PREPARACIÓN

• Remojar los porotos la noche anterior y cocinarlos en abundante agua con sal, una hoja de laurel y una cucharadita de comino hasta que estén tiernos, de 50 a 60 minutos.

• Aparte rehogar el ajo y la cebolla picados en el aceite, agregar los *zucchini* cortados en cubos y el ají rojo en fina juliana, cocinar 2 minutos y añadir las zanahorias cortadas en rodajas finas y las berenjenas en cubos.

• Cubrir con los tomates picados y condimentar con sal, pimienta, orégano y el perejil. Cocinar tapado a fuego lento hasta que los vegetales estén tiernos pero al dente. Si estuvieran secos agregar agua de la cocción de los porotos.

• Por último incorporar los porotos y las castañas de Cajú tostadas en el horno. Cocinar 10 minutos más.

TENER SIEMPRE EN EL FREEZER POROTOS ADUKI, GARBANZOS U OTRAS LEGUMINOSAS COCIDAS Y ENVASADAS POR PORCIONES EN BOLSAS O RECIPIENTES RÍGIDOS. SE CONSERVAN HASTA 6 MESES.

FRUTAS CÍTRICAS

postre

- Si se sirven cítricos, pelarlos a vivo y separar los gajitos sin el hollejo.

 ## PAPINES SALTEADOS CON HUEVOS

entrada | 4 porciones

papines, 1 lata	sal, pimienta y páprika, a gusto
aceite de oliva, 4 cucharadas	jamón crudo en un trozo, 100 g
ajo y perejil, 2 cucharadas	huevos, 4

PREPARACIÓN

- Cortar los papines en 2 ó 3 rodajas.
- Calentar el aceite, agregar el ajo y perejil y los papines, saltearlos y condimentar con sal, pimienta y 1 cucharadita de páprika o pimentón. Añadir el jamón cortado en cubitos, cocinar durante 2 minutos.
- Formar 4 huecos y cascar en cada uno de ellos un huevo, cocinar a fuego lento hasta que la clara está cocida, salpicar los huevos con poca sal.

PREPARAR 1 Ó 2 DÍAS ANTES Y MANTENER TAPADO EN LA HELADERA.
EN EL MOMENTO DE UTILIZAR, FORMAR LOS HUECOS, CASCAR LOS HUEVOS Y
COCINAR HASTA QUE LA CLARA ESTÉ COCIDA.

BASTONCITOS DE PESCADO AL GRATÍN

plato principal | 4 porciones

bastoncitos de pescado (kanikama), 1 paquete	mostaza, 1 cucharadita
crema de leche, 250 cc	perejil y tomillo, 2 cucharadas
sal y pimienta, a gusto	queso parmesano rallado, 2 cucharadas

PREPARACIÓN

- Separar los cilindros de kanikama y cortarlos por la mitad a lo largo, acomodarlos en una fuente para horno.
- Condimentar la crema con sal, pimienta blanca de molinillo y la mostaza, agregar las hierbas picadas y verter sobre el pescado.
- Espolvorear con el queso y gratinar en horno caliente de 10 a 12 minutos.

FRUTAS DE LA ESTACIÓN

postre |

- Servirlas peladas y fileteadas en una fuente, agrupadas en forma decorativa.

MILHOJAS DE PAN DE CENTENO

entrada | 4 porciones

rodajas de pan de centeno, 16	salmón ahumado, 4 tajadas
aceite de oliva, sal, pimienta, limón y mostaza, a gusto	berro, 2 tazas
queso blanco, 200 g	tomate, 1
mayonesa, 100 g	huevo duro, 1

PREPARACIÓN

● Descortezar el pan.

● Mezclar 2 cucharadas de aceite con sal, pimienta, 1 cucharada de jugo de limón y 1 cucharada de mostaza. Pincelar con esta emulsión las rodajas de pan.

● Mezclar el queso blanco con la mayonesa, distribuir sobre 4 rodajas de pan. Cubrir con tiras de salmón, colocar encima rodajas de pan nuevamente, untar con queso blanco y mayonesa y acomodar hojas de berro y el tomate *concassé*.

● Condimentar con algo de la emulsión de aceite y cubrir con la última rodaja de pan, untar con crema de queso y mayonesa y espolvorear con el huevo duro picado.

CONVERTIR EL MILHOJAS SIMPLEMENTE EN
8 EMPAREDADOS. DESCORTEZAR 8 RODAJAS DE PAN, PINCELARLAS CON LA
EMULSIÓN DE ACEITE Y UNTARLAS CON LA MEZCLA DE QUESO Y MAYONESA,
ACOMODAR EL SALMÓN Y SOBRE ÉL LOS BERROS Y EL TOMATE.
COLOCAR ENCIMA OTRA PORCIÓN DE LA MEZCLA DE QUESO Y TAPAR CON LAS
8 RODAJAS DE PAN RESTANTES.

HUMITA GRATINADA

plato principal | 4 porciones

cebolla, 1	ajo y perejil, 2 cucharadas
manteca, 30 g	crema de leche, 250 cc
calabaza rallada, 2 tazas	almidón de maíz, 1 cucharadita
tomates perita, 1 lata	huevo, 1
choclo cremoso, 1 lata	queso rallado, 4 cucharadas
choclo entero, 1 lata	queso cuartirolo, 200 g
sal, pimienta y azúcar, a gusto	

PREPARACIÓN

• Picar la cebolla y rehogar en la manteca, agregar la calabaza rallada, saltearla y añadir el tomate picado, el choclo cremoso y el choclo entero. Condimentar con sal, pimienta, una cucharadita de azúcar y el ajo y perejil. Cocinar de 8 a 10 minutos.

• Mezclar la crema con el almidón, el huevo y la mitad del queso rallado, verter en la humita. Agregar el queso cuartirolo cortado en cubos, cocinar, revolviendo, de 6 a 7 minutos. Espolvorear con el resto de queso y gratinar si se desea en el momento de servir.

REHOGAR LA CEBOLLA Y AGREGAR EL CONTENIDO
DE UNA BANDEJITA DE CALABAZA RALLADA DE LAS QUE SE EXPENDEN
EN LOS SUPERMERCADOS; REEMPLAZAR LOS TOMATES PERITA POR
EL CONTENIDO DE UNA LATA DE SALSA POMAROLA.

TARTA TATIN DE PERAS Y CIRUELAS

postre | 6 porciones

peras en almíbar, 1 lata	manteca, 100 g
mermelada de damascos, 4	azúcar, 100 g
cucharadas	harina leudante, 150 g
ciruelas negras, 8 a 10	canela, 1 cucharada

PREPARACIÓN

• Escurrir las peras y acomodarlas en una tartera rociada con *spray* vegetal con la parte hueca hacia arriba, rellenar el hueco con la mermelada y distribuir alrededor las ciruelas.

• Desmigar la manteca con el azúcar, la harina y la canela, esparcir sobre las frutas y cocinar en horno más bien caliente de 20 a 25 minutos.

• Dejar pasar el calor fuerte y desmoldar. Servir con crema batida.

La felicidad no es una estación
a la que se llega, sino una manera de viajar.

M. RUNBECK

ACOMODAR LAS PERAS, PONER LAS CIRUELAS Y CUBRIR CON UN DISCO DE PASCUALINA COMPRADO; PINCHAR Y ADHERIR AL BORDE DEL MOLDE. HORNEAR L8 MINUTOS Y DESMOLDAR EN EL MOMENTO.

MATAMBRE A LA CREMA DE ALMENDRAS

plato principal | 2 porciones

fiambre de matambre, 8 rodajas de medio cm de espesor	**Bombas de papa**
crema de leche, 250 cc	puré en copos, 1 paquete
sal y pimienta, a gusto	queso rallado, 3 cucharadas
mostaza, 1 cucharadita	perejil, 3 cucharadas
almendras, 50 g	harina, 2 cucharadas
queso rallado, a gusto	huevos, 2
	pan rallado, 2 tazas
	aceite para freír

PREPARACIÓN

• Acomodar las rodajas de matambre en una fuente para horno sin que se superpongan demasiado, condimentar la crema con sal, pimienta blanca de molinillo, la mostaza y la mitad de las almendras molidas.

• Verter sobre el matambre, espolvorear con el queso y el resto de almendras y gratinar en el momento de servir. Acompañar con bombas de papa.

Bombas de papas

Preparar el puré siguiendo las indicaciones del envase pero con 200 cc menos de agua. Mezclar el puré obtenido con el queso rallado y el perejil.

Tomar porciones, darles forma de esfera y pasarlas por harina, luego por los huevos batidos y por último por pan rallado. Freírlas en abundante aceite bien caliente.

PREPARAR EL PURÉ COMO EN LA RECETA ANTERIOR,
MEZCLARLO CON EL QUESO RALLADO Y EL PEREJIL, EXTENDERLO EN UNA FUENTE
PARA HORNO, CUBRIRLO CON TAJADAS DE MOZZARELLA Y GRATINARLO
EN EL MOMENTO DE SERVIR.

ARROLLADO DE BATATA AL CHOCOLATE

postre | 5 a 6 porciones

dulce de batata, 500 g

leche, 200 cc

chocolate de taza, 150 g

pionono comprado, 1

café azucarado, 1/2 pocillo

PREPARACIÓN

- Procesar el dulce de batata con la mitad de la leche.
- Derretir el chocolate con el resto de leche y mezclar las dos preparaciones.
- Acomodar el pionono, humedecerlo con el café, untarlo con la crema de batata y arrollarlo. Espolvorear con azúcar impalpable.

PROCESAR EL DULCE CON LA LECHE Y 4 CUCHARADAS DE CACAO. HUMEDECER
EL PIONONO, UNTARLO CON LA CREMA Y ARROLLARLO.

ROAST BEEF A LAS TRES PIMIENTAS

plato principal | 4 porciones

roast beef, 750 g	mostaza, 1 cucharada
pimientas de colores, 3 cucharadas	cebolla, 1
	zucchini, 4
sal gruesa, 1 cucharada	ajo y perejil, 2 cucharadas

PREPARACIÓN

• Acomodar el *roast beef* sobre una rejilla del horno.

• Procesar las pimientas y la sal, untar la carne con la mostaza y espolvorearla con la mitad de las pimientas y sal.

• Colocar en una asadera la cebolla y los *zucchini* cortados en rodajas gruesas, espolvorearlos con el resto de pimientas y sal y el ajo y perejil, agregar 1 taza de agua o caldo y colocar la asadera debajo de la rejilla con la carne.

• Cocinar primero en horno caliente de 12 a 15 minutos, luego bajar la temperatura y proseguir la cocción de 18 a 20 minutos.

NOTA

Al cocinar la carne sobre una rejilla, sus jugos caen sobre los vegetales de la asadera, y les dan sabor.

UTILIZAR LAS BANDEJAS DE VEGETALES TROZADOS QUE SE EXPENDEN EN LOS HIPERMERCADOS.

SEMIFRÍO DE CHOCOLATE Y CAFÉ

postre | 4 porciones

crema de leche, 250 cc	cacao dulce, 3 cucharadas
leche en polvo, 3 cucharadas	vainillas, 12
azúcar, 3 cucharadas	café azucarado, 1 taza

PREPARACIÓN

• Colocar en un bol la crema bien fría, agregar la leche en polvo, el azúcar y el cacao, batir unos segundos hasta que la crema tome cuerpo.

• Humedecer las vainillas en el café, distribuirlas en una fuente térmica, cubrir con la crema, espolvorear con chocolitos o copos de maíz. Llevar al congelador.

AL AGREGAR LECHE EN POLVO Y CACAO A LA CREMA DE LECHE, SE OBTIENE CREMA CHANTILLÍ CON MAYOR RAPIDEZ QUE SI SÓLO SE BATE CREMA CON AZÚCAR. ADEMÁS, CON ESTOS AGREGADOS ES MÁS DIFÍCIL QUE LA CREMA SE CORTE.

CROQUE MONSIEUR

entrada | 4 porciones

rodajas de pan lácteo, 4	aceite, 6 cucharadas
manteca, 20 g	huevos, 4
jamón cocido, 4 rodajas	perejil y *ciboulette*, a gusto
queso *gruyère* o similar, 4 rodajas	

PREPARACIÓN

• Untar las rodajas de pan con la manteca y tostarlas, acomodar sobre cada una de ellas una rodaja de jamón doblada por la mitad y una rodaja de queso cortado fino.

• Calentar el aceite en una sartén y cascar los huevos, taparlos unos segundos hasta que las claras estén coaguladas y las yemas jugosas.

• Disponer los huevos sobre las tostadas, espolvorear con perejil y *ciboulette*, condimentar el huevo con poca sal y un toque de pimienta de molinillo.

UTILIZAR TOSTADAS DE GLUTEN REEMPLAZANDO AL PAN, UNTARLAS

LIGERAMENTE CON MAYONESA Y CUBRIRLAS CON EL JAMÓN Y EL QUESO. COCINAR

LOS HUEVOS POCHÉ EN AGUA HIRVIENDO CON 2 CUCHARADAS DE VINAGRE,

CUANDO LA CLARA COAGULE, LEVANTARLOS CON UNA ESPUMADERA Y

ACOMODARLOS SOBRE LAS TOSTADAS.

SUPREMAS TAPENADE

postre | 4 porciones

supremas, 4	aceitunas negras, 100 g
sal, pimienta, ajo y perejil, a gusto	anchoas, 4
aceite, cantidad necesaria	tomate perita, 1

PREPARACIÓN

• Condimentar las supremas con sal, pimienta, ajo y perejil, asarlas sobre plancha caliente o cocinarlas sobre una fuente, rociadas con aceite, en horno de temperatura moderada durante 25 minutos.

• Procesar las aceitunas descarozadas con las anchoas, el tomate y 2 cucharadas de aceite, salsear las supremas. Acompañar con tomates abiertos por la mitad y condimentados con sal, aceite y orégano.

UTILIZAR LAS SUPREMAS QUE YA VIENEN EMPANADAS, FREÍRLAS EN ACEITE O
COCINARLAS AL HORNO. SALSEAR LAS SUPREMAS CON LA TAPENADE.

TARTA EXPRESS DE DAMASCOS

postre | 8 porciones

harina leudante, 250 g	damascos en almíbar, 1 lata
azúcar, 100 g	cerezas en almíbar, 10
manteca, 100 g	azúcar, 3 cucharadas
canela, 1 cucharadita	

PREPARACIÓN

• Colocar la harina y el azúcar en un bol, agregar la manteca y la canela y desmigar con las manos hasta obtener un arenado.

• Escurrir los damascos y colocar una cereza en el hueco de cada fruta.

• Rociar con *spray* vegetal una tartera espolvoreada con las 3 cucharadas de azúcar y acomodar en la base las mitades de damascos con las cerezas; con una cuchara disponer el arenado.

• Cocinar en horno de temperatura moderada a caliente de I8 a 20 minutos; dejar que pase el calor fuerte y desmoldar.

ACOMODAR LOS DAMASCOS EN LA TARTERA ENMANTECADA
Y ESPOLVOREAR CON AZÚCAR; CUBRIR LAS FRUTAS CON UN DISCO DE
MASA PASCUALINA Y COCINAR SEGÚN INDICA LA RECETA.

MENÚ IDEAL PARA UNA CITA

índice
del capítulo

**menú ideal
para una cita**

MUJER EJECUTIVA

288 Gazpacho con
   brochettes de melón
289 *Magret* de pato con
   papines
290 Pompones crocantes
   de chocolate

MUJER INEXPERTA

291 Huevos rellenos
   en crema de curry
292 Pollo crocante
   con papas doradas
293 Iglú de batata
   y avellanas

MUJER FANÁTICA DE LAS DIETAS

294 Pan de jengibre
tostado con *dips*

295 Abadejo
crocante con vegetales

296 Copas heladas de
mango y peras

MUJER SIN TIEMPO

297 Copas de crema de palta

298 Pañuelos
de *crêpes* al caviar

299 Helado con mango
y frutillas

GAZPACHO CON BROCHETTES DE MELÓN

entrada | 2 porciones

tomates, 2

ajo, 1 diente chico

ají, un trozo

miga de pan, 2 cucharadas

vinagre de manzana,
2 cucharadas

aceite de maíz, 1 cucharada

cubos de melón, 4

agua y hielo, cantidad necesaria

sal y pimienta verde de
molinillo, a gusto

PREPARACIÓN

• Colocar en el vaso de la licuadora los tomates, el ajo y el ají en trozos, la miga de pan, el vinagre, el aceite y los cubos de melón, licuar y filtrar por un chino.

• Condimentar con sal y pimienta y añadir agua y algún cubo de hielo; esta sopa debe tener una consistencia de crema bien fluida. Colocar en dos boles y mantener en heladera.

• Servirla bien fría, el bol sobre un plato y sobre éste, bordeando el bol, pequeñas *brochettes* de melón, tomate y pepino.

Brochettes

Sujetar en pinches tomatitos *cherry*, esferas de melón y de pepino repitiendo los ingredientes. El comensal puede colocar en el gazpacho los ingredientes deseados.

SE PUEDE TENER EL GAZPACHO CONGELADO UNA SEMANA ANTES.

MAGRET DE PATO CON PAPINES

plato principal | 2 porciones

magrets de pato, 2	**Guarnición**
aceite de oliva, 2 cucharadas	papas pequeñas, 10
sal, pimienta, mostaza de Dijon	aceite de oliva, 2 cucharadas
en grano y miel, a gusto	tomillo, 1 ramita
jugo de limón, 1/2 vaso	mango, 1
vino blanco seco, 1/2 vaso	aceto balsámico, 2 cucharadas
	rúcula, unas hojas

PREPARACIÓN

● Con un cuchillo filoso marcar sobre la grasa de los *magrets* pequeños rombos quitando filamentos de la grasa.

● Calentar el aceite en una sartén y colocar los *magrets* con la parte de la grasa sobre la sartén, cocinar a fuego bien bajo hasta que estén bien dorados, darlos vuelta y proseguir la cocción de 7 a 8 minutos más.

● Condimentarlos con sal y pimienta de molinillo. Mezclar 1 cucharada de mostaza con la miel, el jugo de limón y el vino, retirar los *magrets* y verter esta mezcla sobre el fondo de cocción raspando la sartén, cocinar 3 o 4 minutos.

● Filetear las pechugas y, sin separarlas, acomodarlas en la salsa de la sartén, mantener al calor.

Guarnición de papines, mango y rúcula

Lavar bien las papas y, sin pelarlas, cocinarlas en agua con sal, cuando estén tiernas escurrirlas y saltearlas en el aceite y el tomillo; agregar el mango pelado y cortado en tajadas, saltearlo con las papas unos segundos y rociar con el aceto. Acomodar en los platos los *magrets* con su salsa y en un costado los papines con el mango y hojas de rúcula bien lavadas, rociarlas con el jugo de los papines.

LOS *MAGRETS* SE PUEDEN COCINAR Y MANTENER EN FREEZER UNA SEMANA ANTES.

SUPLANTAR LAS PAPAS CRUDAS POR PAPINES DE LATA.

POMPONES CROCANTES DE CHOCOLATE

postre | 2 porciones

Merenguitos	leche, 250 cc
claras de huevo, 1 medida	azúcar, 150 g
azúcar molida, 1 medida	yemas, 2
azúcar impalpable, 1 medida	almidón de maíz, 1 cucharada
almidón de maíz, 1 cucharadita	colmada
cacao amargo, 1 cucharadita	crema, 150 cc
Crema de melisa	esencia de vainilla, 2 cucharaditas
melisa, 3 cucharadas colmadas	

PREPARACIÓN

● Medir las claras en un pocillo de café, colocarlas en un bol y batir hasta que comiencen a espumar. Medir en el mismo pocillo el azúcar molida, verter en forma de lluvia mientras se sigue batiendo. Medir en el mismo pocillo azúcar impalpable, mezclar con 1 cucharadita colmada de almidón de maíz y 1 cucharadita colmada de cacao amargo.

● Cuando el merengue haya tomado una consistencia bien firme, cernir sobre él la mezcla de azúcar impalpable, almidón de maíz y cacao, revolver suavemente y en forma envolvente con una espátula.

● Colocar en manga con boquilla lisa o rizada y sobre papel manteca o sil-pat formar pequeños merenguitos. Cocinarlos en horno muy suave de 1 y 1/2 a 2 horas. Servirlos distribuidos sobre copas de crema de melisa.

Crema de melisa

● Colocar sobre fuego la melisa con la leche y la mitad del azúcar, cuando rompa el hervor cocinar 2 ó 3 minutos a fuego bajo, retirar del fuego y tapar para concentrar la infusión.

• Mezclar las yemas con el resto de azúcar, agregar el almidón de maíz y 2 ó 3 cucharadas de leche fría.

• Filtrar la infusión de melisa por un chino y agregar a la preparación de yemas, colocar sobre fuego revolviendo hasta que hierva y tome consistencia cremosa.

• Batir la crema a medio punto, y agregar a la preparación tibia, perfumar con la esencia. Mezclar y distribuir en dos copas o pomeleras, dejar enfriar bien. Cubrir con los merenguitos de chocolate, espolvorear con azúcar impalpable.

PREPARAR LOS MERENGUITOS, COCINARLOS Y DEJARLOS ENFRIAR.
GUARDARLOS EN UNA LATA HERMÉTICA HASTA 15 DÍAS.

 ## HUEVOS RELLENOS EN CREMA DE CURRY

entrada | 2 porciones

huevos, 2	almidón de maíz, 1 cucharadita
salsa golf, 1 cucharada	colmada
camarones, 100 g	pan de centeno, 4 rodajas
crema de leche, 150 cc	*ciboulette* cortada fina,
sal y pimienta, a gusto	2 cucharadas
curry, 1 cucharadita	

PREPARACIÓN

• Cocinar los huevos en agua hirviendo con 1 cucharada de sal gruesa durante 7 minutos, luego escurrirlos y colocarlos en agua fría para detener la cocción. Pelarlos, cortarlos por la mitad a lo largo y retirar las yemas sin romper las claras.

• Pisar las yemas con la salsa golf, agregar la mitad de los camarones picados, rellenar con esta preparación las claras. Condimentar la crema con sal, pimienta y el curry, agregar el almidón y colocar sobre fuego revolviendo con batidor o cuchara de madera hasta que rompa el hervor y espese, incorporarle el resto de camarones.

● Descortezar el pan y darle forma rectangular o redonda con ayuda de un cortapastas o un vaso, pincelar con aceite de oliva o manteca y tostarlo. Apoyar sobre cada tostada medio huevo con el relleno hacia abajo. En el momento de servir salsearlos con la crema de curry tibia, espolvorear con ciboulette.

Secretos para inexpertas

Los huevos duros se deben hervir solamente 7 minutos, si se hierven mucho tiempo se forma una aureola oscura alrededor de la yema cocida que resulta desagradable. Por ese mismo motivo al retirarlos del agua hirviendo se sumergen en agua fría para detener la cocción. Siempre agregar sal al agua para que selle la cáscara.

PARA SUPLANTAR LA CREMA POR QUESO BLANCO, CONDIMENTARLO CON SAL, PIMIENTA Y CURRY. ALIGERAR CON LECHE CALIENTE HASTA QUE RESULTE CONSISTENTE.

 POLLO CROCANTE CON PAPAS DORADAS

plato principal | 2 porciones

pollo chico, 1

sal y pimienta, a gusto

harina, 1 taza

pimentón dulce, 2 cucharadas

queso rallado, 2 cucharadas

ajo y perejil, 2 cucharadas

aceite, 4 cucharadas

papas medianas, 2

PREPARACIÓN

● Hacer cortar el pollo en presas chicas, frotarlo con sal y pimienta. Colocar en un bol la harina mezclada con el pimentón, el queso rallado, el ajo y perejil, sal y un toque de pimienta.

● Pasar las presas de pollo por esta mezcla y adherirla muy bien, acomodarlas sobre una fuente aceitada, rociarlas con el aceite y cocinarlas en horno de temperatura moderada a caliente (190°C) de 25 a 30 minutos. Acompañar con papas doradas.

Papas doradas

• Pelar las papas cortarlas en rodajas gruesas, luego, cada rodaja en bastones y por último en cubos de 2 centímetros de lado. Colocarlas en una fuente aceitada, mezclar 2 cucharadas de aceite con 1/2 cucharadita de azafrán, mezclar con las papas y colocar en horno al mismo tiempo del pollo. A los 15 minutos dar vuelta las papas y recién salarlas, proseguir la cocción de 10 a 15 minutos más.

Secretos para inexpertas

Cuando se cocinan papas al horno se deben salar recién cuando se dan vuelta. Si se salan al principio se deshidratan y se pegan en la asadera.

UTILIZAR DEL POLLO SÓLO LAS PATAS, LOS MUSLOS Y LA PECHUGA, EL RESTO DE CARCASA Y LAS ALAS GUARDARLAS PARA PREPARAR CALDO EN OTRO MOMENTO. REEMPLAZAR EL AJO Y PEREJIL FRESCO POR PROVENZAL SECO. LAS PAPAS FRESCAS SE PUEDEN REEMPLAZAR POR PAPINES DE LATA; EN ESE CASO CALENTAR 2 CUCHARADAS DE ACEITE EN UNA SARTÉN, AGREGAR LOS PAPINES Y CONDIMENTARLOS CON SAL, ESPOLVOREAR CON EL AZAFRÁN Y SALTEARLOS HASTA DORARLOS.

IGLÚ DE BATATA Y AVELLANAS

postre | 2 porciones

dulce de batata, 250 g	canela, 1 cucharadita
leche caliente, 3 cucharadas	tapas de merengues, 4
queso blanco, 100 g	avellanas picadas, 4 cucharadas
ron u otra bebida similar, 1 cucharada	chocolate de taza, 2 barritas

• Pisar el dulce de batata con la leche caliente, mezclar con el queso blanco y perfumar con el ron y la canela, agregar las tapas apenas rotas, las avellanas y el chocolate derretido.

• Tapizar un bol con papel metalizado o papel film, colocar la preparación y ajustarla con ayuda de una cuchara. Tapar con el mismo papel y mantener en el freezer por lo menos 1 hora, luego desmoldar, retirar el papel y servir con crema batida a medio punto.

Secretos para inexpertas

Para derretir el chocolate sin peligro de que se queme, colocar las dos barritas en un plato hondo y verter encima agua bien caliente; dejarlas unos minutos, sin moverlas. Pincharlas con un tenedor, si están blandas inclinar el plato con cuidado para desechar casi toda el agua, luego mezclar el chocolate y agregarlo a la preparación.

PAN DE JENGIBRE TOSTADO CON DIPS

entrada | 2 porciones

rodajas de pan de jengibre, 4	páprika, 1 cucharadita
queso crema, 250 g	cebolla rallada, 1 cucharada
sal y pimienta, a gusto	semillas de amapola,
blanco de apio, un trozo	1 cucharadita

PREPARACIÓN

• Descortezar el pan y cortarlo en tiras de 2 cm de espesor. Tostarlas al horno o en tostadora.

• Condimentar el queso con sal y pimienta de molinillo.

• Separar el queso en cuatro boles pequeños, agregar a uno el curry, a otro un trozo de blanco de apio fileteado, a otro la páprika y al último la cebolla rallada y las semillas.

• Acomodar en una bandeja para que cada uno prepare su bocadito.

Pan de jengibre

• Diluir 30 gramos de levadura de cerveza en 200 cc de agua tibia y 1 cucharada de miel de maíz.

- Aparte mezclar 400 gramos de harina con 1 cucharadita de sal, 2 cucharadas de jengibre fresco rallado, 1 cucharadita de nuez moscada y 1/2 cucharadita de comino, agregar la levadura y 3 cucharadas de aceite de maíz.
- Tomar la masa, si fuera necesario añadir más agua tibia, amasar bien y dejar leudar tapado en lugar tibio. Cuando haya aumentado el doble de su volumen darle forma de pan, acomodarlo en molde de budín inglés aceitado. Dejar puntear nuevamente, pincelar con leche o huevo y cocinar en horno de temperatura moderada a caliente de 35 a 40 minutos.

ENVOLVER EL PAN TIBIO EN PAPEL METALIZADO Y GUARDAR EN EL FREEZER HASTA 3 MESES. CUANDO SE NECESITE, CORTAR RODAJAS Y TOSTARLAS EN HORNO CONVENCIONAL.

ABADEJO CROCANTE CON VEGETALES

plato principal | 2 porciones

filetes de abadejo, 2
sal marina, pimienta y jugo
de limón, a gusto
berenjena, 1
zucchini, 1
cebolla de verdeo, 1

tomate, 1
aceite de maíz, 1 cucharada
tomillo, unas ramitas
perejil picado, 2 cucharadas
nueces tostadas y molidas,
4 cucharadas

PREPARACIÓN

- Condimentar los filetes con sal, pimienta y jugo de limón.
- Pelar la berenjena y cortarla en rodajas gruesas, cortar el zucchini en tiras finas y la cebolla y el tomate en cuartos.
- Pincelar con la mitad del aceite un recipiente, acomodar los vegetales y condimentarlos con sal, el tomillo y el perejil.

- Pasar los filetes por las nueces tostadas y molidas y acomodarlos sobre los vegetales. Cocinar tapado a fuego suave durante 25 minutos.

COPAS HELADAS DE MANGO Y PERAS

postre | 2 porciones

yogur, 1	queso blanco, 100 g
mango maduro, 1	avellanas tostadas y picadas, 2
peras, 2	cucharadas
miel, 2 cucharadas	

PREPARACIÓN

- Elegir yogur natural o de vainilla, colocarlo en el vaso de la licuadora con el mango y las peras pelados y cortados en trozos y la miel, licuar y mezclar con el queso blanco.
- Distribuir en dos copas flautas o en el recipiente deseado, espolvorear con las avellanas y mantener 1 hora en el freezer.

COPAS DE CREMA DE PALTA

entrada | 2 porciones

paltas, 2	mostaza de Dijon, 1 cucharadita
limón, 1	mayonesa, 2 cucharadas
banana, 1	sal y pimienta, a gusto
queso roquefort, 100 g	blanco de apio, 2 tronquitos
queso blanco, 2 cucharadas	nueces molidas, 2 cucharadas

PREPARACIÓN

● Elegir paltas bien maduras, abrirlas por la mitad, quitarles el carozo y retirar la pulpa.

● Colocar la pulpa en el vaso de la licuadora con el jugo de limón, la banana, el roquefort cortado en trocitos, el queso blanco y la mostaza, condimentar con la mayonesa, sal y pimienta y licuar hasta conseguir una crema.

● Cortar el apio en rodajitas finas, acomodarlo en el fondo de dos copas, distribuir la crema de palta y espolvorear con las nueces. Mantener en heladera.

ABRIR LAS PALTAS, RETIRAR EL CAROZO Y ROCIARLAS CON EL
JUGO DE LIMÓN. APARTE CORTAR LA BANANA EN RODAJITAS, ROCIARLA TAMBIÉN
CON JUGO DE LIMÓN Y MEZCLARLA CON EL ROQUEFORT CORTADO,
LA MAYONESA, LA MOSTAZA, SAL Y PIMIENTA. DISTRIBUIR SOBRE
LAS PALTAS, ESPOLVOREAR CON EL APIO Y LAS NUECES. ACOMODAR LAS PALTAS
EN DOS PLATOS SOBRE HOJAS DE LECHUGA ARREPOLLADA.

PAÑUELOS DE CRÊPES AL CAVIAR

plato principal | 2 porciones

crêpes, 6	crema de leche, 200 cc
queso mantecoso, 150 g	caviar rojo, 50 g
sal y pimienta, a gusto	*ciboulette*, 2 cucharadas
ralladura de piel de limón, 1cucharada	

PREPARACIÓN

- Separar las *crêpes*
- Pisar o procesar el queso mantecoso y condimentar con sal, pimienta blanca de molinillo y la ralladura.
- Distribuir dentro de las *crêpes* y doblarlas en cuatro como un pañuelo. Acomodarlas en una fuente para horno. Mezclar la crema con la mitad del caviar, verter sobre las *crêpes*. Gratinar en horno de temperatura moderada de 18 a 20 minutos.
- Disponer sobre cada *crêpe* una pequeña porción del resto del caviar y espolvorear con la *ciboulette*.

REEMPLAZAR EL QUESO MANTECOSO POR 150 GRAMOS DE QUESO BLANCO, QUE RESULTA MÁS FÁCIL PARA MEZCLAR.

HELADO CON MANGO Y FRUTILLAS

postre | 2 porciones

helado de crema americana, 400 g	azúcar molida, 2 cucharadas
mango bien maduro, 1	miel, 2 cucharadas
frutillas, 300 g	coñac, 1/2 copa
manteca, 30 g	pimienta verde de molinillo, a gusto

PREPARACIÓN

• Mantener el helado en el congelador.

• Pelar el mango y cortarlo en cubos.

• Lavar las frutillas y quitarles el cabito, cortarlas en tajadas.

• Calentar la manteca y agregar las frutas, espolvorear con el azúcar y la miel, removerlas y rociarlas con el coñac, espolvorear con la pimienta verde de molinillo. Cuando la preparación esté caliente, reservarla.

• Para servir, mojar una cuchara con agua caliente y retirar las porciones de helado y salsear con las frutas y su jugo.

UTILIZAR FRUTILLAS DE LATA O CUALQUIER OTRA FRUTA EN ALMÍBAR; EN ESE CASO, CALENTARLAS CON EL COÑAC Y PERFUMARLAS CON LA PIMIENTA.

ÍNDICE

INTRODUCCIÓN

Palabras de la autora 3

A quiénes está dirigido este libro 5

Tabla de equivalencias 8

CAPÍTULO 1

Viandas para llevar al trabajo   9

CAPÍTULO 2

Cocina para el fin de semana   39

ÍNDICE ALFABÉTICO GENERAL

Abadejo crocante con vegetales 295

Albondigones con salsa perfumada 263

Alcauciles con *mousse* de hongos 157

Alcauciles rellenos *pocheados* 238

Alfajores con tres ingredientes 184

Apios rellenos gratinados 12

Arrollado con crema de espinaca 256

Arrollado de batata al chocolate 280

Arrollado de crema chocolatada 90

Arroz arbório con pollo marinado 42

Aspic de frutas 234

Bagnacauda individual 143

Baguettes integrales con pollo 72

Bananas asadas con dulce de leche 250

Bastoncitos de pescado al gratín 276

Bisque de camarones 94

Bizcochuelo básico 194

Bizcochuelo *chiffon* de chocolate 182

Bocconcini de mozzarella 240

Bondiola de cerdo a la miel 103

Bouillabaisse 95

Brochettes de *bocconcini* 150

Bruschettas 51

Bruschettas con gazpacho 158

Budín de coco y chocolate 242

Budín de pan sin horno 215

Budín de tomates y piñones 73

Budín mágico 177

Budín símil castañas 223

Budincitos de zanahoria 16

Buñuelos de ciruelas rellenas 224

Camarones al ajillo con espinaca 111

Canapés de caviar 138

Canapés de centeno y champiñones 151

Canapés de Granny Smith 159

Canelones a los tres quesos 236

Cazuela de bacalao fresco 61

Cazuela de lomo a la húngara 241

Cazuela de pollo y crema de choclo 52

Cazuela de *risotto* verde con pollo 53

Cazuela de vegetales y porotos 274

Cazuelas de calabaza 74

Cazuelitas de huevos y espinaca 245

Cebiche de calabaza y berenjenas 75

Cestos crujientes de Catania 112

Cheesecake de chocolate 189

Churros chocolatados 185

Cintas de *crêpes* con miel 255

Codornices con crema de avellanas 96

Compota de frutillas y ciruelas 81

CAPÍTULO 3
Cocina para celebraciones especiales   91

CAPÍTULO 4
Bocaditos y sándwiches   135

CAPÍTULO 5
Dulces tentaciones   169

CAPÍTULO 6
Menúes para la semana   225

CAPÍTULO 7
Menú ideal para una cita   285

Conejo en salsa de vino 104
Copas de crema de palta 297
Copas heladas de mango y peras 296
Costillas de cordero con aderezo 62
Coulibiac de salmón y langostinos 97
Crema de llmoncello 240
Crema de maíz y calabaza 128
Crema de maracuyá con avellanas 180
Crema especiada de manzanas 266
Crêpes de harina integral y tofu 273
Crêpes de maíz, mango y pollo 43
Crêpes de trigo sarraceno 208
Crêpes Suzette iluminadas 200
Crocante de chocolate y limón 175
Croque monsieur 282
Croquetas de papa y roquefort 63
Croquetas de soja y arroz 160
Crudités con mayonesa 29
Crumble de macedonia de frutas 178
Cuadril con milanesas de calabaza 77
Cuadril en salsa de choclo 83
Delicia de chocolate y café 179
Delicias de queso azul 34
Duraznos asados en almíbar 272
Duraznos crocantes rellenos 261

Empanadas árabes 105
Empanadas soufflée de pollo 54
Empanaditas de queso y albahaca 163
Emparedados de lenguado 265
Emparedados de espinaca 17
Emparedados de manzana 35
Endibias finger food 12
Ensalada de arroz y lentejas 18
Ensalada de habas y arroz 270
Ensalada de pollo y salsa de nuez 39
Ensalada saludable 264
Entrecôte a la maître d'hotel 233
Escabeche de pollo al Chardonnay 113
Esferas de carne nutritivas 19
Esferitas de carne y arvejas 36
Espárragos en croûte de phila 138
Festejos con marshmallows 186
Fettuccini con pesto a la crema 84
Filetes a la milanesa con papas 258
Filetes de trucha con vegetales 44
Flan básico 199
Flan de dulce de leche 253
Flancitos de coco 191
Flancitos de gruyère 22
Fondue bourguignonne 152

Fondue de queso 144
Fondue oriental 161
Frutas rojas en almíbar de vino 49
Frutas rojas, helado y avellanas 219
Gâteau de mousse de ananá 220
Gâteau goloso de chocolate 195
Gâteau granizado para los chicos 221
Gazpacho con brochettes de melón 288
Goulasch con spaetzle 45
Gugelhops de harina integral 210
Hamburguesas de soja 269
Helado con mango y frutillas 299
Huevos en cocotte con hierbas 235
Huevos con atún y camarones 64
Huevos rellenos en crema de curry 291
Humita gratinada 277
Iglú de batata y avellanas 293
Involtini de salchichas 153
Isla flotante con frutos secos 211
Käsekuchen con cerezas 204
Langostinos al champaña 46
Lasañas a la Príncipe de Nápoles 106
Lasañas especiales de berenjenas 120
Lemon pie 196
Lenguado a la crema de roquefort 129
Lenguado en croûte de zucchini 76
Lenguados a la romana con semillas 65
Lomitos de cerdo acaramelados 98
Lomo con vegetales grillados 47
Lomo Strogonoff con endibias 99
Magret de pato con papines 289
Manzanas al caramelo con pororó 187
Manzanas asadas al vino 237
Manzanas con pollo y rúcula 13
Marquise de chocolate 174
Masitas secas para toda ocasión 197
Matambre a la crema de almendras 279
Matambre a la portuguesa 84
Matambre sin ataduras 55

Matambritos de carne picada 249
Medallones con huevos poché 66
Medallones con mousse de hígado 14
Medallones de calabaza gratinados 37
Medallones merengados de ananá 129
Milanesas rellenas 56
Milanesitas de queso camembert 48
Milanesitas de queso tofu 162
Milhojas de pan de centeno 276
Milhojas de tomate 30
Minitortillas al horno 267
Minibrochettes crocantes 164
Minibruschettas de queso de cabra 139
Moldeado de arroz con manzanas 30
Mollejas a la financière 100
Mousse de castañas 50
Mousse de limón con pistachos 218
Mousse helada de higos blancos 82
Mousse marmolada 259
Mozzarella en carroza 154
Muffins de jamón y queso 20
Muffins de miel y canela 190
Muselina de ave con sabayón 114
Muslitos con crema de hongos 115
Ñoquis de remolacha 79
Ñoquis florentinos al instante 243
Omelette de champiñones con queso 262
Ostras con crema de espárragos 101
Palmeras de jamón y queso 23
Palmeritas con jamón y papaya 140
Palmitos al tomillo 165
Pan de jengibre tostado con dips 294
Pancakes de chocolate 183
Panecillos con germen de trigo 207
Panecillos rellenos de guacamole 155
Panquequitos de maíz y curry 145
Panzottini fritos 252
Pañuelitos fritos de crêpes 24
Pañuelos de crêpes al caviar 298

Pañuelos de salmón 37
Papines *finger food* 163
Papines salteados con huevos 275
Parfait granizado al café 51
Pascualina especial 107
Pastel agridulce 85
Pastel cremoso de brócoli 86
Pastel de maíz, calabaza y pollo 116
Pastel de masa phila con manzanas 173
Pastel de papas hojaldrado 247
Pastel suizo de manzana *express* 216
Pastelitos de banana y queso 15
Paté de panceta e hígados 108
Patitas crocantes 141
Pavita con pomelo y miel 121
Peceto en salsa tártara 109
Pechuga y remolachas asadas 31
Peras a la crema de maíz y naranja 209
Peras al borgoña con frambuesas 202
Pie de frutas para lucirse 181
Pie tibio de manzanas y peras 193
Pizza con salchichas y huevos 57
Pizzetas de pan árabe 87
Plátanos en panceta 166
Pollo al pomelo en croûte de copos 267
Pollo con salsa de paté 254
Pollo crocante con papas doradas 292
Pomelos azucarados tibios al jerez 231
Pompones crocantes de chocolate 290
Porciones *streusel* para el té 216
Postas de besugo en *croûte* 130
Postas de salmón con hierbas 271
Postre granizado merengado 217
Pudding de pan chocolatado 59
Pudding de popurrí de hongos 122
Quenelles de lenguado con aduki 123
Raviolones de salame al horno 19
Revuelto gramajo 88
Risotto con *funghi* y pecorino 239

Roast beef a las tres pimientas 281
Rollo de jengibre con crema 206
Rollos de berenjenas 32
Rollos de jamón y palmitos 32
Rollos sorpresa 67
Roulées de abadejo con caviar 131
Roulées de choclo y jamón 117
Sacramentos con pollo agridulce 146
Salchichas a la Villeroi 25
Saltimbocca de ternera 257
Sándwich de lomito sin pan 38
Sándwiches abiertos 89
Sándwiches agridulces de ananá 26
Sándwiches *burger* 156
Sándwiches de batata 27
Sándwiches de centeno 16
Sándwiches de cuadril en *croûte* 147
Sándwiches de espárragos 28
Sándwiches de pancitos de cebolla 148
Sándwiches de pionono 166
Sándwiches de *ratatouille* 33
Savarin de brócoli y camarones 125
Savarin de tomate y arvejas 124
Scones para la hora del té 201
Semifrío de chocolate y café 282
Sopa crema de tomate 251
Sopa cremosa de berros 230
Sopa de cebollas 232
Sopa de vegetales al pesto 246
Sopa helada de pepino 132
Sopa helada de piña y papaya 205
Sorbete de palta con arroz salvaje 126
Soufflés de pan al chocolate 244
Spaghetti alla carbonara 260
Spaghetti con salsa tapenade 58
Spaghetti con vegetales 80
Supremas a la Kiev 110
Supremas a la Maryland 133
Supremas jugosas en salsa roja 68

Supremas rellenas 231

Supremas tapenade 283

Tabbuleh con cilindros de jamón 127

Tacos con rellenos diferentes 69

Tagliatelle all'Alfredo 245

Tarta *Cascanueces* 203

Tarta cremosa de puerros 268

Tarta de zanahorias y brócoli 253

Tarta *express* de damascos 284

Tarta Tatin de peras y ciruelas 278

Tarteletas a la tártara 167

Tarteletas de *mousse* de hígado 142

Tartinas de puerros y papa 21

Tentaciones en el molde 222

Tiramisù 60

Torre de *crêpes* gratinada 134

Torta *brownie* marmolada 172

Torta imperdible de banana 213

Torta para los más chiquitos 188

Torta para lucirse 71

Torta ternura de manzanas 192

Tortilla de espinaca rellena....................248

Tortinas Ángel con compota 214

Tostadas con *foie gras* y uvas 118

Triángulos con palta y pollo 142

Tulipas de nuez con chocolate 176

Vichyssoise 102

Waffles gratinados 149

Welsh Rarebit 168

ÍNDICE DE RECETAS COMPLEMENTARIAS

Aduki sobre salsa de habas 123

Baño de chocolate al dulce de leche 195

Baño rápido de chocolate 222

Blini de papa 48

Bombas de papas 279

Brochettes 288

Cazuelas de queso 239

Compota de ruibarbo y naranja 214

Crema de melisa 290

Crema de moras y frambuesas 207

Crema inglesa 202

Endibias en *croûte* de panceta 100

Falsa chantillí 205

Ganache 177

Guarnición de papines, mango y rúcula ... 289

Juliana de puerros 233

Mayonesa sin colesterol 29

Merengue rápido 213

Milanesas de calabaza 78

Mousse de limón 176

Pan de jengibre 294

Papas con aceitunas 62

Papas crujientes 53

Papas doradas 293

Papas fritas crocantes 258

Sabayón 212

Salsa bechamel 106

Salsa bechamel dietética 269

Salsa con piñones 74

Salsa de dulce de leche 199

Salsa de frambuesas 82

Salsa de hongos 111

Salsa de morrones 122

Salsa de nuez 79

Salsa de tomate *express* 120

Salsas para acompañar *fondue* 161

Salsa *velouté* 125

Spaetzle 45

Tomatitos macerados 49